Gerald Hagemann

Tatort Großbritannien
Galgen, Mörder und Verbrechen

GERALD HAGEMANN

Tatort Großbritannien

Galgen, Mörder und Verbrechen

Ein Führer zu
300 Kriminalschauplätzen

Mit 73 Abbildungen

EULEN VERLAG

In Erinnerung an James
† 18.07.2001

Alle Rechte vorbehalten – Printed in Germany
© 2002 EULEN VERLAG Harald Gläser, Freiburg i. Br.
Foto: Simon Marsden
Einbandgestaltung: Neil McBeath
Satz: Stückle Druck und Verlag, Ettenheim
Druck: Himmer, Augsburg
ISBN 3-89102-448-7

Inhalt

Einführung 6
Zum Gebrauch 7

Erster Teil
Die schwarze Insel – Eine Rundreise 9

Südostengland 10
Südwestengland 43
London & Umgebung 69
Die Midlands & Wales 90
Ostengland 117
Nordengland 135
Schottland 160

Zweiter Teil
Die Führungen 183

Brighton, Sussex 184
Rugeley, Staffordshire 196

Anhang 207

Karte 209
Glossar 210
Register 212
Auswahlbibliographie 222
Danksagung 224

Einführung

Geister- und Kriminalgeschichten verbindet in Großbritannien eine lange gemeinsame Erzähltradition. Und tatsächlich hätte so manches Gespenst ohne den hinter seinem Schicksal stehenden Mordfall keinerlei Existenzberechtigung. Die Gegend um das berühmte Dartmoor Gefängnis in Princetown etwa wird seit Jahrzehnten vom Geist des erfolglosen Schriftstellers Bertram Fletcher Robinson heimgesucht. Noch bis vor kurzem kannte kaum jemand seinen Namen und noch viel weniger Menschen wussten um den Grund seines Erscheinens; bis im September 2000 eine erstaunliche Nachricht durch die Weltpresse spukte: *„Fletcher Robinson angeblich von Sir Arthur Conan Doyle ermordet!"* Und der Grund dafür? *„Der Hund von Baskerville"*, eine der erfolgreichsten Sherlock-Holmes-Geschichten, war einer Studie zufolge nicht von Conan Doyle, sondern in Wahrheit von seinem Freund Mr. Robinson geschrieben worden. War Conan Doyle also ein Mörder? Wir werden sehen.

Die Beschäftigung mit dem Verbrechen, sei es nun der kaltblütige Mord, die detailliert geplante Entführung oder einfach ein skurriles Rätsel, hat nichts Morbides an sich. Gewalt gehört zu unserem Leben. Sie ist Teil unserer Geschichte – einer unerzählten zumeist, obgleich ihre Folgen manchmal noch bis in die Gegenwart hinein spürbar sind.

Die Herren *Burke & Hare* beispielsweise, die im Jahre 1828 mit ihren Morden das schottische Edinburgh unsicher machten, haben nicht nur in der britischen Kriminalgeschichte, sondern auch im englischen Dictionary ihre Spuren hinterlassen. Denn noch heute findet sich der auf ihre Verbrechen zurückgehende Ausdruck „to burke" (zu Deutsch: „etwas vertuschen") im englischen Sprachgebrauch. Wir werden diese skrupellosen Gentlemen später noch näher kennen lernen.

Erinnern Sie sich vielleicht an den Bing-Crosby-Song *„Oh, Danny Boy"*? Der letzte britische Henker (und ehemaliger Besitzer des in Manchester ansässigen Pubs *Help the Poor Struggler*) Albert Pierrepoint brach jedesmal in Tränen aus, wenn er dieses Lied hörte. Warum? Ein Stammgast hatte es jahrelang zur Sperrstunde gesungen; doch eines Tages verstummte dessen Stimme – Pierrepoint selbst hatte sie zum Schweigen gebracht, als es ihm zugefallen war, den wegen Mordes zum Tode Verurteilten an einem eisigen Januarmorgen hinzurichten.

Dieses Buch führt den Leser zu mehr als 300 Schauplätzen der britischen Kriminalgeschichte. Neben alten Galgen, Polizeimuseen, unheimlichen Moorlandschaften und abgelegenen Landhäusern werden wir uns an stimmungsvolle Orte im ganzen Land begeben und deren Geheimnisse erkunden. Wir begegnen dem Giftmörder William Palmer, der in den 1850ern die Einwohnerzahl seiner Heimatstadt Rugeley merklich dezimierte, lassen uns in das geheimnisvolle Kanalsystem unter den Gebäuden des Glasgower Gerichtes entführen, oder setzen mit dem Schiff zu einer der Flannan

EINFÜHRUNG

Inseln über, um den dortigen Leuchtturm zu besuchen, dessen gesamte Mannschaft während eines Sturmes im Jahre 1900 spurlos verschwand.

Zuletzt bleibt mir nur, Ihnen bei Ihrer Rundreise durch Großbritannien viel Vergnügen und starke Nerven zu wünschen.

Aber eines noch: Sollten Sie in Crowborough, Sussex, auf einem unkrautüberwucherten Grundstück in der Luxford Road zufällig dem blassen Geist eines untersetzten Mannes in kniehohen Gummistiefeln begegnen – was im Oktober nicht ganz unwahrscheinlich ist – grüßen Sie Norman von mir, und sagen Sie ihm, ich hätte Sie geschickt ...

Zum Gebrauch

Die geschichtlich relevanten Counties (Grafschaften) der Landesteile England, Schottland und Wales wurden nach Regionen in sieben Kapiteln zusammengefasst. Innerhalb jedes Kapitels erscheinen die Ortsnamen in alphabetischer Reihenfolge. Soweit nicht anders beschrieben, sind sämtliche Orte bequem mit dem PKW zu erreichen und verfügen über ausreichende Parkmöglichkeiten. Besonders sehenswerte Schauplätze, Museen oder pittoreske Pubs sind durch Symbole gekennzeichnet.

Im zweiten Teil des Buches finden Sie zwei ausführliche Rundgänge durch kriminalhistorisch bedeutsame Städte. Die Stadtväter haben sich hier mit ihren Mördern arrangiert: Sie bieten eigene Führungen an (allerdings ausschließlich in englischer Sprache) und haben es sich zur Aufgabe gemacht, die historischen Schauplätze weitestgehend zu erhalten.

Symbole

🏛	Museum oder Ausstellung
⛾	Pub, Hotel oder Restaurant
✝	Galgen, Grab- oder Gedenkstätte
☞	besonders sehenswerte Gebäude, Plätze, etc.
♀	bedeutender Kriminalfall
♥	Verbrechen aus Leidenschaft
💰	Verbrechen aus Habgier
⚚	Verbrechen ohne erkennbares Motiv
?	ungelöster Kriminalfall, bzw. geheimnisumwitterter Ort
→	„siehe auch"

Es sei außerdem darauf hingewiesen, dass es sich bei einigen der beschriebenen Orte um privaten Grund und Boden handelt. Obwohl die Briten sehr gastfreundliche Menschen sind und interessierte Besucher nicht selten zu einem Rundgang durch ihr Heim einladen, möchte ich Sie dennoch herzlich bitten, vorher um

EINFÜHRUNG

Erlaubnis zu fragen, ehe Sie umzäunte Hügel erklimmen und Privatgrundstücke auf eigene Faust erkunden. Denn der alte Spruch: *„My Home is my Castle"* hat nichts von seiner Gültigkeit verloren.

Erster Teil

Die schwarze Insel

Eine Rundreise

Südostengland

Die Grafschaften Kent, Surrey, Sussex und Hampshire liegen südlich der Hauptstadt London zwischen Dover und Bournemouth.

Einer der Hauptlandungsplätze für Englandbesucher ist der Hafen von Dover mit seinen majestätisch emporragenden Kreidefelsen und dem in schwindelnden Höhen thronenden Dover Castle, welches den ruhelosen Geist eines verwirrten Trommlers beherbergen soll, der angeblich sein Leben gab, als er im Kampf gegen eindringende Räuber dumm genug war, die Herausgabe der Regimentskasse zu verweigern. Der Ort selbst hat wenig Spektakuläres zu bieten. Lediglich der Mord in der Priory Railway Station von 1868 ging als besonders bemerkenswertes Ereignis in die Kriminalgeschichte ein.

Die hügelige, von Wald, Wiesen und Hopfenfeldern durchzogene Landschaft des Counties Kent ist als der „Garten Englands" bekannt. Im Jahre 1908 sorgte der mysteriöse Mordfall Luard nahe Sevenoaks für Aufsehen. Obwohl man umgehend Beamte von Scotland Yard mit den Ermittlungen betraute, konnte das Verbrechen niemals aufgeklärt werden.

Dass die Engländer es lieben, ihrer Toten zu gedenken, ist schwer zu übersehen: In der Canterbury Cathedral markiert ein in den Fußboden eingelassener Stein die Stelle, an der am 29. Dezember 1170 Thomas Becket ermordet wurde, in dem man ihm während eines Gebets ein Schwert von oben durch den Schädel trieb. In der ca. 50 km südwestlich von London gelegenen Ortschaft Hindhead in Surrey erinnert am Talkessel *The Devil's Punchbowl* ein Denkmal aus dem Jahre 1786 an den gewaltsamen Tod eines namenlosen Seemanns. Und auf dem Old Odiham Road Friedhof von Alton in Hampshire wird noch heute – nach mehr als 130 Jahren – der kleinen Fanny Adams, eines Mordopfers von 1867, gedacht. Dringt man weiter nach Westen vor, wird die Vorliebe der Briten für historische Stätten noch deutlicher. Im Hafen von Portsmouth liegt die „HMS Victory" vor Anker, das aus dem 18. Jh. stammende Schlachtschiff Horatio Nelsons. An Bord finden sich in die Planken eingelassene Schilder wie: *„Hier fiel Nelson"* und unter Deck in der Kabine des Admirals: *„Hier verstarb Nelson"*.

Keinerlei Plaketten erinnern dagegen an Robert Burton, der in Chatham einen Menschen ermordete, nur um zu erfahren, wie es ist, am Galgen zu sterben, oder an zwei der bekanntesten, in Brighton (Sussex) verübten Verbrechen: 1934 bemerkten Beamte der Gepäckaufbewahrung im Hauptbahnhof einen nicht abgeholten Koffer, der einen unangenehmen Geruch verströmte und die Fliegen anlockte. Als man ihn im Beisein der Polizei öffnete, fand sich darin der stark verweste Leichnam einer Frau mittleren Alters. Nur wenige Wochen darauf entdeckten Angehörige der Sussex Constabulary im Zuge der Ermittlungen einen weiteren Koffer in einer Wohnung des Hauses Nr. 52 Kemp Street – auch dieser enthielt die Teile einer weiblichen Leiche. Zwei Morde, die niemals aufgeklärt werden konnten, und die bis heute nachwirken: Sowohl im Hauptbahnhof, als auch in Kemp Street sind bisweilen nebulöse Frauengestalten beobachtet und klagendes Todesröcheln vernommen worden ...

SÜDOSTENGLAND

Aldershot, Hampshire ♀ ⚲ ❓

Das noch heute benutzte Militärcamp liegt südwestlich von London unweit der Ortschaft Aldershot am M 3.

Blackdown Camp: Der Teufel tritt in vielerlei Verkleidung auf, sagt man. In das Quartier des aus London stammenden Lieutenant *Hubert George Chevis* kam er am 21. Juni 1931 in Gestalt eines Vogels. Chevis, scheinbar ein Mann ohne Feinde, der an Wochenenden gern seine Familie bewirtete, hatte an diesem Tag bereits eine Gesandtschaft hochrangiger Gäste unterhalten. Als er die Gentlemen gegen 18 Uhr verabschiedete, sah er einem ruhigen Abend mit seiner Frau entgegen. Am Nachmittag war ein zuvor bestelltes Rebhuhn ins Haus geliefert worden. Soldat Nicholas Bulger, seinem Vorgesetzten als Diener abkommandiert, nahm den Vogel vom Lieferanten entgegen und hängte ihn in den Vorratsschuppen. Später an diesem Tag nahm die Köchin Mrs. Yeomans das Rebhuhn aus und bereitete es für den Abend zu. Es war 19 Uhr, als Bulger Mr. und Mrs. Chevis zu Tisch bat und das Essen servierte. Der dampfende, kross gebratene Vogel sah köstlich aus, doch kaum hatte der Lieutenant einen Happen davon probiert, warf er angewidert die Gabel von sich und schrie: *„Es schmeckt fürchterlich!"* Verärgert wies er die Köchin an, das Fleisch fortzuwerfen. Mrs. Chevis hatte lediglich ein ganz kleines Stück gekostet und es wieder ausgespuckt. Ihrer Meinung nach war das Fleisch zu stark gewürzt gewesen. Doch dass George Chevis innerhalb kürzester Zeit über Magenschmerzen klagte, während der Nacht ins Delirium fiel und am frühen Morgen schließlich unter entsetzlichen Qualen verschied, konnte nicht allein an der Wahl zu scharfer Gewürze gelegen haben. Mrs. Chevis, die während der Nacht unter ähnlichen (wenn auch weitaus schwächeren) Symptomen gelitten hatte, erholte sich schnell.

Wie bei plötzlichen Todesfällen üblich, ordnete man eine Autopsie der Leiche an. Der vom Innenministerium mit der Untersuchung beauftragte Dr. J.H. Ryffel fand schließlich im Magen des Verblichenen tödliche Mengen des Giftes Strychnin. Wer hatte das Rebhuhn damit präpariert und warum? Während der gerichtlichen Totenschau wurde das Urteil *„Vorsätzlicher Mord, ausgeführt durch eine oder mehrere unbekannte Personen"* gefällt, denn weder der Köchin noch dem Soldaten Bulger konnte ein Motiv nachgewiesen werden.

Am 24. Juli war Sir William Chevis, der Vater des Verstorbenen, mit den Vorbereitungen für die Beisetzung seines Sohnes beschäftigt, als er ein mysteriöses Telegramm erhielt. Es lautete: *„Hurra. Hurra. Hurra."* Unterzeichnet war es mit *J. Hartigan, Hibernia.* Sir William verständigte die Polizei. Die Beamten benötigten nur wenige Stunden, um festzustellen, dass das Telegramm in Irland aufgegeben worden war und es sich bei dem *Hibernia* um ein Hotel in Dublin handelte. Doch die Ermittlungen dort verliefen ergebnislos, und wenige Tage später wurde Sir William Chevis ein weiteres Telegramm zugestellt; diesmal aus Belfast. Es lautete: *„Es ist ein Rätsel, welches man niemals lösen wird. J. Hartigan. Hurra."* Und daran hat sich bis heute nichts geändert.

Die schwarze Insel

Alton, Hampshire 🏛 🍸 ✝ ♀ 🗡

Ca. 25 km nordöstlich von Winchester an der A 31 gelegen.

☞ **Tanhouse Lane:** ♀ 🗡 Im Jahre 1867 war Alton Schauplatz eines Verbrechens von beispielloser Brutalität. Die traurige Geschichte der kleinen Fanny Adams, die hier in Tanhouse Lane lebte, ist noch heute allgemein bekannt. Mütter erzählen sie ihren Kindern am Kamin wie ein schreckliches Märchen. Am Nachmittag des 24. August verließ die achtjährige Fanny Adams das Haus ihrer Eltern, um mit ihrer jüngeren Schwester und einer Freundin in den Hopfenplantagen zu spielen, die sich damals am Ende der Straße befanden. Gegen 14.00 Uhr wurden die drei Kinder von einem Mann angesprochen; dieser trug einen schwarzen Mantel und helle Hosen. Er schenkte Fanny eine glänzende Münze und bat sie, ihn auf einen Spaziergang zu begleiten. Den anderen beiden gab er Geld für Süßigkeiten und schickte sie fort. Die Kinder gehorchten, sahen aber noch, wie Fanny zu weinen begann, als der Fremde sie hochhob und eilig mit ihr zwischen den Hopfenpflanzen verschwand.

Gegen Abend begannen sich die Eltern des Mädchens Sorgen zu machen, und Fannys Schwester erzählte zögernd von dem freundlichen Mann, der ihnen Geld geschenkt hatte. Zwischen 19.30 und 20.00 Uhr entdeckte der Arbeiter Thomas Gates den abgetrennten Kopf eines Mädchens in den Plantagen. Mrs. Adams identifizierte ihn später als den ihrer Tochter. Sogleich wurde die Polizei verständigt und eine Suchmannschaft zusammengestellt. Das entsetzliche Ausmaß der Bluttat offenbarte sich innerhalb weniger Stunden: Über die Plantage verteilt wurden ein Bein, der rechte Arm, die linke Hand und ein Fuß des Mädchens gefunden. Später stieß man auch auf den verstümmelten Torso, den zweiten Fuß, den linken Arm und die abgetrennten Ohren. Das Herz des Opfers wurde erst am darauffolgenden Tag geborgen. Der Mörder hatte es über zwei hohe Hecken hinweg auf einen angrenzenden Fußweg geschleudert. Aufgrund der Beschreibung, die er von den Mädchen erhalten hatte, nahm Superintendent Cheyney noch am selben Abend einen jungen Mann namens *Frederick Baker* fest. Baker, der als Schreibkraft in einer Anwaltskanzlei arbeitete, wurde auf die Wache gebracht. Bei der Inspektion seiner Kleidung fand man Blutspuren an Mantel und Hose. Für den folgenden Tag ordnete Cheyney eine Gegenüberstellung mit den Mädchen an. Beide erkannten in Baker eindeutig den Mann, der ihnen die Münzen gegeben und Fanny fortgetragen hatte.

SÜDOSTENGLAND

Einen letzten Beweis für Bakers Schuld brachte sein eigenes Tagebuch ans Licht, welches der Superintendent in dessen Schreibtisch entdeckte. Der Eintrag für Samstag, den 24. August, lautete: *„Tötete ein junges Mädchen; es war prächtig und scharf."*

Dukes Head, **Butts Road:** ⛾ In den Räumen dieses Pubs wurde die Leichenschau abgehalten und Frederick Baker (der jede Beteiligung an der Tat bestritt) des vorsätzlichen Mordes angeklagt. Man brachte ihn ins County-Gefängnis nach Winchester, wo man ihm den Prozess machte und Mr. Justice Mellor die Todesstrafe verhängte. Im Angesicht des Galgens gestand Baker schließlich. Er bat die Eltern des Mädchens um Verzeihung und gab der Hoffnung Ausdruck, sie mögen eines Tages über ihren Verlust hinwegkommen. Die rauhen Bewohner Hampshires hatten ihre ganz eigene Methode, mit dem Verbrechen fertig zu werden: Sie gaben einem besonders widerlich schmeckenden Dosenfleisch der *Royal Navy* den Namen „Fanny Adams".

☞ **Old Odiham Road Friedhof:** ✝ Reverend W. Wilkins las die Totenmesse, als man Fanny Adams hier am 28. August zur letzten Ruhe bettete. Ein von den Bürgern Altons gestifteter Gedenkstein markiert ihr Grab, das immer frische Blumen trägt. Wer es besuchen möchte, findet den Standort auf einem Lageplan am Tor zum Friedhof verzeichnet.

☞ *The Crown:* ⛾ Ein Originalplakat von 1867, welches die bevorstehende Hinrichtung Frederick Bakers ankündigt, kann in diesem stimmungsvollen Pub besichtigt werden. Berichte über das Verbrechen zieren auch die Wände des Pubs *The Eight Bells*.

☞ **Curtis Museum:** 🏛 Das vom Botaniker Dr. William Curtis gegründete Museum befindet sich in der High Street und beherbergt eine umfangreiche Sammlung zur Lokalgeschichte Altons; darunter eine spezielle Ausstellung zum Mordfall Adams. Öffnungszeiten: Dienstag bis Samstag von 10.00-17.00 Uhr. Der Eintritt ist frei.

Arundel, West Sussex 🏛 ?
Ca. 10 km westlich von Worthing an der A 27 gelegen.

☞ **Arundel Castle:** *„Nun, über die Jahre hatte ich eine ganze Reihe von Prostituierten."* Mit diesen Worten pflegte sich der berühmte englische Pathologe Professor Dr. Keith Simpson (1907–1985) die Aufmerksamkeit seiner Studenten zu sichern, wenn er in London oder Oxford Vorlesungen hielt. Die meisten von ihnen lagen jedoch bei der ersten Begegnung bereits kalt und bleich auf einem Sektionstisch der Pathologie. Eine von der Polizei zunächst dieser Profession zugeordnete Dame war vermutlich auch Joan Woodhouse, ein 27-jähriges, nach außen hin vollkommen ehrbares Mädchen. Am 10. August 1948 entdeckte der Malergeselle Thomas Stillwell ihren teilweise entblößten Leichnam auf einer An-

DIE SCHWARZE INSEL

höhe auf dem Gelände des Schlosses und verständigte die Polizei. Das Mädchen lag ausgestreckt auf dem Rücken, die Beine geschlossen, das Gesicht gen Himmel gewandt. Wie der herbeigerufene Dr. Simpson feststellte, war die junge Frau vergewaltigt und erdrosselt worden und seit mindestens zehn Tagen tot. Einigermaßen seltsam jedoch war, dass die Kleider des Opfers nicht einmal zerrissen waren. Im Gegenteil: Der Mörder hatte sie ordentlich zusammengefaltet und neben dem Leichnam gestapelt. Joans Handtasche und ihre Wachsperlenkette lagen wie zur Dekoration obenauf. Simpson notierte später: *„In der Nähe der Kleidungsstücke bemerkte ich starke, erst kürzlich entstandene Abriebspuren in den unteren Bereichen einiger Baumstämme, von denen ich dachte, sie seien vermutlich durch das Abgleiten von Schuhwerk entstanden; vielleicht bei der Abwehr eines Angreifers oder während eines Kampfes und der Flucht den Hügel hinab. Eine gerade Fußspur endete genau dort, wo der Körper lag…"* Vermutlich hatte Joan verzweifelt versucht, ihrem Mörder zu entfliehen, war jedoch überwältigt und zu Boden geworden. Doch etwas passte nicht ins Bild – die ganz offensichtlich sorgfältig zusammengelegten Kleider nämlich. Da die Vergewaltigung vor Eintritt des Todes erfolgt war, wie Simpsons Untersuchungen eindeutig ergaben, musste das Mädchen sie freiwillig abgelegt haben. Doch warum? Für ein harmloses Sonnenbad? Oder vielleicht um einen vermeintlichen Liebhaber zu unterhalten? Für zusätzliche Verwirrung sorgte ein Briefumschlag, den man neben der Toten im Gras fand und der eine einzelne Schlaftablette enthielt. War Joan mit dem Vorsatz hergekommen, Selbstmord zu verüben?

Auch die Ermittlungen Detective Chief Inspector Fred Narboroughs warfen viel mehr Fragen auf als sie Antworten lieferten. Joan Woodhouse, die als Bibliothekarin in London gearbeitet hatte, hatte die Hauptstadt am 31. Juli eigentlich verlassen, um ein paar freie Tage bei ihrem Vater im nordenglischen Barnsley zu verbringen. Doch statt nach Yorkshire zu fahren, war sie um 8.30 Uhr in einen Zug nach Worthing gestiegen, wo sie gegen Mittag eintraf und ihr einziges Gepäckstück, eine Reisetasche, aufgab. Den Abholschein entdeckte die Spurensicherung in ihrer Handtasche; ebenso das Bahnticket für eine einfache Fahrt nach Süden. Warum war Joan nicht, wie vereinbart, nach Barnsley gereist? Narborough hatte rasch eine Lösung parat: Seiner Meinung nach war das Mädchen eine gewöhnliche Hure gewesen und in Ausübung ihres Handwerks gestorben. Doch worauf seine vermeintlichen Erkenntnisse eigentlich fußten, bleibt rätselhaft. Er führte die Ermittlungen noch drei zähe Monate weiter, danach wurde der Fall Joan Woodhouse ungelöst zu den Akten gelegt.

Die Familie des Mädchens war empört und drängte Scotland Yard zur Wiederaufnahme der Ermittlungen. Es vergingen 18 Monate, ehe Detective Superintendent Reginald Spooner von London nach Arundel reiste, um die erkalteten Spuren neu aufzuwärmen. Der Erfolg blieb jedoch aus. Niemand schien Joan an jenem Tag im Ort gesehen zu haben. In London hatte er mehr Glück: Nach Aussage ihrer Arbeitskollegen und Zimmernachbarn war Joan eine sehr religiöse, verschlossene junge Frau ohne engere Freunde gewesen.

SÜDOSTENGLAND

Ihre Geburtstage hatte sie zumeist allein verbracht. Der Großteil ihrer freien Zeit war dem Bibelstudium gewidmet gewesen. Sehr bald gelangte Spooner zu der Überzeugung, dass Joan weder vergewaltigt noch ermordet worden war, sondern ihrem Leben mit Hilfe von Schlaftabletten selbst ein Ende gesetzt hatte. Der Fall wurde ein weiteres Mal zu den Akten gelegt. Als Dr. Simpson davon erfuhr, war er außer sich: *„Das war absurd. (...) Aus den Ergebnissen der Autopsie ging eindeutig hervor, dass sie sexuell attackiert und erwürgt worden war. Wie Spooner – ein großartiger Detective, vor dem ich sehr viel Respekt hatte – diese Beweise einfach ignorieren konnte, ist mir schleierhaft."* In seiner Hilflosigkeit ergriff der Vater des Mordopfers noch einmal die Initiative. Er strengte eine Klage gegen den Maler Stillwell an – jenen Mann, der damals den Fund der Leiche gemeldet hatte. Die Anhörung und Beweisaufnahme gegen Stillwell fand im Magistrats Court von Arundel statt und dauerte vier Tage. Sie endete mit der Verwerfung der Anklage und einem einmütigen Kopfschütteln der vorsitzenden Richter.

Das gegen Ende des 11. Jh. im Auftrag des Earls of Arundel, Roger de Montgomery, errichtete Schloss befindet sich seit über 700 Jahren im Besitz der Dukes of Norfolk. Nach wie vor überblickt es den Fluss Arun und thront friedlich und weithin sichtbar auf einem Felsen hoch über den Dächern des Ortes. Seine meterdicken Mauern sind seither von Verbrechen verschont geblieben und beherbergen heute ein beeindruckendes Museum. Ein Besuch ist unbedingt zu empfehlen.

Brighton, East Sussex → Zweiter Teil, Die Führungen

Broadstairs, Kent ⚲

An der Kanalküste ca 5 km nördlich von Ramsgate gelegen,

Nr. 105 Hugin Avenue: Im Jahre 1958 wurde dieses Haus von der Familie Chubb bewohnt. Die 46-jährige *Edith Daisy Chubb*, eine gelernte Krankenschwester, die jedoch dreimal die Woche 12 Stunden lang als Putzfrau im nahe gelegenen Haine Hospital arbeitete, war eine verhärmte, vom Leben enttäuschte Frau. Sie hatte einen äußerst mürrischen Gatten, der trank und sie fortlaufend sexuell bedrängte, die daraus resultierende fünfköpfige Kinderschar, die niemals Ruhe gab, eine Mutter, die zu alt war, ihr noch beizustehen und Lilian, die unverheiratete, vorlaute Schwester ihres Mannes, für deren Lebensunterhalt sie ebenfalls sorgen musste. Am Morgen des 6. Februar hatte Edith es endgültig satt, sich von Lilian herumkommandieren zu lassen. Vor Gericht sagte sie später: *„Die Art und Weise, wie sie ihre Teetasse absetzte, irritierte mich. Ich folgte ihr die Treppe hinunter und zog an ihrem Schal. (...) Sie fiel rückwärts auf den Boden, schlug mit dem Kopf gegen das Geländer."* Lilian stöhnte vor Schmerz, während draußen der Milchmann fröhlich pfeifend seine Runde machte. Edith

DIE SCHWARZE INSEL

konnte ihn mit den Flaschen klappern hören. Sie musste Lily zum Schweigen bringen ...

Die Polizei fand Lilian Chubbs Leiche um 11 Uhr am folgenden Morgen in einer Hecke in der Reading Street Road. Bei der anschließenden Befragung durch die Polizei verstrickte sich Edith sehr schnell in Widersprüche. Mit einem entrückten Lächeln auf den Lippen sagte sie zu Chief Inspector Everitt: *„Es kam einfach so über mich. Ich zog den Schal um Lilys Hals fest zu. Sie kämpfe nicht einmal."* Anschließend gestand sie, einen alten Rollstuhl aus dem Schuppen hinter dem Haus geholt und die Leiche damit zur Reading Street Road gebracht zu haben. Wie sie hinzufügte, hatte es alles in allem nicht sonderlich lange gedauert.

Wegen Mordes vor Gericht gestellt, plädierte Edith auf nicht schuldig, da sie die Tat in geistiger Umnachtung verübt habe. Richter und Geschworene stimmten der Verteidigung zu, und Edith Daisy Chubb wurde zu einer Haftstrafe von vier Jahren ohne Bewährung verurteilt. Soweit man weiß, wurde sie anschließend nie wieder straffällig.

Burley, Hampshire ♟

Ca. 15 km nordöstlich von Bournemouth im New Forest gelegen.

☞ ***The Queen's Head****:* ♟ Burley – für seine wild lebenden Ponies, den berauschenden Cider und sahnige Cream Teas gleichermaßen berühmt – ist die vielleicht schönste Ortschaft im ganzen New Forest. Sein geschichtsträchtiges Pub liegt an der Hauptkreuzung „The Cross", datiert aus dem 16. Jh. und diente Schmugglern und Straßenräubern von jeher als Unterschlupf. Bei Renovierungsarbeiten Anfang der 1990er wurde unter der sogenannten *Stable Bar* der Einstieg zu einem schmalen Gang entdeckt. Dieser führte zu einem geheimen Zimmer, welches Unmengen von Goldmünzen, Flaschen und ein ganzes Waffenarsenal enthielt ...

☞ **Coven Of Witches**: Ebenfalls an Burleys Hauptkreuzung gelegen, wurde dieses Haus in den 50er Jahren des 20. Jh. von *Sybil Leek*, Englands berühmtester „weißer" Hexe, bewohnt. Wie Anwohner noch heute berichten, durchwanderte sie auf der Suche nach Kräutern häufig im Nebel das Unterholz von Burley Beacon – stets in einen wehenden schwarzen Mantel gehüllt und mit ihrer zahmen Dohle auf der Schulter. Dies und der Umstand, dass der Sage nach ein feuerspeiender Drache unter jenem Hügel schlafe, den man mit Hilfe einer Dohle zu wecken imstande sei, trug Sybil bald den Ruf ein, in Wahrheit eine „schwarze" Hexe zu sein, und den Mächten des Bösen zu huldigen. Entnervt vom heimlichen Getuschel und den ängstlichen Blicken ihrer Nachbarn, packte Sybil den Reisigbesen ein und flog in die USA, wo sie sich schließlich ganz niederließ. Dort verfasste sie mehrere Bücher über Magie, Okkultismus und Astrologie – darunter den Bestseller *„Diary of a Witch"*. Obwohl Sybil Leek zu Lebzeiten nie wieder einen Fuß auf englischen Boden setzte, soll ihre schattenhafte Gestalt in letzter

SÜDOSTENGLAND

Zeit in der Nähe des Hauses gesehen worden sein. Dies mag nicht zuletzt daran liegen, dass ihre Nachfolgerin hier Amulette, Talismane und Liebestränke feilbietet. (➥ Boscastle, Südwestengland)

Canterbury, Kent 🏛 ✝

Ca. 30 km nordwestlich von Dover an der A 2 gelegen.

☞ **Canterbury Cathedral:** Canterbury gilt als die Wiege des Christentums in England. Um ein Haar wäre es auch zu seinem Grab geworden, als nämlich Henry II. seinen ehemaligen Protegé, den Erzbischof von Canterbury, *Thomas Becket,* hier vor den Stufen des Altars ermorden ließ. Becket, am 21. Dezember 1118 geboren, hatte zu diesem Zeitpunkt einen schier kometenhaften Aufstieg hinter sich. Nachdem er 1154 vom damaligen Erzbischof Theobold dem eben gekrönten König vorgestellt worden war, machte Henry ihn zu seinem Kanzler. Ein Jahr nach dem Tode Theobolds sah Henry II. im Jahre 1162 seine Gelegenheit gekommen: Mit der Ernennung seines Ziehsohnes Becket zum Erzbischof glaubte er, uneingeschränkte Macht über den Klerus gewinnen zu können. Doch weit gefehlt. Thomas Becket bestand allen Erwartungen zum Trotz auf die Freiheit seiner Kirche. Voller Wut und Enttäuschung soll Henry ausgerufen haben: *„Gibt es denn unter all den Schurken, die mein Brot essen, nicht einen, der mich von diesem ungestümen Priester befreien kann?"*
Becket, der den Zorn seines Königs allmählich über sich kommen sah, ging eine Weile außer Landes, doch am 30. November 1170 kehrte er pflichtbewusst nach England und zu seiner Kathedrale zurück. Hier wurde er während eines Gottesdienstes am 29. Dezember von den vier Rittern Hugh de Morevile, Richard Brito, Reginald FitzUrse und William de Tracy regelrecht hingerichtet. Ein Stein, der die blutroten Lettern THOMAS trägt, markiert heute das *Martyrdom,* jene Stelle, an der man ihm den Todesstoß versetzte, indem man dem am Boden knienden Mann ein Schwert durch den Schädel trieb. Beckets sterbliche Überreste wurden in einem mit Edelsteinen besetzten Goldschrein beigesetzt, gingen aber verloren, als eine spätere Generation 1538 sein Grab schändete, die Gebeine raubte und sie verbrannte. Mit dem Staub wurde eine Kanone gefüllt und über der Stadt abgefeuert.

Chatham, Kent 🏛 🍸 ⚲ ♥

Ca. 50 km östlich von London am M 2 (London-Dover) gelegen.

☞ **Chatham Great Lines:** 🍸 ⚲ ♥ Auf die meisten Menschen übt die Todesstrafe noch immer eine morbide Faszination aus. Nicht zuletzt deshalb, weil es sich um etwas handelt, das heutzutage hinter verschlossenen Türen stattfindet – etwas, das uns verborgen bleibt. In England wurden Todesurteile jedoch bis 1868 öffentlich vollstreckt, da sich die Obrigkeit gerade davon eine Abschreckung zukünftiger Mörder versprach. Doch ein sol-

17

DIE SCHWARZE INSEL

ches Ereignis, das in Einzelfällen bis zu 100.000 Schaulustige anzog, hatte in jenen Tagen beinahe Volksfestcharakter und seinen Schrecken längst verloren. Im Gegenteil; vom einfachen Bürger wurde der qualvolle Tod durch den Strang als höchst willkommene Unterhaltung geschätzt. Für die Männer floss das Bier in Strömen, während keifende Weiber ihre Kinder stillten und gleichzeitig erbittert um die besten Plätze kämpften. Nach einer Hinrichtung erklommen kranke oder auch krankhaft eitle Frauen ganz selbstverständlich das Schafott, um sich durch die Berührung mit dem Leichnam von Leiden wie Schwindsucht, Warzenwuchs oder Flachbrüstigkeit zu befreien.

Dass nicht wenige Kinder und Jugendliche durch den Anblick solchen Treibens psychische Schäden davon trugen, liegt auf der Hand. *Robert Alexander Burton*, ein junger Mann aus Chatham, war einer von ihnen. Seine Eltern hatten ihn von klein auf zu jeder öffentlichen Hinrichtung nach Maidstone mitgenommen, wo das County Gefängnis stand. Aus anfänglicher Furcht vor dem, was er sah, wurde mit den Jahren Gewohnheit. Als Robert dann aber heranwuchs, begann er eine unnatürliche „Leidenschaft" für das Hängen zu entwickeln. Mit 14 Jahren fieberte er einer Exekution mit mehr Freude entgegen als seinem eigenen Geburtstag. Dies gipfelte darin, dass er mit zwanzig Jahren den übermächtigen Wunsch verspürte, selbst am Galgen zu sterben.

Deshalb entschied sich Robert am Nachmittag des 22. Juli 1862 dazu, den erstbesten Menschen zu töten, der ihm begegnete. Es war ein neunjähriges Kind namens Thomas Frederick Houghton. Die Leiche des Kleinen wurde noch am selben Tag zwischen den wuchernden Heidekräutern der Chatham Great Lines in der Nähe eines Ventilationsschachtes gefunden, der zur Belüftung des dortigen Eisenbahntunnels diente. Tags darauf sprach Burton den

SÜDOSTENGLAND

Police Constable Hibbert an, und gestand den Mord. Auf der Wache machte Robert Alexander Burton folgende Aussage: *„Ich fühlte mich des Lebens überdrüssig und entschied, jemanden zu töten. Ich machte mir keine Gedanken darüber, wer das sein würde – in meinem Verlangen danach, aufgehängt zu werden, war mir jede Person recht. Während ich die Straße entlangging, kam ich an dem verstorbenen Jungen und seiner Mutter vorbei, und mir wurde augenblicklich klar, dass dieses arme Kind mein Opfer werden würde. Nachdem ich ihnen ein Stück gefolgt war, sah ich die Mutter ins Haus gehen und ihrem Kind erlauben, in den Lines zu spielen. Das war gegen 14.00 Uhr am Dienstag Nachmittag. Dann folgte ich dem Jungen bis zu der Stelle, wo man ihn fand, – da ich den Ort für einen vorzüglichen Platz hielt, mein Vorhaben in die Tat umzusetzen – und nachdem ich ihn angesprochen hatte, schlug ich ihn nieder (...). Der Junge wehrte sich sehr stark und versuchte, sich zu befreien. Doch es gelang mir, ein Messer aus der Tasche zu ziehen, und damit schnitt ich ihm die Kehle durch (...). Nachdem ich dem Jungen die Wunde in der Kehle beigebracht hatte, kämpfte er weiter und bekam meine Hände zu fassen. Aber ich schüttelte ihn ab, und als er nicht schnell genug starb, kniete ich mich auf ihn und drückte ihm mit beiden Händen die Kehle zu, bis ihm das Blut aus Augen und Nase rann und er tot war. Als ich mich über die Lines davon machte, traf ich auf einen in schwarz gekleideten Gentleman, der auf mich zu kam. Da ich fürchtete, meine blutigen Hände könnten gesehen werden, steckte ich sie in die Taschen. Dann ging ich (...) und wusch mir das Blut von Händen, Gesicht und Kleidern, und entfernte auch vom Messer das Blut. Anschließend ging ich in die Stadt. Ich versteckte das Messer in einer Toilette (...) im Hof des **Dark Sun** Public-Houses in der High Street von Chatham."* Burton trat geständig vor Richter und Jury, obwohl seine Anwälte bis zuletzt erklärten, dass er unzurechnungsfähig sei. Als die Geschworenen nach kurzer Beratungszeit in den Gerichtssaal zurückkehrten und der vorsitzende Richter das Todesurteil verkündete, stand Burton erleichtert von der Anklagebank auf und rief voller Freude: *„Danke Ihnen, My Lord!"* Es war der Henker William Calcraft (→ Hoxton, London & Umgebung), der Burton am 11. April 1863 vor dem Maidstone Gefängnis den Strick um den Hals legte. Robert Alexander Burton starb als glücklicher Mann. Augenzeugen zufolge soll er gelächelt haben, als Calcraft ihm die weiße Kapuze über den Kopf stülpte.

☞ **Kent Police Museum:** 🏛 (The Old Boilerhouse, Chapel Lane) Das Polizeimuseum der Kent County Constabulary ist im Gegensatz zu seinem wesentlich bekannteren Gegenstück, dem sogenannten *Black Museum* der Londoner Metropolitan Police, für jedermann zugänglich. Und doch ist es nicht weniger interessant. Ins Leben gerufen wurde es im Januar 1975 von dem pensionierten Police Inspector Jack Fall, der es zunächst in der C.I.D. Abteilung des Polizeihauptquartiers in der Sutton Road in Maidstone unterbrachte. Platzmangel machte im Jahre 1992 einen Umzug des Museums notwendig. Am 25. Juli 1994 wurde das mittlerweile mehr als 1000 Ausstellungsstücke umfassende Polizeimuseum in neuen Räumen im historischen Dockyard von Chatham wiedereröffnet. Mr. John Endicott, der gegenwärtige Kurator, ist interessierten Besuchern gegenüber aufgeschlossen und gewährt ihnen (nach vorheriger Vereinbarung) auch außerhalb der normalen Öffnungszeiten Einlass in seine Asservatenkammer. Da die regulären Öffnungszeiten in den Monaten von Februar bis November stark variieren, sei eine telefonische Voranmeldung hier unbedingt empfohlen. Tel.: 0044-(0)163-403260.

Cobham, Kent ▼ ♀ ↘

Ca. 5 km südwestlich von Rochester an der A 2 gelegen.

☞ *The Ship Inn*: ♀ ▼ Der 1817 in Chatham, Kent, geborene *Richard Dadd* war ein begnadeter Künstler. Nach dem Umzug der Familie nach London wurde er im Jahre 1837 in die *Royal Academy of Art* aufgenommen, wo er dank seines überdurchschnittlichen Talents sehr schnell verschiedene Kunstmedaillen gewann. In Sir Thomas Phillips fand Dadd einen Mentor. Er führte den jungen Künstler in die „besseren Kreise" ein und begab sich 1842 mit ihm auf die *Grand Tour* – jene monatelangen Reisen durch Europa und den Mittleren Osten, die während der viktorianischen Ära so populär waren und für den letzten Schliff junger Erwachsener als unerlässlich galten.

Richard Dadd

Unglücklicherweise übten die gewonnenen Eindrücke auf Dadd einen negativen Einfluss aus. Nachdem er in Ägypten an einer fünf Tage und Nächte währenden Wasserpfeifensitzung teilgenommen hatte, war der junge Künstler davon überzeugt, dem Gott Osiris begegnet zu sein. Der habe ihn mit einer heiligen Mission betraut, wie Dadd seinem Mentor Phillips verriet, und ihm überdies die Gabe geschenkt, Dämonen auch dann zu erkennen, wenn sie in menschlicher Verkleidung auftraten. Phillips hielt die Schrullen seines Schützlings zunächst für Nachwirkungen eines Sonnenstichs. Als Dadd jedoch anfing, Portraits seines Reisegefährten zu malen, die ihn mit durchschnittener Kehle darstellten, bekam es Phillips mit der Angst zu tun. Und so brachte er Dadd im Mai 1843 über Rom (wo der Künstler nur mit Mühe von einem Anschlag auf den Papst abgehalten werden konnte) und Paris auf dem schnellsten Weg nach England zurück. Dort wurde Richard Dadd von einem Arzt untersucht. Der erklärte ihn für unzurech-

SÜDOSTENGLAND

nungsfähig und empfahl die Einweisung in eine Anstalt. Der Maler überzeugte jedoch seine Familie davon, nur ein wenig Ruhe zu benötigen, und trat am 27. August in Begleitung seines Vaters Robert Dadd einen kurzen Erholungstrip nach Cobham an. Vater und Sohn trafen dort gegen Abend ein und bezogen im *Ship Inn* Quartier. Nach dem Essen schlug Richard seinem Vater einen Spaziergang durch den nahe gelegenen Park vor. Dieser lehnte zunächst ab, gab jedoch später Richards Wunsch nach.

☞ **Dadd's Hole:** (Die früher unter dem Namen Paddock Hole bekannte Mulde liegt direkt an der Halfpence Lane, nur wenige hundert Meter vom *Ship Inn* entfernt, am Rande des Cobham Park und wurde nach dem Mord in Dadd's Hole umbenannt.) Vater und Sohn waren bis hierher gekommen, als Richard unvermittelt ein Rasiermesser aus der Tasche zog und seinem Vater damit von hinten die Kehle durchschnitt. Anschließend verstümmelte er die Leiche und floh.

Es war ein Fleischer aus dem Ort, der die Überreste Robert Dadds am nächsten Morgen fand. Da die Polizei zunächst annahm, Richard sei ebenfalls ermordet worden, wurde der gesamte Park abgesucht – vergebens. Dass niemand anders als der junge Künstler den Mord begangen haben konnte, stand spätestens fest, als man in seinem Zimmer eine Todesliste fand. Sie enthielt die Namen all jener Personen, die Richard für verkleidete Dämonen hielt und nacheinander umzubringen gedachte; neben Robert Dadd und dem Papst war auch der Kaiser von Österreich darunter. Der wahnsinnige junge Mann war unterdessen nach Frankreich geflüchtet. Dort nahmen ihn französische Gendarme in der Nähe von Paris fest – er hatte versucht, einem Mitreisenden die Kehle durchzuschneiden. Im Juli 1844 wurde Dadd an England ausgeliefert und ins Londoner Bethlem Hospital, eine Anstalt für unheilbar Geisteskranke, verbracht. Dort blieb er für die nächsten 20 Jahre. Von den Ärzten ermutigt, begann er seine Malerei fortzusetzen, und schuf in Bethlem seine bedeutendsten Werke. Später verlegte man den Künstler nach Broadmoor, wo er am 8. Januar 1886 an einem Lungenleiden starb. Richard Dadd gilt heute als einer der wichtigsten Vertreter der sogenannten „Fairy School". Sein Meisterwerk „The Fairy Feller's Master Stroke" (an dem er neun Jahre arbeitete und das er trotzdem als unvollendet bezeichnete) kann in Londons Tate Gallery bewundert werden. Die Rockband Queen ließ sich davon zu einem gleichnamigen Lied inspirieren.

Crowborough, East Sussex 🏛 🍸 ♀ ❓

An der A 26 zwischen Brighton und Royal Tunbridge Wells gelegen.

☞ **Luxford Road:** ♀ ❓ Wandert man die enge und abschüssige Luxford Road hinunter und passiert die Einfahrt zum Luxford Drive, gelangt man zu einer Reihe kleiner Cottages auf der rechten Seite. Links davon schließt sich ein unkrautüberwuchertes Grundstück an, das sich bis zur Luxford Lane erstreckt. Dem gegenwärtigen Pächter zufolge gedeiht hier seit über 70 Jahren

DIE SCHWARZE INSEL

nichts als Unkraut, denn der Boden ist verflucht. Schuld daran ist ein Verbrechen, das 1924 Schlagzeilen machte und landesweit für Entsetzen sorgte: der sogenannte *Wesley-Hühnerfarm-Mord*. Auf diesem Grundstück wurde er begangen. Die ehemalige Einfahrt ist noch zu erkennen, wenngleich dichtes Dornengestrüpp den Zugang heute unmöglich macht.

Norman Holmes Thorne war 19 und arbeitslos, als er 1921 aus London hierher kam. Mit dem Vorsatz, es innerhalb weniger Jahre als Geflügelzüchter zu bescheidenem Wohlstand zu bringen, legte er auf dem Gelände umzäunte Ausläufe und Bruthäuser für seine Hühner an und errichtete eine schmucklose Holzbaracke für sich selbst. Obwohl er während der folgenden drei Jahre Tag und Nacht mit größtem Enthusiasmus arbeitete, ließ der erhoffte Wohlstand auf sich warten. Die wenigen Einkünfte reichten nicht einmal, um die anfallenden Kosten zu decken, und Anfang 1924 hatte sich ein beachtlicher Schuldenberg angehäuft. Vermutlich wäre Norman mit diesen Schwierigkeiten fertig geworden, wäre da nicht die neurotische Elsie Cameron gewesen, seine zwei Jahre ältere Verlobte. Norman hatte sie 1920 in London kennen gelernt und sehr schnell festgestellt, dass mit ihr einiges nicht stimmte: Sie war krankhaft eifersüchtig, machte ihm hysterische Szenen, wenn er sich um ein paar Minuten verspätete, und bezichtigte ihn grundlos der Untreue. Der gutmütige Norman tat sein Bestes, um ihre Zweifel zu zerstreuen. Er schrieb ihr herzliche Briefe, radelte zwei- oder dreimal in der Woche von Crowborough nach London, wo Elsie bei ihren Eltern wohnte. All dies nützte indessen nichts. Sie verlangte als echtes Zeichen seiner Liebe die Verlobung. Doch auch nachdem sich Norman darauf eingelassen hatte, gingen die Eifersuchtsszenen mit unverminderter Heftigkeit weiter. Außerdem machte es sich Elsie zur Gewohnheit, ihm auf der Hühnerfarm Überraschungsbesuche abzustatten.

Für Norman kam die Wende im Frühjahr 1924. Während eines Tanzabends lernte er Bessie Coldicott kennen. Sie war fröhlich, offenherzig und freiheitsliebend – das genaue Gegenteil seiner Verlobten. Er verliebte sich in das Mädchen und teilte Elsie mit, die Verlobung müsse aufgehoben werden. Mit einer Konkurrentin und der finsteren Aussicht auf ein Leben in Einsamkeit konfrontiert, sah sich Elsie zu drastischeren Maßnahmen gezwungen. Umgehend schrieb sie Norman einen Brief, in dem sie behauptete, schwanger zu sein – nun müsse er sie heiraten! Norman durchschaute die Lüge und schrieb zurück, er habe sich für Bessie entschieden. Elsies Antwort ließ nicht lange auf sich warten: *„(...) Ich erwarte von dir, dass du unsere Hochzeit so bald wie möglich in die Wege leitest. Ich glaube wirklich, du solltest mir in deinen Briefen erfreuliche Dinge schreiben (...). Der Ärger ist sehr schlecht für das Baby. (...) bald wird es jeder sehen können, und vor Weihnachten will ich verheiratet sein."* Am 27. November erklärte er ihr freundlich, aber bestimmt, er könne ihre Ausbrüche nicht länger ertragen und werde daher nicht sie, sondern Bessie heiraten. Verbittert schrieb Elsie am 28. November: *„Niemals hätte ich gedacht, dass du zu solcher Täuschung fähig wärst. Du hast mich betrogen (...). Du bist mit mir verlobt, und ich habe ein*

Anrecht auf dich (...). Nun, Norman, ich erwarte, dass du mich heiratest und mit dem anderen Mädchen so bald wie möglich Schluss machst. Mein Baby muss einen Namen haben (...) Für immer und ewig, deine dich liebende Elsie." Am Morgen des 5. Dezember packte sie ihre Sachen, fuhr nach Crowborough und verschwand spurlos. Fünf Tage später erkundigten sich ihre Eltern bei Norman nach Elsies Verbleib. Der reagierte erstaunt: Nein, er habe sie nicht gesehen. Vielleicht sei es hilfreich, sie als vermisst zu melden ...

Die polizeilichen Ermittlungen begannen am 12. Dezember mit einem Besuch der Hühnerfarm. Norman schien die Beamten nach Kräften unterstützen zu wollen und stellte ihnen bereitwillig ein Foto von Elsie Cameron zur Verfügung. Auch war er den aus allen Teilen des Landes herbeigeeilten Presseleuten gegenüber äußerst aufgeschlossen. Stolz führte er sie auf seinem Grundstück herum, gab Interviews und ließ sich in Gummistiefeln mit seiner Katze, dem niedlichen Hund und den Hühnern ablichten. Einen Reporter bat er, ihn an einer ganz bestimmten Stelle zu fotografieren. Wie später klar wurde, hatte er genau dort Teile von Elsies Leiche vergraben. Norman genoss es, im Rampenlicht zu stehen. Doch ohne sich dessen bewusst zu sein, hatte er dadurch bereits die ersten Schritte in Richtung Galgen getan. Kurz nachdem Elsie Camerons Portrait in den Zeitungen erschienen war, meldeten sich zwei Arbeiter bei der Polizei. Sie gaben an, das Mädchen am Abend des 5. Dezember mit einer Reisetasche in der Hand auf dem Weg zur Hühnerfarm gesehen zu haben. Die Polizei ging der Spur nach, konnte aber keinerlei Beweise für die Richtigkeit ihrer Aussage finden. Norman wurde diesbezüglich befragt, konnte aber jeden Verdacht zerstreuen.

Doch einen Monat später wendete sich das Blatt, als eine weitere Zeugin die Aussage der Männer bestätigte. Mrs. Annie Price hatte sowohl die Arbeiter, als auch das Mädchen mit der Reisetasche gesehen. Eine Tatsache, die ihr entfallen war, wie sie zugab, doch sei ihre Erinnerung durch die fortwährenden Presseberichte aufgefrischt worden. Am 14. Januar 1925 nahm Scotland Yards Chief Inspector Gillan Norman Thorne in dessen Holzbaracke fest. Spä-

DIE SCHWARZE INSEL

ter am Nachmittag kehrte der Inspector in Begleitung mehrerer spatenbewaffneter Constables zur Hühnerfarm zurück. Diese stießen am folgenden Morgen nahe des Zufahrtstores in 50 cm Tiefe auf Elsies Reisetasche. Gillan unterrichte Norman Thorne über den Fund und fragte ihn, ob er eine Erklärung dazu abgeben wolle. Dies tat er nach reiflicher Überlegung um acht Uhr abends. Seiner Aussage zufolge war Elsie Cameron am späten Nachmittag des 5. Dezember unangekündigt auf der Farm erschienen: *„Ich fragte sie, weshalb sie hergekommen sei, ohne geschrieben zu haben, und wo sie zu schlafen beabsichtige. Sie erwiderte, sie beabsichtige, in der Hütte zu schlafen; außerdem würde sie solange bleiben, bis sie verheiratet sei."* Wie Norman weiter aussagte, hatte er Elsie in der Hütte zurückgelassen und bei Bekannten eine Bleibe für sie suchen wollen, doch er hatte niemanden angetroffen. Als er zu ihr zurückkehrte, war es zum Streit gekommen, da er unverzüglich zu einer Verabredung mit Bessie Coldicott aufbrechen wollte. Elsie aber versuchte ihn mittels sexueller Avancen zum Bleiben zu überreden. Er ging trotzdem, und ließ die ehemalige Verlobte in der Holzbaracke zurück. Als er gegen halb zwölf Uhr nachts heimkam, fand er Elsie in der Hütte am Ende eines Seils vom Querbalken der Decke baumelnd vor. Sie hatte Selbstmord begangen. *„Ich schnitt das Seil durch und legte sie aufs Bett. Sie war tot. Ich stand kurz davor, zu Doktor Turtle zu gehen und jemanden herauszuklopfen, der die Polizei benachrichtigte (...) Ich machte mir die Lage klar, in der ich mich befand (...) holte meine Bügelsäge hervor und sägte ihr die Beine und den Kopf im Schein des Feuers ab."* Auf der Farm waren die Ausgrabungen derweil weitergegangen. In einer großen Keksdose wurde schließlich Elsies Kopf gefunden; ein vergrabener Kartoffelsack enthielt ihre Beine und den Torso.

Norman Holmes Thorne wurde unter Anklage gestellt. Das Verfahren gegen ihn fand in Lewes statt. Dort kam es zum Schlagabtausch zwischen den Sachverständigen. Die Anklagevertretung rief Bernard Spilsbury in den Zeugenstand, die Verteidigung acht weniger namhafte Pathologen. Spilsbury (wegen seines als unfehlbar geltenden Sachverstandes unter skeptischen Kollegen auch als der „Heilige Sankt Bernard" bekannt) fand keinerlei Hinweise auf einen Tod durch Erhängen. Er ging im Gegenteil davon aus, dass das Opfer infolge brutaler Schläge einen Schock erlitten hatte und daran gestorben sei. Der irische Gerichtsmediziner Dr. Robert Brontë legte Beweise vor, die eindeutig auf Strangulationsmarken hindeuteten, und seine sieben Kollegen stimmten ihm zu. Nicht so die Geschworenen, für die jede Aussage Spilsburys eine unantastbare Wahrheit darstellte. Die Jury zog sich für weniger als eine halbe Stunde zur Beratung zurück. Ihr Urteil lautete *„schuldig im Sinne der Anklage"*, und Mr. Justice Finlay verkündete das vorgesehene Strafmaß: Tod durch Erhängen. An seine Eltern schrieb Norman: *„Sie sagen, die Schuld eines Mannes muss bewiesen werden; in welcher Weise wurde mir diese Schuld nachgewiesen?"*

Seine Anwälte legten gegen das Urteil Berufung ein – vergebens. Der Court of Appeal vertraute auf Bernard Spilsburys Erkennt-

SÜDOSTENGLAND

nisse und war nicht geneigt, diese durch einen Niemand wie Dr. Brontë in Zweifel ziehen zu lassen. Norman Thornes letzte Worte waren: *„Das ist nicht fair! Ich hab es nicht getan."* Thomas Pierrepoint hängte ihn im Gefängnis Wandsworth am 22. April 1925 – jenem Tag, an dem Elsie Cameron 27 Jahre alt geworden wäre. Normans sterbliche Hülle liegt in einem numerierten Grab auf dem Gefängnisfriedhof – sein trauriger Geist jedoch durchstreift noch heute in Gummistiefeln das unfruchtbare Land jenseits der Luxford Road. Wahrscheinlich war er ein Opfer unglücklicher Umstände. Doch fragen Sie ihn selbst, wenn Sie ihn treffen ...

☞ **Windlesham Manor:** 🏛 ⅄ *Sir Arthur Conan Doyle* lebte von 1907 bis zu seinem Tod im Jahre 1930 in diesem weitläufigen Anwesen am Hurtis Hill. Seine Sherlock-Holmes-Geschichten pflegte er in einer mittlerweile abgerissenen Hütte im Garten zu schreiben, wo sich bis 1950 auch sein Grab befand. (→ Minstead, Südostengland). Im Laufe seiner Karriere als Kriminalschriftsteller ergriff er mehrfach für mutmaßliche Mörder Partei und mischte sich ungefragt in die polizeilichen Nachforschungen ein, was den einen oder anderen Beamten sicherlich an den Rand der Verzweiflung getrieben haben dürfte. So bemühte er sich 1924/25 auch um Norman Thorne, den er für unschuldig hielt. Und diesmal begrüßte Scotland Yard Conan Doyles Anwesenheit sogar. Zwar teilten die Polizisten seine Ansichten nicht, doch nahmen sie dankbar seine Dienste als Chauffeur in Anspruch. Schließlich besaß er eines der wenigen Automobile im Ort, wogegen die Beamten lediglich über Fahrräder verfügten.

Im Jahre 2000 geriet Sir Arthur selbst in den Verdacht, ein Giftmörder gewesen zu sein (Details → Princetown, Südwestengland). Windlesham ist heute ein Altenheim. Doch einmal im Jahr, wenn es unter der Federführung des *Conan Doyle Trust* seine Türen öffnet, und Sherlock-Holmes-Leser aus aller Welt anreisen, hat man Gelegenheit, an Rundgängen und Vorträgen teilzunehmen. Auskunft über Termine gibt folgende Nummer: 0044-(0)1892-611000. Durstige Spaziergänger sollten im **Cross Hotel** einkehren. Der im 18. Jh. erbaute Inn, den auch Sir Arthur frequentierte, liegt im Zentrum des Ortes, ist im viktorianischen Stil eingerichtet und man serviert dort einfache, aber exzellente englische Küche. Von der gegenüberliegenden Straßenseite blickt sehnsüchtig eine lebensgroße Bronzestatue des Schriftstellers zum Pub herüber.

☞ **Beacon Community College:** 🏛 (Northbeeches Road) Eine kostenlose Conan Doyle-Ausstellung ist hier (etwas versteckt, aber für Besucher zugänglich) im Vorraum des Sekretariats untergebracht. Neben persönlichen Gegenständen aus dem Nachlass des Autors, die seine Tochter Lady Jean Conan Doyle dem College stiftete, werden seltene Bilder von seiner Beerdigung gezeigt. Auch seine Zusammenarbeit mit den im Mordfall Elsie Cameron ermittelnden Beamten ist gut dokumentiert. Wer an tiefer gehenden Studien interessiert ist, kann auf das dortige Archiv zurückgreifen.

DIE SCHWARZE INSEL

Dover, Kent ♀

Ca. 12 km östlich von Folkestone an der A2/A20 gelegen.

Dover Priory Station: Der Mord, der sich vor mehr als 130 Jahren im Bahnhof von Dover ereignete, wäre sicherlich längst vergessen, käme dem damals 19 Jahre alten Täter *Thomas Wells* nicht die sehr zweifelhafte Ehre zu, die erste Person gewesen zu sein, deren Hinrichtung (nach Jahrhunderten öffentlicher Exekutionen in England) hinter verschlossenen Türen stattfand. Der kleine Bahnangestellte Wells, der am 1. Mai 1868 den Stationsvorsteher wegen einer ihm bevorstehenden Disziplinarstrafe durch einen Kopfschuss getötet hatte, trat am 13. August desselben Jahres im Maidstone Gaol (sprich Jail) vor seinen Schöpfer. Als letzter Verurteilter war der irische Freiheitskämpfer *Michael Barrett* nur knapp drei Monate zuvor in London einen öffentlichen Tod gestorben. In beiden Fällen war William Calcraft der zuständige Henker gewesen.

Egham, Surrey ♉ ✝

Ca. 5 km südöstlich von Windsor am M 25 gelegen.

☞ **The Barley Mow:** Dieses, auf die Barley Mow Road hinausblickende Pub, liegt inmitten der feuchten Wiesen von **Englefield Green**. Sie waren am 19. Oktober 1852 Schauplatz des letzten tödlichen Duells auf britischem Boden. Als der Arzt Dr. Hayward gegen Mittag die kleine Anhöhe hinaufstieg, begegnete er drei französischen Herren, die ihn aufgeregt nach dem Weg nach Windsor fragten. Kurz darauf traf er auf einen wild gestikulierenden Gentleman, der ihn leichenblass herbeiwinkte und sich ihm als Monsieur Etienne Baronnet vorstellte. Er führte den Doktor zu seinem verletzt im Gras liegenden Landsmann Frederic Cournet. Hayward untersuchte die klaffende Schusswunde in Cournets rechter Brusthälfte. Edmund Allain, ein weiterer Franzose, war unterdessen eifrig damit beschäftigt, die Blutlachen ringsum von den Halmen zu wischen. Hayward sah wenig Chancen auf eine Rettung: Die Kugel hatte den Brustkorb des Opfers vollständig durchschlagen und die Lunge verletzt. Dennoch brachten der Arzt und die beiden Männer den mittlerweile Besinnungslosen in das nahe gelegene *Barley Mow Public-House*, wo Cournet fünf Stunden später verstarb.

Der Surrey-Police gelang es in kürzester Zeit, Cournets Duellgegner *Emanuel Barthelemy* und Phillipe Mornay, einen seiner beiden Sekundanten, in London festzunehmen. In ihrem Besitz wurden zwei Schwerter und die bei dem Duell benutzten Pistolen gefunden. Barthelemys zweiter Sekundant konnte nie ausfindig gemacht werden. Da man private Auseinandersetzungen mit tödlichem Ausgang in England nicht als Ehrenhandel, sondern als Mord auffasste, wurden die Messieurs Allain, Baronnet, Mornay und Barthelemy in Kingston gemeinschaftlich des vorsätzlichen Mordes angeklagt. Allerdings ging man schonungsvoll mit ihnen

SÜDOSTENGLAND

um. Das Quartett wurde lediglich des Totschlags schuldig gesprochen und erhielt eine Freiheitsstrafe von zwei Monaten. Doch für
Barthelemy kam das Ende schon wenige Jahre später: Wegen
zweifachen Raubmordes zum Tode verurteilt, machte er an einem
kühlen Morgen im Jahre 1855 die Bekanntschaft des Henkers William Calcraft. Seine öffentliche Hinrichtung vor den Toren des
Newgate Gefängnisses soll eine der weniger gut besuchten gewesen sein. Häufig besucht wird hingegen noch heute das Grab Frederic Cournets; seine sterblichen Überreste ruhen unter einer
schweren Grabplatte auf dem örtlichen **Friedhof**.

Faversham, Kent 🏛 ⚲

Ca. 18 km nordwestlich von Canterbury am M 2 gelegen.

☞ **Arden's House, Abbey Street:** Man schrieb das Jahr
1551. Thomas Arden of Faversham, oder Thomas Arderne, wie
man ihn vermutlich seinerzeit nannte, war ein erfolgreicher Geschäftsmann und einstmals Bürgermeister der kleinen Gemeinde
gewesen. Er gab vor, eine glückliche Ehe mit *Alice* – einer gebore-
nen Morfin, Misfyn (oder wie später zynische Stimmen verlauten
ließen, *Misfits*) – zu führen, der wohlhabenden Stieftochter Sir Edward Norths. Thomas Arden war ein Mann der alten Schule, der
sehr wohl wusste, wo seine Aufgaben und die seiner Gattin lagen.
Und so verlangte er, ohne große Worte zu machen, dass mittags –
wenn er von der Arbeit nach Hause kam – ein stärkendes Essen
für ihn auf dem Tisch stand und dass seine liebende Frau am
Abend auf den gestärkten Laken seines Bettes für ihn bereit lag.
Mrs. Arden hingegen war ihrer Zeit weit voraus. Als freiheitslie-
bende Person war sie der täglichen Hausarbeit sehr rasch überdrüssig geworden und hatte sich mit *Thomas Mosby* einen poten-
ten und einfühlsamen Liebhaber genommen, mit dem sie sich
während der langen Geschäftsstunden ihres Mannes die Zeit vertrieb und die Laken zerwühlte. Arden entging der Verfall von Mo-
ral und Ordnung in seinem Haus keineswegs; doch muss er Alice
so sehr geliebt haben, dass er über herumwirbelnde Staubflocken
und sich türmende Wäscheberge ebenso hinwegsah wie über Mr.
Mosbys häufige Besuche. Und er tat ein Weiteres: Er lud den
Nebenbuhler großzügig zu Familienfeiern ein und ließ ihn oftmals
über Nacht in seinem Haus bleiben.
Doch Alice genügten diese Freiheiten nicht, die er ihr offenbar
ließ, um sie nicht zu verlieren. In London heuerte die treulose Gattin mit den Herren *Black Will, Shagbag & Green* drei bezahlte Killer an, die ihr versprachen, das „Problem" innerhalb weniger Tage
lösen zu können. Aus Tagen wurden Wochen, denn ganze sechs
Anschläge auf Thomas Ardens Leben wurden durch die absolute
Unfähigkeit der drei Gentlemen selbst vereitelt. Ein siebter Versuch fand in Faversham statt. An einem eisigen Februarmorgen
versteckten sich Black Will, Green und Shagbag im dunklen
Eingang eines Gemüsegeschäfts, an dem Arden allmorgendlich
vorbeiging. Als ihr vermeintliches Opfer das Geschäft passierte,
öffnete auch der Gemüsehändler schwungvoll seine schweren

27

Die schwarze Insel

Fensterläden. Black Will, der genau daneben gestanden hatte, wurde so schwer am Kopf getroffen, dass er besinnungslos zusammenbrach und zur ärztlichen Versorgung in den *Fleur de Lis Pub* getragen werden musste.

Schließlich sollte Arden am 15. Februar in seinem eigenen Haus sterben. Die Hausherrin würde eine gemütliche Party in kleinem Rahmen für ein paar Freunde geben... Alice rief ihre einzigen Angestellten, das Hausmädchen Susan und den Diener Michael, zu sich, gab ihnen Geld und weihte sie in das Mordkomplott ein. Der Alkohol floss in Strömen, und zu vorgerückter Stunde schlich sich Black Will von hinten an Arden heran, legte ihm ein Tuch um den Hals und riss ihn damit von seinem Schemel. Mosby zückte einen Dolch und stieß ihn in Ardens Brust. Auch Shagbag und Alice nahmen die Waffe an sich und rammten sie dem Verletzten in den Bauch. Anschließend wurden Dolch und Tuch in einen Brunnen geworfen und die Leiche durch den frisch gefallenen Schnee in ein angrenzendes Feld geschleppt, während Susan und Michael im Haus die Blutspuren beseitigten.

Mord an Thomas Arden. Zeitgenössische Darstellung

Der Tote wurde bereits am folgenden Tag gefunden. Die Fußspuren führten die Ermittler sehr schnell zum Tatort und zu Ardens Mördern. Green und Shagbag flohen erfolgreich, die übrigen Mörder jedoch entgingen ihrer gerechten Strafe nicht: Alice und das Hausmädchen Susan starben am 14. März in Canterbury auf dem Scheiterhaufen. Das gleiche Schicksal ereilte Black Will in Flushing. Mosby erhielt sein Todesurteil in London und wurde auf dem Markt von Smithfield gehängt. Den untreuen Diener Michael exekutierte man in Faversham und hängte seinen Leichnam zur Abschreckung am Ortseingang in einem Käfig auf. Das **Fleur de Lis Heritage Center**, die heutige Touristeninformation in der Preston Street, war zur Zeit des Mordes an Thomas Arden der örtliche Inn. Gegenwärtig hat die Faversham Society hier ihren Sitz, und die Angestellten helfen mit Fragen zu Master Arden of Faversham gerne weiter.

SÜDOSTENGLAND

Folkestone, Kent ♥

Ca. 12 km westlich von Dover an der A 20 gelegen.

☞ **Steddy Hole:** Fährt man in östlicher Richtung auf der B2011 aus Folkestone hinaus, erreicht man nach wenigen Kilometern die kleine Gemeinde Chapel-Le-Ferne. Noch vor dem Ortseingang gabelt sich die Straße. Rechter Hand geht die Old Dover Road ab. Folgt man ihrem Verlauf weitere 150 Meter, gelangt man zu einer Einmündung auf der rechten Straßenseite. Dieser Weg führt zu einem verborgenen Platz am Rande der Klippen, der als *Steddy Hole* bekannt ist.

Hier ereignete sich in den frühen Morgenstunden des 3. August 1856 ein entsetzlicher Doppelmord. Der Täter, ein junger Soldat namens *Dedea Redanies*, hatte sich im Hafen von Dover mit dem Arbeiter John Beck angefreundet und war später auch dessen Frau und den beiden Töchtern Caroline, 18, und Maria Ann, 16, vorgestellt worden. Die Mädchen mochten den jungen Mann auf Anhieb. Doch Dedeas Gefühle für Caroline gingen weit über die einer Freundschaft hinaus; er hatte sich unsterblich verliebt. Tag für Tag, viele Monate lang besuchte er sie in **Nr. 3 Albion Place**, ohne ihr jemals seine Liebe zu gestehen. Als das Mädchen jedoch anfing, sich für einen anderen Mann zu interessieren, sah Dedea rot. Freundlich bat er Mr. Beck, Caroline zu einem morgendlichen Spaziergang nach Folkestone einladen zu dürfen, wozu der Vater sein Einverständnis gab. Allerdings bestand er darauf, dass Maria sie als Anstandsdame begleitete. Um 5.30 Uhr machten sich die drei auf den Weg über die Hügel.

Es war ein Tischler aus Folkestone, der nur zwei Stunden später im Steddy Hole die blutüberströmten Leichen beider Mädchen fand und die Polizei verständigte. Nachdem die Identität der Opfer festgestellt und die Eltern benachrichtigt worden waren, konzentrierte sich die Arbeit der Polizei auf die Suche nach Dedea Redanies. Bereits am nächsten Tag gelang es einem Constable, den Flüchtigen unweit von Canterbury zu stellen. Doch noch ehe er ihn in Gewahrsam nehmen konnte, zog Dedea ein blutiges Messer aus der Tasche und stieß es sich in die Brust. Schwer verletzt brachte man ihn nach Dover. In seinem Besitz wurde neben der Tatwaffe auch ein Brief an Mrs. Beck gefunden. Darin legte der Mörder die zweifelhaften Gründe für seine grausame Tat dar, beschrieb, wie er die weinenden Mädchen getötet hatte und bat Mrs. Beck dafür um Vergebung und Verständnis! Gesund gepflegt und vor Gericht zum Tode verurteilt, erklomm Dedea Redanies am Neujahrsmorgen 1857 das vor dem Maidstone Gefängnis errichtete Schafott. Der Henker Calcraft hatte einen seiner besseren Tage: Er war ausnahmsweise nüchtern und der Delinquent sofort tot.

Steddy Hole besitzt selbst bei Tage eine unheimliche Atmosphäre. Ältere Bürger wollen dort am Jahrestag des Verbrechens das Schluchzen der Opfer vernommen haben und raten davon ab, den Platz nach Einbruch der Dämmerung überhaupt aufzusuchen. In einer zeitgenössischen Ballade mit dem Titel *„Der Folkestone Mord"* heißt es gar: *„Und gehst du jemals an den Ort, so wirst du*

DIE SCHWARZE INSEL

diese Lettern sehn. Geschnitten tief ins grüne Gras: Maria und Caroline."

Goudhurst, Kent 🏛

Ca. 10 km östlich von Royal Tunbridge Wells nahe der A 21 gelegen.

☞ Schmuggler siedelten sich üblicherweise in Küstennähe an, diese pittoreske Ortschaft ist daher eher eine Ausnahme. Viele der dortigen Häuser verfügen über geheime Räume und sind durch unterirdische Gänge miteinander verbunden. Ein solch geheimer Raum wurde erst vor wenigen Jahren von einem hiesigen Geschäftsmann beim Renovieren durch einen Zufall in seinem eigenen Ladenlokal entdeckt. Darin befand sich unter anderem ein uralter Koffer, dieser war mit einer Zeitung aus dem 17. Jh. ausgekleidet worden. Kurioserweise berichtete dieses Blatt über die Festnahme einiger lang gesuchter Schmuggler aus Goudhurst. Die gefundenen Artefakte können in einer Ausstellung vor Ort besichtigt werden.

Herne Bay, Kent ⚑ 💰

Ca. 20 km westlich von Ramsgate an der A 299 gelegen.

Nr. 80 High Street: *George Joseph Smith*, der später als der berüchtigte „Mörder der Bräute im Bad" in die britische Kriminalgeschichte einging und einen Ehrenplatz in *Madame Tussaud's* Horrorkammer erhielt, bezog dieses Haus im Jahre 1912. Hier verübte der Bigamist und Serienkiller seinen ersten Mord. Unter dem Namen Henry Williams hatte er in Weymouth zwei Jahre zuvor die wohlhabende Miss Bessie Mundy geheiratet. Doch nachdem er sie ihrer Unschuld und 135 Pfund Sterling (was einem heutigen Wert von umgerechnet 7800 Euro entspricht) beraubt hatte, war er verschwunden. Zurück blieben ein Brief, in welchem er Bessie bezichtigte, ihn mit einer Geschlechtskrankheit angesteckt zu haben, und ein beinahe leeres Bankkonto.

Im März 1912 kreuzten sich die Wege der beiden zufällig in Weston-super-Mare. Der notorisch abgebrannte Smith war zu diesem Zeitpunkt wieder einmal pleite. Er machte Bessie glauben, alles sei ein furchtbares Missverständnis gewesen, er habe den halben Erdball

G. J. Smith und Bessie Mundy

SÜDOSTENGLAND

nach ihr abgesucht und wolle einen Neuanfang wagen. Er würde sie am liebsten mit Rosen überschütten, nur sei er leider zur Zeit etwas klamm ... Bessie war die glücklichste Frau der Welt, als sie mit ihrem wiedergewonnenen Gatten in die gemütliche Wohnung in der High Street von Herne Bay einzog. Die vergangenen zwei Jahre waren vergeben und vergessen. Und wie es sich für liebende Eheleute gehört, schlossen die beiden im Juli Lebensversicherungen ab, die im Falle eines Ablebens jeweils dem anderen zugute kämen. Doch mit Bessies Gesundheit schien es nicht zum Besten zu stehen. Am Abend des 9. Juli – sie war im Sessel eingenickt – weckte sie ihr scheinbar besorgter Gatte und gab vor, sie habe eben einen epileptischen Anfall erlitten. Alarmiert suchte das Paar am folgenden Morgen den jungen und noch unerfahrenen Dr. Frank French auf, der Bessie Ruhe und Entspannung verordnete. Nichts war so entspannend wie ein heißes Bad, und da es, wie in vielen damaligen Heimen, auch in ihrem kein Bad gab, erwarb der besorgte Henry für 2 Pfund eine Badewanne. Am Morgen des 13. Juli überbrachte ein Botenjunge folgende Nachricht Williams an Dr. French: *„Ich fürchte, meine Frau ist tot."*

Als der Arzt eintraf, führte ihn Williams in ein Zimmer im ersten Stock, wo die Badewanne stand. Darin lag Bessies lebloser nackter Körper. Sie hielt ein Stück Seife in der rechten Hand. Dr. French konnte nurmehr den Tod der Frau feststellen. Ganz offensichtlich hatte sie in der Abwesenheit ihres Mannes – der vorgab, auf dem Markt gewesen zu sein – im Bad einen epileptischen Anfall erlitten und war dabei ertrunken. Mr. Henry Williams erhielt die Versicherungssumme von 2500 Pfund. Er gab dem Händler die Wanne zurück, nahm, bittere Tränen weinend, an Bessies Beerdigung in einem kostenlosen Armengrab teil und brach dann zu neuen Ufern auf. → Waterlow Road, London & Umgebung.

Hindhead, Surrey 🏛 🍸 ✝ ♀ 💰 ?

Ca. 50 km südwestlich von London an der A 3 gelegen.

☞ **The Devil's Punch Bowl:** 🏛 🍸 ♀ 💰 Dieses sehenswerte Pub liegt unweit des gleichnamigen Talkessels. Der Legende zufolge soll sich der Donnergott Thor hier erbitterte Kämpfe mit dem Teufel geliefert haben. Als letzterer in seiner Wut eine Handvoll Erde nach dem Kontrahenten warf, ließ der Einschlag jenen tiefen Krater zurück. An den Wänden des Pubs finden sich gerahmte Bilder, die vom gewaltsamen Tod eines namentlich nicht bekannten Seemanns erzählen – eine wahre Begebenheit, welche sich am 24. September 1786 ereignete.

An diesem Tag befand sich besagter Seemann auf dem

31

DIE SCHWARZE INSEL

Weg von London nach Portsmouth. Im *Red Lion Pub* in Thursley traf er auf *Michael Casey, James Marshall* und *Edward Lonegon*, Leidensgenossen, die wie er auf dem Weg zu ihrem Schiff waren. Großzügig spendierte er den abgebrannten Männern Schnaps und Bier, und zu viert brachen sie schließlich in Richtung Hindhead auf. Als sie die Abgeschiedenheit des Devil's Punch Bowl erreichten, warfen sich die drei auf den Seemann, töteten ihn und beraubten ihn seiner Barschaft. Die entkleidete Leiche warfen sie in den Talkessel hinab, ehe sie weiter nach Süden wanderten. Doch ihr Treiben war nicht unbeobachtet geblieben. Zwei weitere Seeleute hatten den *Red Lion* kurz nach ihnen verlassen und waren Zeuge des Verbrechens geworden. Casey, Marshall und Lonegon wurden am folgenden Tag verhaftet und vor Gericht gestellt. Zum Tod durch Erhängen und anschließendes Teeren verurteilt, richtete man sie in Hindhead hin, band ihre Leichen an ein mächtiges Eisenrad und hängte dieses an einem 10 Meter hohen Pfosten am noch heute als „Gibbet Hill" (Galgenhügel) bekannten Platz auf. Das unbekannte Mordopfer wurde in Thursley zur letzten Ruhe gebettet. (→ Thursley, Südostengland)

☞ **Sailor's Stone:** ✝ Ca. 150 Meter westlich des Pubs geht von der A 3 ein Waldweg ab, der zum *Gibbet Hill* hinaufführt. Etwa auf halber Strecke steht linker Hand der 1786 von James Stilwell errichtete *Sailor's Stone*, welcher den Schauplatz des Mordes markiert. Die eingemeißelte Inschrift lautet: *„Errichtet voller Abscheu angesichts eines barbarischen Mordes, verübt an einem unbekannten Segler am 24. Sep. 1786."* Und auf der Rückseite: *„Verflucht sei der, der diesen Stein verletzt oder bewegt."* Straßenarbeiten machten 1826 eine vorübergehende Versetzung des Steines erforderlich. Der glücklose Arbeiter, den man mit dieser Aufgabe betraute, starb nur wenige Tage später. Auf dem **Gibbet Hill** markiert ein 1851 von William Earle errichtetes Granitkreuz den Standort des ehemaligen Galgens. Trotz seiner unrühmlichen Vergangenheit ist dieser herrliche Aussichtspunkt ein wunderbarer Ort für jedes sommerliche Picknick.

☞ **Undershaw Hotel:** ❓ Das 1897 erbaute Haus Nr. 1 Portsmouth Road liegt verborgen hinter hohen Hecken direkt an der A 3 und war sieben Jahre lang der Wohnsitz *Sir Arthur Conan Doyles*, des Autors von mehr als 50 weltberühmten Sherlock-Holmes-Stories. Im Garten des weitläufigen Anwesens befindet sich neben einem blauen Gartenhäuschen (dessen Sitzbänke mit den Titeln bekannter Holmes-Geschichten verziert sind) auch ein beheiztes Baumhaus (!), in welchem Sir Arthur Teile seines Romans *Der Hund von Baskerville"* geschrieben haben soll. Obwohl im Undershaw Hotel mehr als 20 Zimmer zur Verfügung stehen und das Management opulente Teeparties anbietet, ist dort bis heute noch niemand in den Genuss einer Übernachtung gekommen. Der Grund dafür ist rätselhaft. Denn ruft man dort an, um ein Zimmer zu reservieren, erhält man grundsätzlich die Auskunft, die wenigen Zimmer seien leider ausgebucht, und auch einen Tisch zum Tee könne man nicht garantieren. Kommt der neugierige Besucher trotzdem her, findet er das Hotel verlassen, die Türen aber unverschlossen vor. Die Tische sind gedeckt, doch kein Personal in Sicht. Nachfragen im nahegelegenen Pub *The Devil's Punch Bowl* bringen Erstaunliches zutage. Wie die Bedienung dort zu berichten weiß, erhält jeder, der die Nummer des Undershaw wählt, dieselbe Auskunft: ausgebucht. Eine rätselhafte Tatsache, deren Wahrheitsgehalt ich überprüfen konnte, als ich 1999 das Undershaw Hotel besuchte. Wer es selbst einmal versuchen möchte, wähle eine der folgenden Nummern: 0044-(0)1428-604039 oder 0044-(0)1428-604439 ➔ Crowborough, Südostengland; Princetown, Südwestengland

Ightham, Kent ✝ ♀ ⚔ ❓
Ca. 10 km östlich von Seven Oaks an der A 25 gelegen.

☞ **Little Frankfield:** (ehemals Haus des Stallmeisters) Der ungeklärte Mordfall *Caroline Luard* sorgte 1908 für Aufsehen. Am späten Nachmittag des 24. August stürzte der 69 Jahre alte, pensionierte Colonel Charles Luard in die Unterkunft Mr. Wickhams, des Stallmeisters, und berichtete atemlos vom Tod seiner Frau Caroline. Erst wenige Minuten zuvor hatte er sie im Wald auf der Veranda des Sommerhäuschens erschossen aufgefunden. Das Sommerhaus befand sich auf dem Grund und Boden der Wilkinsons, den unmittelbaren Nachbarn der Luards, und gehörte zu deren Besitz **Frankfield House.** Wie der Colonel aussagte, hatte er sein eigenes Anwesen **Ightham Knoll** vor Stunden verlassen, um zum nahen Golfclub zu wandern. Mrs. Luard hatte ihn bis zum Sommerhäuschen begleitet, dann aber kehrtgemacht, da sie noch Besuch erwartete. Als Luard später heimkam, hatte er zwar die Besucherin, nicht aber Caroline angetroffen. Die Polizei fand zwei Schusswunden im Kopf der Toten. Sie waren aus unmittelbarer Nähe abgefeuert worden.
Die Kent-Police bat Scotland Yard um Hilfe. Noch am selben Tag reisten Inspector Scott und sein Sergeant Percy Savage an. Trotz einer umfangreichen Spurensuche verliefen ihre Nachforschungen im Sande. Was sich feststellen ließ, war, dass Mrs. Luard ihren Mörder vermutlich gekannt hatte; eine Schlussfolgerung, die die Art der Schussverletzungen nahe legte. Bei der anberaumten Totenschau wurde der Colonel um Herausgabe all seiner Waffen gebeten, es ergab sich jedoch, dass die tödlichen Schüsse aus keiner seiner Waffen abgegeben worden waren. Obwohl man Luard von jedem Verdacht freisprach, kursierten bald Gerüchte im Ort, und

DIE SCHWARZE INSEL

es dauerte nicht lange, bis die ersten anonymen Briefe bei ihm eintrafen, in denen man ihn des Mordes bezichtigte.

Um den Anfeindungen für eine Weile zu entfliehen, nahm der Colonel die Einladung eines engen Freundes an und verbrachte einige Tage in dessen Haus unweit von Maidstone. Am 18. Dezember verabschiedete sich Luard frühmorgens von seinem Gastgeber, begab sich zu den nahegelegenen Bahngleisen und warf sich vor den vorüberdonnernden Eilzug. Der Colonel hinterließ einen Abschiedsbrief, in welchem er erklärte, den fürchterlichen Anschuldigungen nicht gewachsen zu sein. Er habe vor, Caroline im Paradies zu treffen. Man beerdigte ihn neben ihr auf dem Friedhof der **St. Peter Church** von Ightham. Das Sommerhäuschen steht nicht mehr. Nach Colonel Luards Tod ordnete Mr. Wilkinson den Abriss des Gebäudes an. Reste von vermoderndem Bauholz sind alles, was heute noch daran erinnert. Der genaue Standort lässt sich im Ort erfragen.

Kenley, Surrey ♀ 🛢

Ca. 15 km südlich von London an der Gabelung A 22/A 23 gelegen.

The Welcomes Farm: *Ernest Dyer*, 27, und *Eric Gordon Tombe*, 25, lernten einander 1918 während ihrer Militärzeit kennen. Nach dem Krieg entschlossen sie sich zu gemeinsamer Selbständigkeit, doch ihr erstes Unternehmen, ein Autohandel, schlug fehl. Im Jahre 1920 erwarben die Herren Dyer & Tombe eine kleine Farm außerhalb von Kenley. Dyer hatte die Ideen und Tombe das nötige Geld. Etwa zur selben Zeit, als im April 1921 ein Feuer auf der Farm ausbrach, verschwand Mr. Tombe spurlos. Nichtsdestotrotz hob er regelmäßig größere Geldbeträge von der Bank ab. Und sein misstrauisch gewordener Vater, Reverend Gordon Tombe senior, stellte Nachforschungen bei Erics Bank an. Der Direktor versuchte, den Reverend zu beruhigen und legte Briefe vor, in denen Eric seinen Freund Ernest Dyer als Kontobevollmächtigten angab. Der Reverend erkannte auf den ersten Blick, dass die Unterschrift auf jenen Briefen gefälscht worden war und erstattete Anzeige gegen Dyer. Der allerdings war untergetaucht. Erst ein Jahr später, im November 1922, tauchte er wieder auf. Ein Mann namens Fitzsimmons hatte verdächtige Anzeigen in verschiedenen Zeitungen aufgegeben, die schnelle Gewinne versprachen, für die Polizei jedoch nach Betrugsgeschäften rochen. Ein Detective wurde daraufhin zu einem Treffen mit Fitzsimmons in ein Hotel in Scarborough geschickt. Mit dem Vorwurf des Betrugs konfrontiert, zog Fitzsimmons eine Pistole, wurde aber während eines Handgemenges mit dem Beamten erschossen.

Wie sich herausstellte, war Fitzsimmons niemand anderer als Ernest Dyer gewesen. In dessen Hotelzimmer fand die Polizei Bargeld, Schecks und einen Ausweis – Dinge, die dem verschwundenen Eric Tombe gehörten. Doch wo befand sich Eric? Des Rätsels Lösung offenbarte sich Mrs. Tombe im Traum. Immer wieder wurde sie von Alpträumen heimgesucht, in denen sie die Leiche ihres Sohnes auf dem Grund eines Brunnens sah. Zehn Monate

SÜDOSTENGLAND

nach dem Tod Ernest Dyers, als die Polizei das Grundstück der Welcomes Farm nach Spuren absuchte, stieß sie auf einen von Gräsern überwucherten Brunnen. Darin befanden sich Erics sterbliche Überreste. Er war an einem Kopfschuss gestorben. So erhielten die Eltern letztlich Gewissheit über das Schicksal ihres Sohnes. Doch vielleicht hatte Eric Gordon Tombes Schicksal von Anfang an unter einem schlechten Stern gestanden. Denn *tomb* heißt schließlich Grab ...

Minstead, Hampshire ✝

Ca 10 km westlich von Southampton im New Forest gelegen.

☞ **Friedhof**: Unweit einer auffälligen Eiche befindet sich hier die letzte Ruhestätte Sir Arthur Conan Doyles. Ursprünglich war der geistige Vater des großen Sherlock Holmes im Juli 1930 im Garten seines Anwesens Windlesham Manor beigesetzt worden (→ Crowborough, Südostengland). Da es in England zwar erlaubt ist, zu Hause zu sterben, nicht aber auf seinem eigenen Grund und Boden beerdigt zu werden, wurde per Gerichtsbeschluss eine Umbettung verfügt. So überführte Dame Jean Conan Doyle, die Tochter des Autors, den Leichnam ihres berühmten Vaters nach Hampshire und ließ ihn hier in ihrer Nähe bestatten. Sir Arthur – während seiner letzten Lebensjahre ein überzeugter Spiritist – wird nichts dagegen gehabt haben, hielt er die sterbliche menschliche Hülle doch für etwas äußerst Entbehrliches. (→ Hindhead, Südostengland; Princetown, Südwestengland)

Ramsgate, Kent ♀ ❓

Ca. 25 km nordöstlich von Dover an der Kanalküste gelegen.

Nr. 2 Church Road: Gesetzt den Fall, man hätte vergeblich versucht, Sie zu ermorden, wären Sie bereit, über die Identität ihres Angreifers zu schweigen? Wohl kaum. Doch Miss *Margery Wren*, die 82-jährige Inhaberin eines kleinen Gemischtwarenladens, tat genau dies; ein Umstand, der ihren Fall in der britischen Kriminalgeschichte einzigartig macht.

Am 20. September 1930 klopfte Ellen Marvell, ein 12-jähriges Mädchen, an die bereits verschlossene Ladentür von Nr. 2 Church Road. Als niemand öffnete, warf sie einen Blick durchs Seitenfenster in Miss Wrens Wohnzimmer, wo die alte Dame saß und vor sich hin starrte. Als sich auf mehrmaliges Klopfen schließlich die Tür öffnete, erschrak das Mädchen. Dunkles Blut lief aus Miss Wrens Haar über ihre Stirn und an den Wangen hinab. Ellen lief eilig die wenigen Meter bis nach Hause zurück und erzählte ihren Eltern, was sie gesehen hatte. Diese verständigten umgehend einen Krankenwagen. Bei ihrer Einlieferung ins Krankenhaus war Margery Wren kaum mehr in der Lage zu sprechen. Eine Röntgenuntersuchung ergab eine mehrfache Schädelfraktur. Auf die Frage der Ärzte, ob sie überfallen worden sei, antwortete sie, sie sei lediglich gefallen und müsse sich wohl den Kopf gestoßen haben.

DIE SCHWARZE INSEL

Da die Verletzungen der Frau (sieben Platzwunden am Kopf und
acht im Gesicht) nach Meinung der behandelnden Ärzte nicht
durch einen Sturz verursacht worden sein konnten und sich ihr
Zustand merklich verschlechterte, rief man drei Tage später Scotland Yard.
Superintendent Walter Hambrook sprach mit Miss Wren, die ihm
gegenüber unterschiedliche Aussagen machte. Zunächst beharrte
sie darauf, einen Unfall erlitten zu haben, gab aber später zu, jemand habe sich 10 Pfund von ihr leihen wollen; dies habe sie abgelehnt. Hambrook war von Anfang an der Überzeugung, dass
Miss Wren ihren Angreifer kannte. Doch aus irgendeinem Grund
zog sie es vor, ihn zu decken. Am 24. September sagte sie: *„Ich
habe meinen Arzt und den Pastor gesehen. Ich habe die Kommu-
nion erhalten. Ich weiss, ich gehe heim. Ich möchte nicht, dass er
leidet. Er muss seine Sünden tragen. Ich wünsche, keinerlei Aussage zu machen."* Miss Wren starb am folgenden Tag.
Die Obduktion der Leiche führte der weltweit geachtete Pathologe
Sir Bernard Henry Spilsbury (1877-1947) durch. Neben jenen Verletzungen, die die Ärzte bereits im Krankenhaus entdeckt hatten,
stellte Spilsbury außerdem fest, dass der Versuch unternommen
worden war, Miss Wren zu erdrosseln. Doch aus welchem Grund?
Superintendent Hambrook hatte keinerlei Anhaltspunkte. In seiner
Biographie schrieb er Jahre später: *„Aufgrund der Tatsache, dass
niemand den Mörder zur fraglichen Zeit in der Nähe des Ge-
schäfts gesehen hatte, gelang es mir weder, Hand an ihn zu legen,
noch vermochte ich das seltsame Geheimnis zu lüften, warum
Miss Wren so sehr darauf erpicht war, ihn zu schützen."* Nichts
war aus ihrem Geschäft gestohlen worden, weshalb also musste
die alte Dame sterben? Der zuständige Coroner fällte das einzig
mögliche Urteil: *„Tod, verursacht durch eine oder mehrere unbekannte Personen"*. Der Fall blieb unaufgeklärt.

Rye, East Sussex 🏛 ♈ ✝ ⚲

An der A 259 zwischen Folkestone und Hastings gelegen.

☞ *The Mermaid Inn*: ♈ Das pittoreske, nur ca. 5000 Einwohner zählende Städtchen Rye liegt auf einem Hügel hoch über dem
flachen Marschland. Einst vollständig von Wasser umgeben,
spielte es über Jahrhunderte eine wichtige Rolle bei der Verteidigung der Südküste. Seine engen, kopfsteingepflasterten Gassen
und verborgenen Gänge haben sich die Atmosphäre vergangener
Tage bewahrt und werden heutzutage von Filmcrews bevorzugt
als Kulisse genutzt. Doch bis ins 19. Jh. hinein war Rye eher ein
Tummelplatz für Schmuggler, Straßenräuber und andere zwielichtige Charaktere. Der aus dem 15. Jh. datierende *Mermaid Inn* beispielsweise galt viele Jahrzehnte lang als die berüchtigtste
Schmugglerkneipe der ganzen Südküste.

☞ *The Flushing Inn*: ♈ ⚲ Dieses traditionsreiche Gasthaus
hat seinen Sitz in der Market Street Nr. 4 und wurde im Jahre
1742 von *John Breads* geführt, einem gutmütigen Mann mittleren

SÜDOSTENGLAND

Alters, der im Hof des Inns außerdem die örtliche Metzgerei betrieb. Doch Breads' Gutmütigkeit war in letzter Zeit auf eine harte Probe gestellt worden. Die Geschäfte liefen nicht sonderlich gut, und Bürgermeister James Lamb verlangte außerordentlich hohe Abgaben von den Geschäfts- und Pubinhabern der Stadt. Breads sah sich nicht in der Lage, diese von seinen mageren Einnahmen zu bezahlen, ohne seine Familie verhungern zu lassen. Da die Stadtkassen jener Tage ebenso unnachgiebig auf ihr Geld pochten wie die Finanzämter unserer Zeit, sah der offenbar geistesgestörte Breads in seiner Verzweiflung keinen anderen Ausweg mehr, als entweder mit Frau und Kindern Selbstmord zu begehen oder aber den Bürgermeister zu töten. Er entschied sich für letzteres.

Wie Breads wusste, fand am Abend des 8. April eine Feier statt, zu der man auch Bürgermeister Lamb eingeladen hatte. Was der Pubbesitzer jedoch nicht ahnen konnte, war, dass Lamb sich unwohl fühlte und daher seinen Schwager Mr. Allan Grebell bat, ihn zu vertreten. Und so war es Grebell – in den ordengeschmückten Mantel des Bürgermeisters gehüllt –, der gegen Mitternacht die Feierlichkeit verließ und in die Nacht hinaustrat. Breads hatte sich, mit einem seiner Fleischermesser bewaffnet, auf die Lauer gelegt und gewartet. Als er nun den ihm so vertrauten Mantel sah, drang er auf den vermeintlichen Bürgermeister ein, rammte ihm mit den Worten *„Metzger sollten Lämmer schlachten!"* das Messer in den Rücken und floh. Allan Grebell, vermutlich durch reichlichen Alkoholgenuss unsensibel gemacht, dachte, er sei lediglich angerempelt worden und rappelte sich auf. Zu Hause setzte er sich müde vor den Kamin und schlief ein. Als sein Diener ihn am Morgen fand, war Grebell tot – im Schlaf verblutet. Noch am selben Tag nahm man John Breads fest. Passanten hatten ihn beobachtet und seinen Ausruf gehört.

Vom 9. April bis zu seiner Hinrichtung am 8. Juni hielt man den Metzger im Ypres Tower fest, wo ihn mehrmals der Schmied besuchte, um für den Käfig Maß zu nehmen, in welchem man den Mörder nach der Exekution zur Abschreckung am Galgen aufhängte. Nebenbei bemerkt: Von 1984-1986 hatte Mr. Roger Breeds, ein direkter Nachfahre des Metzgers, das Amt des Bürgermeisters inne.

☞ **Ypres Tower:** 🏛 ✝ Ehe man das Rye Castle Museum in ihren Räumen unterbrachte, erfüllten die drei mittelalterlichen Türme eine Vielzahl von Aufgaben. Sie dienten unter anderem als Festung, Leichenhalle und Gefängnis. Im Übrigen verbrachte der unglückliche John Breads nicht nur die 60 Tage von der Verhaftung bis zur Hinrichtung im Kerker des Ypres Tower, sondern kehrte nach seinem Tode auch wieder dorthin

DIE SCHWARZE INSEL

zurück, als nämlich die Stadtväter beschlossen, den Käfig mit seinen sterblichen Überresten vom Galgen zu nehmen und fortan im Tower auszustellen. Dort kann man ihn auch heute noch besichtigen. Wer Näheres über Ryes unheimliche Vergangenheit erfahren möchte, sollte unbedingt an einer der örtlichen Schmuggler- & Geistertouren teilnehmen! Vorausbuchungen sind nicht erforderlich.

Thursley, Surrey ✝ ⚲ 𝕏 ⚷ ❓

Ca. 6 km nördlich von Hindhead an der A 3 gelegen.

☞ **Thursley Church**: ✝ ⚲ 𝕏 Der wuchtige Gedenkstein in der nordwestlichen Ecke des Friedhofs fällt durch sein ungewöhnliches Motiv auf – die Sterbeszene eines Menschen: Drei Angreifer reißen den offensichtlich wehrlosen Mann in Stücke. Dies ist die letzte Ruhestätte jenes namenlosen Seemanns, der 1786 am *Devil's Punch Bowl* eines gewaltsamen Todes starb, nachdem er im *Red Lion Pub* hier in Thursley sein letztes Bier getrunken hatte (→ Hindhead, Südostengland). Der ehemalige *Red Lion* steht noch immer, wenn auch nicht mehr in seiner Funktion als Pub. Das Gebäude ist heute ein Wohnhaus.

☞ **Hankley Common**: ⚲ ⚷ ❓ Verlassen Sie Thursley in westlicher Richtung. Biegen Sie an der T-Kreuzung rechts ab, und parken Sie Ihren Wagen nach 400 Metern im Schatten der Bäume. Links von Ihnen befindet sich Hankley Common, ein bewaldeter Hügel. Wenn Sie ausgestiegen sind und den kleinen ausgetrockneten Flusslauf überquert haben, setzen Sie sich dorthin, wo es still und friedlich ist und die Vögel zwitschern, denn ich möchte Ihnen eine Geschichte erzählen.

Sie beginnt in den frühen Morgenstunden des 14. September 1942. Es ist die Geschichte der 19-jährigen Joan Pearl Wolfe, eines Mädchens, das von zu Hause fortging und sich nach zahlreichen kurzen Affären schließlich in einen kanadischen Soldaten verliebte: Wären Sie an jenem Tag hier gewesen, hätten Sie sie gesehen. Sie rannte stolpernd und atemlos aus dem Gestrüpp weiter oben geradewegs auf Sie zu. Sie schrie und bemühte sich, das Blut fortzublinzeln, das ihr aus den Stichwunden in ihrem Kopf in die Augen lief, während sie verzweifelt versuchte, die rettende Straße zu erreichen. Die Straße, an der jetzt Ihr Auto parkt. Doch soweit kam sie nicht. Sie fiel über die im Zuge eines Manövers von der Army gespannten Stolperdrähte, blieb benommen liegen. Hinter ihr brach ein kräftig gebauter Mann durchs Unterholz. In der Hand hielt er ein Messer. Als er sah, dass sie gestürzt war, hob er einen schweren Birkenast auf und zertrümmerte ihr mit einem einzigen Schlag den Schädel. Sie hätten sein Gesicht gesehen. Wären Sie an jenem Tag hier gewesen ...

Zwei Soldaten aus dem nahe gelegenen Militärcamp entdeckten Joans Leiche am 7. Oktober morgens um 10.20 Uhr in einem flachen Grab hoch oben auf dem Hügel, gut 250 Meter vom Tatort entfernt. Sie waren auf eine mumifizierte menschliche Hand auf-

SÜDOSTENGLAND

merksam geworden, die aus dem losen Erdreich hervorschaute, und riefen die Polizei. Wenig später fanden sich neben Superintendent Roberts (dem Chief Constable von Surrey) auch der Pathologe Dr. Eric Gardner und der Gerichtsmediziner des Innenministeriums, Dr. Keith Simpson, in Begleitung seiner Sekretärin Molly Lefebure am Fundort ein. In ihrem 1954 erschienen Buch *Evidence for the Crown* erinnerte sich Miss Molly sehr lebhaft: *„Die beiden Pathologen nahmen Spaten zur Hand und begannen sehr vorsichtig damit, die Überreste des Körpers freizulegen. (...) Mir kam es zu, Proben von Käfern, Maden, Erdreich und Heidekraut zu sammeln (...). Und so ging die Arbeit langsam weiter, bis ausgestreckt vor uns der stark verweste Leichnam eines Mädchens lag."* Die Tote, die ein grün-weißes Sommerkleid, jedoch keine Schuhe trug, wurde zur weiteren Untersuchung ins Londoner Guy's Hospital gebracht. Rasch gelang es Simpson, die Todesursache festzustellen. Er fand kreisrunde Verletzungen in der Schädeldecke des Opfers, die nur von einem Messer mit gebogener Spitze hervorgerufen worden sein konnten.

In Surrey hatten unterdessen Chief Inspector Edward „Ted" Greeno, Scotland Yard, und sein Sergeant und Schatten Fred Hodge die Ermittlungen aufgenommen, und das tote Mädchen als Joan Pearl Wolfe identifiziert, eine promiskuitive Herumtreiberin. Joans Schuhe und auch der Birkenast, der als Mordwaffe gedient hatte, wurden schließlich entdeckt – nicht weit von der Stelle entfernt, an der Sie noch immer lesend sitzen. Als Greenos Männer im Wald auch Joans Ausweis und ein von der Army ausgestelltes Dokument fanden, in welchem es hieß, der Soldat *August Sangret* beantrage die Eheschließung mit Miss Joan Pearl Wolfe, hatte der Chief Inspector ein Ziel ausgemacht, das er anvisieren konnte. In seiner

August Sangret

Autobiographie rühmte sich Greeno damit, jeden seiner Fälle gelöst zu haben und ließ sich zu dem legendär gewordenen Ausspruch hinreißen, *„...und wenn ein Police Officer sagt: ‚Wir wissen, wer es getan hat, können es ihm aber nicht anhängen', dann lautet meine Antwort ‚Schwachsinn'. Entweder sie wissen es, oder sie wissen es nicht; und wenn sie es wissen, dann ist es ihre Aufgabe, es zu beweisen."* Greeno hatte in Sangret, einem im Militärcamp von Witley stationierten Halbblutindianer, seinen Hauptverdächtigen gefunden, und er sah seine Aufgabe darin, dessen Schuld um jeden Preis zu beweisen.

Als er den Soldaten im Camp besuchte, um ihm ein paar „unverfängliche" Fragen zu stellen, bat Sangret angeblich darum, ihn einen Augenblick zu entschuldigen, er müsse zuerst die Toilette auf-

DIE SCHWARZE INSEL

suchen. Danach gab er bereitwillig Auskunft: Er und Joan waren
seit Juli zusammen gewesen, wie er Greeno mitteilte. Anfangs
hatte er behelfsmäßige Zelte für sie gebaut und das obdachlose
Mädchen schließlich am anderen Ende des Ortes in einem leer
stehenden Cricket Pavillon untergebracht. Dann sei sie schwanger
geworden. Da August weder lesen noch schreiben konnte, hatte
er seinen Vorgesetzten gebeten, ihm ein Antragsformular für Ehe-
schließungen in England auszuhändigen. Joan hatte glücklich ein-
gewilligt und versprochen, das Formular auszufüllen. Sangrets
Aussage zufolge, hatte er jedoch sein Mädchen seit dem Morgen
des 14. September nicht mehr gesehen. Er sei zwar, wie er fort-
fuhr, nachmittags mit ihr verabredet gewesen, doch sie sei nicht
erschienen. Tagelang habe er vergebens nach ihr gesucht und
schließlich angenommen, sie habe trotz der Schwangerschaft
das Interesse an ihm verloren und sei mit einem anderen durch-
gebrannt. Greeno war ganz und gar nicht zufrieden. Schweigend
legte er dem Soldaten die wenigen irdischen Besitztümer Miss
Wolfes vor, woraufhin Sangret niedergedrückt bemerkte: *„Ich
schätze, Sie haben sie gefunden. Alles deutet auf mich. Ich nehme
an, ich werde die Schuld kriegen."* Was die Details betraf, hielt
sich Greeno bedeckt. Er sagte nur: *„Ja, sie ist tot."* Nach einer
Weile meinte Sangret dann: *„Sie könnte sich selbst umgebracht
haben."* In Anbetracht ihrer Verletzungen eine sehr seltsame
Mutmaßung, fand Greeno. Aber vielleicht auch ein Beweis dafür,
dass August Sangret über die Art ihres Todes nicht das Geringste wusste? Der Chief Inspector war anderer Ansicht. Er fragte
Sangret, ob er ein Messer besäße. Dieser antwortete, er habe –
wie alle Soldaten – eines besessen, es aber Joan gegeben, damit
sie allein im Wald zurechtkäme. Greeno verabschiedete sich,
glaubte dem Kanadier jedoch kein Wort. Vier Wochen vergingen.
Es war ein verstopfter Abfluss, der ihn erneut ins Camp nach Witley führte. Ein Abfluss im selben Waschraum, den Sangret kurz
vor dem Verhör durch Greeno aufgesucht hatte. In diesem war ein
Messer gefunden worden. Es hatte eine gebogene Spitze! Ted
Greeno nahm August Sangret unter dringendem Mordverdacht
fest. Der Soldat sagte: *„Nein, Sir, ich war es nicht. Jemand hat es
getan, und ich werde dafür verdonnert."*
Im Laufe des Prozesses gegen ihn rief die Anklagevertretung
mehr als 50 Zeugen auf, die Verteidigung dagegen lediglich einen
– August Sangret selbst. Dr. Keith Simpson hatte den Totenschädel Joan Pearl Wolfes mit in den Gerichtssaal gebracht (der erste
Fall, in dem so etwas erlaubt worden war), um zu demonstrieren,
wie genau das gefundene Messer mit der gebogenen Spitze zu den
Kopfverletzungen des Opfers passte. Die Jury befand Sangret für
schuldig, sprach sich aber für seine Begnadigung aus. Diese
wurde indessen vom *Court of Criminal Appeal* abgewiesen – August Sangret starb am 29. April 1943 im Gefängnis Wandsworth
durch die Hand des Henkers Albert Pierrepoint (➙ Much Hoole,
Nordengland).
Doch war Sangret tatsächlich der Mörder Pearl Wolfes? Hatte *er*
das Mädchen, das er zu heiraten beabsichtigte, brutal ermordet?
Oder war er Opfer einer Intrige geworden? Immerhin galt Joan

SÜDOSTENGLAND

vor ihrer Beziehung mit dem Kanadier als „leicht zu haben". War
es nicht möglich, dass einer oder zwei seiner Kameraden aus dem
Camp den misslungenen Versuch gemacht hatten, bei ihr zu landen und abgewiesen worden waren? Hatte sie gedroht, August
von der versuchten Vergewaltigung zu erzählen? Wer weiß ...
Schon die Wahl der Waffen scheint auf zwei Angreifer hinzudeu-
ten. Denn als sie am Boden lag, wäre es für den Mörder ein Leich-
tes gewesen, sie auf der Stelle zu erstechen, ihr die Kehle durchzuschneiden. Wer immer sie attackiert hatte, für ihn hätte es
keinen Grund gegeben, erst umständlich das Messer einzustecken,
um Joan dann mit einem herumliegenden Ast zu erschlagen. Eine
überflüssige Zeitverschwendung, die keinerlei Sinn ergibt, bedenkt
man, dass sie nur wenige Schritte von der Hauptstraße entfernt
war und vermutlich lautstark um Hilfe rief. Sangret hatte nach
meinem Dafürhalten nichts mit der Tat zu tun. Allenfalls könnte er
Tage später, bei der Suche nach ihr, auf den unter Laub verborge-
nem Leichnam seiner toten Braut gestoßen sein und Joan den Hügel hinaufgetragen haben, um sie nach altem Indianerbrauch an
der höchstmöglichen Stelle angemessen zu bestatten. Wir beide
wüssten es genau, wären Sie an jenem Tag hier gewesen ...

Winchfield, Hampshire ⚑
Ca. 3 km nordwestlich von Fleet am M3 gelegen.

Alte Eisenbahnbrücke: Auf der Landstraße von Odiham nach
Staines überspannt unweit des Bahnhofs von Winchfield eine alte
Brücke die Eisenbahngleise. Genau dort ereignete sich am Nachmittag des 8. August 1935 ein sinnloses Verbrechen. Die 20 Jahre
alte Phillis Oakes befand sich an diesem Tag, gemeinsam mit ihrer
Schwester Betty, auf einer Radtour. Die jungen Frauen hatten eben
die Brücke erreicht, als die vorausfahrende Betty hinter sich das
Motorengeräusch eines herannahenden Wagens und dann einen
furchtbaren Knall hörte. Als sie sich umwandte, sah sie mit Entsetzen, wie Phillis über die Motorhaube eines Ford Saloon geschleudert wurde und neben ihrem zerdrückten Zweirad schwer
verletzt am Straßenrand liegen blieb. Der Fahrer des Ford gab augenblicklich Vollgas und verschwand. Trotz des erlittenen Schocks
handelte Betty Oakes geistesgegenwärtig und benachrichtigte die
Polizei. Der flüchtige Unfallfahrer ging den Beamten letztlich an
einer Straßensperre außerhalb von Guildford ins Netz, wo er sich
ohne Gegenwehr ergab. Sein Name war *Arthur Charles Mortimer*,
den Wagen hatte er gestohlen. Zuvor jedoch hatte er noch eine
weitere Frau in Crastock, Surrey, überfahren und der Besinnungslosen sogar die Handtasche geraubt. Mortimer wurde wegen
schwerer Körperverletzung festgenommen und unter Anklage gestellt. Doch als Phillis Oakes im Krankenhaus an den Folgen ihrer
Verletzungen starb, wurde die Anklage in vorsätzlichen Mord umgewandelt.

Vor Gericht plädierte Mortimer auf „nicht schuldig". Seine Anwälte
gaben sich alle Mühe, das Gericht glauben zu machen, dass es
sich beim Tod Miss Oakes' um einen traurigen Unfall gehandelt

DIE SCHWARZE INSEL

habe. Doch innerhalb weniger Tage meldeten sich zwei weitere Frauen bei der Polizei. Beide hatten unfreiwillig die Bekanntschaft Mr. Mortimers gemacht. Am 7. August war die 27-jährige Alice Series in Stratfield Saye, Hampshire, auf der Straße zwischen Reading und Basingstoke radelnd, von einem Wagen erfasst und in den Straßengraben gedrängt worden. Der Fahrer war in seinem Fahrzeug sitzengeblieben, hatte auf sein Lenkrad gezeigt und gesagt: *„Tut mir Leid. Schwierigkeiten mit der Steuerung."* Nachdem Alice sich aufgerappelt hatte, war sie zum Wagen gegangen, um mit dem Fahrer zu sprechen. Der Mann hatte die Scheibe heruntergekurbelt und ihr dann so heftig mit der Faust ins Gesicht geschlagen, dass sie neben der Besinnung auch einige Zähne verloren hatte. Dieser Mann war der Angeklagte gewesen, dessen war sie sich sicher. Nellie Boyes war am selben Tag auf Mr. Mortimer getroffen. Sie allerdings hatte nach dem Zusammenstoß außerordentlichen Mut bewiesen und ihren Angreifer schimpfend und schlagend in die Flucht getrieben. Eine Überprüfung Mortimers ergab, dass er von Klein auf an epileptischen Anfällen litt. Im Alter von 17 Jahren war er sogar für sechs Monate zur Therapie in einer psychiatrischen Klinik gewesen. Dies kam ihm bei der Urteilsfindung zugute. Obgleich von Jury und Richter zur Höchststrafe verurteilt, sprachen sich sachverständige Nervenärzte für eine lebenslange Unterbringung in der Nervenheilanstalt von Broadmoor aus. Dort blieb er bis an sein Lebensende und schob glücklich den Zeitschriftenwagen vor sich her.

Südwestengland

Die Counties Dorset, Somerset, Devon und Cornwall bilden den südwestlichen Teil des Landes und erstrecken sich vom Seebad Bournemouth im Osten bis zum äußersten Zipfel des Königreiches Sennen Cove und Land's End im Westen.

Gerade die sanften, grasbewachsenen Hügel und Täler Dorsets waren es, die der Dichter Thomas Hardy so sehr liebte, dass er sie in romantischen Romanen zu seiner Egdon-Heide machte und Wimborne Minster zu seinem *Warborne* erkor. Doch all der Idylle zum Trotz soll sich einer weitverbreiteten Theorie zufolge das Grabmal Jack the Rippers auf dem örtlichen Friedhof befinden. Und der ebenfalls in diesem Teil des Landes ansässige *Coach & Horses Inn* – wegen seines aus dem 17. Jh. stammenden und bis heute unveränderten Interieurs stets einen längeren Aufenthalt wert – wurde bereits zu Cromwells Zeiten als Gerichtsgebäude und Hinrichtungsstätte genutzt.

Auch die großen Sumpfgebiete von Somerset und Devon haben zweifellos eine ganz eigentümliche Atmosphäre. Exmoor im Norden hat mehrere rätselhafte Todesfälle aufzuweisen, darunter den von Mollie Phillips, eines jungen Mädchens, das im Sommer während einer Dürreperiode plötzlich verschwand und erst Monate später anscheinend ertrunken aufgefunden wurde. Landarbeiter entdeckten ihren teilweise skelettierten Leichnam in einer flachen, mit Wasser gefüllten Mulde. Diese aber war zum Zeitpunkt von Mollies Verschwinden aller Wahrscheinlichkeit nach ausgetrocknet gewesen.

Dartmoor im Süden ist nicht nur als der bevorzugte Ausflugsort der picknickverliebten Kriminalschriftstellerin Agatha Christie und als Standort des berüchtigten Dartmoor-Gefängnisses in Princetown bekannt, sondern gleichfalls berühmt für den mörderischen Mönch von Lidwell Chapel. Dieser Gentleman dürfte seinen Besuchern als äußerst unangenehmer Zeitgenosse in Erinnerung geblieben sein – wenn auch nur in kurzer. Denn wer in seiner Kapelle Zuflucht vor dem unberechenbaren Wetter der Moore suchte, bezahlte dies zumeist mit dem Leben und endete als vermodernder Kadaver auf dem feuchten Grund eines dunklen Brunnens.

Soweit der Ausblick auf diesen Teil des Landes.

Doch sollten Sie in einer lauen Sommernacht den verträumten Küstenort Clovelly besuchen und plötzlich Lust auf einen Spaziergang entlang der Bucht im Hafen verspüren, seien Sie gewarnt. Denn hier in den labyrinthartigen Höhlen lebte einst die Großfamilie Gregg. Sie verdiente sich ihren Lebensunterhalt damit, ahnungslose Strandspaziergänger in ihren feuchten Unterschlupf zu locken, um sie dort zu berauben und anschließend zu verspeisen. Als die Verbrechen schließlich ans Licht kamen, wurde angeblich die gesamte Familie zusammengetrieben und gemeinsam hingerichtet. Allerdings sind die dortigen Höhlen bis heute nicht vollständig erforscht und dermaßen tief, dass niemand weiß, was sich tatsächlich in ihnen verbirgt. Wer weiß, vielleicht blieb damals eine Handvoll Gregg-Nachkommen unentdeckt und hat bis heute überlebt ...

DIE SCHWARZE INSEL

Babbacombe, Devon ♀ ⚰ ❓

Ca. 3 km nordöstlich von Torbay an der Küste gelegen.

☞ **The Glen:** Babbacombe liegt nur wenige Kilometer von Agatha Christies Geburtsort Torquay entfernt und macht sich gegenwärtig als vorbildliches „Model Village" einen Namen. Für die Briten wird es jedoch für immer der Ort bleiben, in dem *John Lee* lebte – „der Mann, den sie nicht hängen konnten". Dort, wo sich heute das Erholungszentrum befindet, stand im Jahre 1884 ein stattliches Gästehaus. Unter dem Namen *The Glen* bekannt, wurde es von der alleinstehenden Mrs. Emma Keyse geführt und war wegen seines von der Schauspiel-Prominenz und blaublütigen Königstöchtern gleichermaßen hochgeschätzten „Gartenzimmers" im ganzen Land berühmt.

In der Nacht vom 14. auf den 15. November brannten Teile des Gebäudes ab, und die Feuerwehr fand Mrs. Keyse erschlagen im Wohnzimmer auf. In der Folge wurde der junge Hausangestellte John Lee trotz fehlenden Motivs des Verbrechens bezichtigt, vor Gericht des Mordes angeklagt und in einem Indizienprozess schuldig gesprochen.

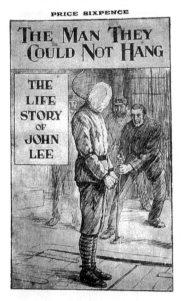

Noch wenige Stunden vor der geplanten Hinrichtung beruhigte er seine Mutter, er würde nicht sterben, denn er sei unschuldig. Gott könne nicht zulassen, dass er hingerichtet werde. Und er entging der Schlinge des Henkers tatsächlich. Nicht, weil ihn das Innenministerium begnadigt hätte, sondern weil etwas mit der Falltür des Galgens nicht stimmte. Nachdem drei Versuche, ihn ins Jenseits zu befördern, fehlgeschlagen waren, gab Henker James Berry auf und die Obrigkeit wandelte Lees Todesurteil in eine lebenslange Haftstrafe um. Im Gefängnis, wo er bis 1902 blieb, schrieb er seine Biografie. Nach seiner Haftentlassung lebte er einige Zeit bei seiner Mutter in **Nr. 3 Town Cottage**, im Nachbarort Abbotskerswell, und emigrierte dann in die USA. Unbestätigten Gerüchten zufolge soll er dort im Jahre 1930 verstorben sein. The Glen wechselte mehrmals den Besitzer. Im Jahre 1894 wurde es abgerissen, nachdem ein Feuer das Haus größtenteils zerstört hatte. John „Babbacombe" Lee wird gewiß weiterleben: in den Herzen der Bewohner Devons, und als Legende in den Annalen der britischen Kriminalgeschichte. (→ Details Newent, Die Midlands & Wales)

SÜDWESTENGLAND

Bodmin, Cornwall 🏛 ⚑ ✝ ♀ ❓

Ca. 40 km westlich von Plymouth an der A 30 gelegen.

☞ **Bodmin Jail:** 🏛 ⚑ Die frühesten Gebäude des alten Bodmin-Gefängnisses datierten aus dem Jahre 1779. Während des Ersten Weltkrieges wurden Englands Schätze, darunter die Kronjuwelen und die *Magna Carta*, hier unter Verwahrung genommen. Große Teile des Gefängnisses sind heute im Besitz Mr. Terry Gilhooleys, der die geschichtsträchtigen Räume Anfang der 1990er in ein Museum umwandelte und im ehemaligen Verwaltungsflügel ein Pub betreibt. Auf mehreren Etagen darf der neugierige und nervenstarke Besucher die alten Zellentrakte besuchen und erhält auf diese Weise Einblick in das Leben und Sterben der Insassen früherer englischer Strafanstalten. Die Verpflegung der Häftlinge bestand hauptsächlich aus wässriger Suppe und Brot, die Körperpflege war auf ein Bad pro Monat beschränkt.

Die Insassen starben meist innerhalb weniger Wochen an Auszehrung oder Typhus, dem sogenannten „Gefängnisfieber". Demgegenüber gestattete man den zum Tode Verurteilten verschiedene Privilegien: Sie erhielten ein Glas Bier und 10 Zigaretten pro Tag und konnten zwischen unterschiedlichen Speisen wählen. Ob dies ihre hoffnungslose Situation jedoch erträglicher machte, ist fraglich. Ein Schild an der ehemaligen Todeszelle trägt folgende Aufschrift: *„Alle 55 hier verurteilten Männer und Frauen verbrachten ihre letzten Stunden in dieser Zelle – stellen Sie sich ihre Gedanken vor."* Unter jenen Henkern, die im Bodmin Jail ihrer Arbeit nachgingen, waren *William Calcraft*, *James Berry* und die Herren *Henry* und *Thomas Pierrepoint* die wohl bekanntesten. Ein Nachbau des Galgens ist im ehemaligen *Exekutionsschuppen* zu besichtigen.

Am 19. Juli 1909 hängten die Pierrepoint-Brüder hier den 23 Jahre alten Mörder *William Hampton*. Im Mai hatte er seine Ex-Freundin, die 19-jährige Emily Barnes, nach einem Pubbesuch auf dem Heimweg abgefangen und versucht, sie zu einer Erneuerung ihrer Liebesbeziehung zu bewegen. Als sie dies jedoch abgelehnt hatte, hatte Hampton die junge Frau brutal vergewaltigt und ihr anschließend die Kehle aufgeschlitzt. Emilys Leiche war am folgenden Morgen von Spaziergängern in einem Gebüsch gefunden worden. In Zuge der Ermittlungen von der Polizei nach seinem Alibi gefragt, hatte Hampton freimütig gestanden, das Mädchen getötet zu haben. Die Henker waren bereits am Vortag um 16.30 Uhr angereist und wie üblich über Nacht im Gefängnis geblieben.

DIE SCHWARZE INSEL

Am folgenden Tag versammelten sich Hunderte von Schaulustigen vor dem Gefängnis. Pünktlich um 8.00 Uhr morgens stülpte Henry Albert Pierrepoint dem Delinquenten die weiße Kapuze über den Kopf, legte ihm die Schlinge um den Hals und betätigte den Hebel, der die Falltüren öffnete. Ein weiterer mutmaßlicher Mörder, der hier sein Ende fand, war *Matthew Weeks*. Des Mordes an Charlotte Dymond schuldig gesprochen, starb er am Morgen des 12. August 1844.

☞ **The Shire Hall:** 🏛 ✝ ♀ **?** Cornwalls wohl bekanntester Mordfall ereignete sich im Jahre 1844 unweit von Camelford. Charlotte Dymond, 18, und der pockennarbige *Matthew Weeks*, 23, arbeiteten gemeinsam auf der von Mrs. Peter geführten **Penhale Farm**, unweit von Davidstow. Am 14. April 1844 verließen sie die Farm gemeinsam und schlenderten Arm in Arm in Richtung Moor. Matthew kehrte am Abend allein zurück, Charlotte dagegen blieb verschwunden. Sieben Tage später verließ Matthew die Farm auf Nimmerwiedersehen, ohne sich von Mrs. Peter zu verabschieden, und zwei Tage darauf wurde Charlottes Leiche im Bodmin Moor gefunden; man hatte ihr die Kehle durchgeschnitten. (→ Camelford, Südwestengland) In Plymouth verhaftet und in Bodmin vor Gericht gestellt, wurde Matthew Weeks lediglich aufgrund von Indizien des Mordes für schuldig befunden und im Bodmin Jail hingerichtet. Charlotte Dymond bestattete man am 25. April auf dem Friedhof von **Davidstow**. Ihr Grab trägt immer frische Narzissen. Wer sie dort niederlegt ist unbekannt, denn niemand wurde je dabei beobachtet. Das Verfahren gegen Matthew wurde in der Shire Hall durchgeführt. Dank einer beeindruckenden Licht- und Tonanimation können Besucher es dort heute selbst miterleben und als Mitglied der Jury ihre Stimme abgeben. Auch die Zellen im Kellergeschoss sind für die Öffentlichkeit zugänglich. Die Kuratorin der Shire Hall ist – wie auch die Mehrzahl der Bodminer – von Matthew Weeks' Unschuld überzeugt. Charlottes Geist wandelt nach wie vor durch die Moore. Sie lächelt und scheint Spaziergänger davon überzeugen zu wollen, dass man mit Matthew einen Unschuldigen hingerichtet hat. (Öffnungszeiten: Montag – Samstag von 10.00 bis 17.00 Uhr.)

Boscastle, Cornwall 🏛 🍸

Ca. 8 km nördlich von König Artus' Geburtsort Tintagel unweit der A 39 gelegen.

☞ **Museum of Witchcraft:** Wer das hiesige Hexenmuseum besuchen möchte, sollte über einen starken Magen verfügen und Kinder unter 12 Jahren unbedingt zu Hause lassen. Authentische Todeszauber, sprechende Hunde und schreiende Totenschädel aus Cornwalls nekromantischer Vergangenheit werden dort ausgestellt. Doch nicht allein das Museum ist sehenswert. Boscastle ist in einer Bucht entstanden und diente Schmugglern und Piraten Jahrhunderte lang als Schlupfwinkel. Außerdem servieren die örtlichen Tea-Rooms die besten Cream-Teas des ganzen Landes.

Bournemouth, Dorset ✝ ⚥ ?

Westlich von Southampton an der Südküste gelegen.

Nr. 195 Holdenhurst Road: Der legendäre Scotland Yard-Inspector *Frederick George Abberline* (1842-1929) bewohnte dieses Haus, das er *Estcourt* nannte, von 1911 bis zu seinem Tod. Er ging als der Mann, der *Jack the Ripper* jagte, in die britische Kriminalhistorie ein. 1892 wurde er in den Ruhestand versetzt; mit nur 49 Jahren und bei voller Pension – eine Tatsache, die Anhänger von Verschwörungstheorien bis heute aufgeregt erbeben lässt. Hatte er den Whitechapel-Mörder gestellt und war dafür belohnt worden?

Frederick G. Abberline

Wusste Scotland Yard um die Identität des Rippers? Und: Wenn es der Polizei tatsächlich nicht gelungen war, den unheimlichen Prostituiertenmörder zu fassen, weshalb hatte ihm das in diesen Fall involvierte Ermittler-Team bei seinem Abschied vom Yard als Andenken einen Spazierstock überreicht?

Nach seinem Ausscheiden als Beamter ihrer Majestät arbeitete Abberline mehrere Jahre lang als Privatdetektiv für die weltberühmte Detektei Pinkerton und gab bereitwillig Interviews. In einem sagte er über den Ripper-Fall: *„Sie können kategorisch feststellen, dass Scotland Yard, was dies angeht, wirklich kein Stückchen schlauer ist als vor 15 Jahren. Es ist einfach Unsinn zu sagen, die Polizei habe Beweise dafür, dass der Mann tot sei."* Und über den Verdächtigen *Montague John Druitt* (→Wimborne Minster, Südwestengland) äußerte er sich wie folgt: *„Theorien, Theorien, wir ertrinken darin! (...) Ich weiß alles über diese Geschichte. Aber was nützt es? Bald nach dem letzten Mord in Whitechapel wurde die Leiche eines jungen Arztes in der Themse gefunden, aber es gibt absolut nichts (...), was ihn belasten würde."* Der große Kriminalist selbst war davon überzeugt, sein Sergeant Godley habe mit dem Südlondoner Giftmörder *George Chapman* (→Quendon, Ostengland) schließlich Jack the Ripper gefasst. Als Fred Abberline starb, hinterließ er nicht mehr als 28 Seiten einer begonnen Autobiografie (die Obrigkeit hatte Polizisten die Veröffentlichung von Lebenserinnerungen unter Strafandrohung verboten), ein romantisches Fotoalbum und seine zweite Frau Emma, welche ihm ein Jahr später folgte. Ihr unmarkiertes Gemeinschaftsgrab auf dem **Wimborne Road Friedhof** trägt die Nummer **Z259N**.

DIE SCHWARZE INSEL

Branscombe, Devon ✝

Ca. 10 km östlich von Sidmouth an der A 3052 gelegen.

☞ **Friedhof:** Besonders in küstennahen Orten war der Schmuggel von Rum, Gold und Waffen noch bis Mitte des 19. Jh. sehr stark verbreitet. Leider hat unser romantisches Bild vom rauhen, aber durchaus liebenswerten Kerl, der fröhlich pfeifend Rumfässer rollt und dabei launige Seemannslieder singt, wenig mit dem tatsächlichen Schmuggler jener Tage zu tun.

Der Wirklichkeit ein gutes Stück näher kam da wohl John Carpenters Horrorfilm *„The Fog – Nebel des Grauens"*. Denn der Schmuggel war ein hartes und äußerst blutiges Geschäft. Wer den gewissenlosen Männern, die nächtens diesem Broterwerb nachgingen, in die Quere kam, bezahlte dies zumeist mit dem Leben. Ein Beispiel mag das eingesunkene Grab in der südöstlichen Ecke des Kirchgartens sein. Es ist die letzte Ruhestätte des Wachpolizisten John Hurley. Wie die Grabsteininschrift verrät, kam er im August 1755 in Ausübung seines Dienstes um. Während der Nacht hatte Hurley einige Schmuggler beobachtet, die ein Feuer auf den Klippen entzündet hatten, um so das Signalfeuer eines Leuchtturms zu imitieren, und arglose Schiffe ins Verderben zu locken. In der Hoffnung, die Männer beobachten und später identifizieren zu können, schlich er sich an ihren Unterschlupf heran. Aber er war nicht vorsichtig genug. Von den Schmugglern entdeckt und bewusstlos geschlagen, wurde John Hurley an den Rand der Klippen getragen und in die Tiefe gestoßen. Obwohl es eine Handvoll Verdächtiger gab, fehlten letztlich die Beweise, und seine Mörder kamen ungestraft davon.

Buckfastleigh, Devon ✝ ❓

Ca. 18 km nordöstlich von Plymouth an der A 38 gelegen.

☞ **Holy Trinity Church:** Erstaunlich viele Menschen machen sich Gedanken um ihre Nachbarn: Schon wieder ein neuer Wagen – hat er ihn bar bezahlt oder war es ein Kredit? Ist das junge Mädchen, das ihn zweimal pro Woche besucht, tatsächlich die Putzfrau? Befindet sich Altglas in den Tüten, die er abends fortbringt, oder sind es die Leichenteile seiner Frau ...

Ein Mann, der sich in dieser ländlichen Gegend dem Dorfklatsch ausgesetzt sah, war *Richard Cabell*, ein wohlhabender, leicht exzentrischer Landjunker, der auf **Brook Manor** lebte. Den Dorfbewohnern zufolge war er ein durch und durch böser Mensch: reich, charmant, gutaussehend. Angeblich stellte er den keuschen Jungfrauen der Gegend nach und setzte ihnen reichlich unkeusche Flausen in den Kopf. So manches Mädchen soll sich an sein Himmelbett gekrallt haben, um nicht von ihm fortgeschickt zu werden – zweifellos war da Hexerei im Spiel. Und gemeinhin hielt man ihn für einen Vampir, denn nachts wurde er häufig dabei beobachtet, wie er in Begleitung seiner Hunde über die Moore wanderte. Einfach ein Mann, der an Schlafstörungen litt, oder doch vielmehr der ruheloser Geist, den es nach Blut gelüstete? Wie auch immer

48

SÜDWESTENGLAND

die Wahrheit ausgesehen haben mochte, im Jahre 1677 starb Richard Cabell unter mysteriösen Umständen – angeblich von seiner eigenen Meute im Moor zu Tode gehetzt und zerfleischt! Die abergläubische Bevölkerung bestattete ihn nahe der Kirchentür. Cabell erhielt ein besonders tiefes Grab, auf das man einen schweren Stein legte. Dieser wurde fest eingemauert und die Gruft zu guter Letzt mit einem Gitter versehen. All dies sollte sicherstellen, dass Cabell nicht wieder von den Toten auferstand. Die Geschichte von „Cabell, dem Vampir" ist im Ort noch immer lebendig, und die Bürger Buckfastleights warnen eindringlich vor einem Besuch des Friedhofes nach Einbruch der Dunkelheit. Der Legende zufolge muss jeder, der versucht, seine Hand durch die Gitter zu stecken, damit rechnen, gebissen zu werden und ist unweigerlich dazu verdammt, fortan als Untoter durch die Sümpfe zu ziehen.

Buckland Brewer, Devon 🍷 ✝

Ca. 10 km südwestlich von Bideford zwischen A 39 und A 388 gelegen.

☞ *The Coach & Horses Inn:* Dieser Inn aus dem 13. Jh. wurde lange Zeit als Gerichtsgebäude und Hinrichtungsstätte genutzt. Von der niedrigen Decke baumeln noch heute die Eisenmanschetten, mit denen man die Verurteilten an die Deckenbalken kettete. Im oberen Stockwerk des Gebäudes führte man die Exekutionen im sogenannten *Hanging Room* durch, der praktischerweise über eine Falltür verfügte. Eine der berüchtigtsten Gestalten, die jemals den Inn besuchten, war der schottische Richter *George Jeffreys*. Dieser als sadistisch geltende Vertreter des Gesetzes soll hier weit über 200 Personen zumeist wegen geringfügiger Delikte zum Tode verurteilt und ihre Hinrichtung persönlich überwacht haben. Jeffreys selbst starb 1689 im Alter von 41 Jahren im Londoner Tower. Sein ruheloser Geist geht im **White Hart Hotel** in Exeters South Street und in der **Burg von Lydford** um. Trotz seiner Vorliebe für Todesurteile muss „Hanging Jeffreys" ein recht fortschrittlicher Mann gewesen sein, denn offiziell wurde der gnädige Sturz des Delinquenten durch eine Falltür erst 150 Jahre später eingeführt. Bis dahin waren Todeskandidaten für gewöhnlich langsam erdrosselt worden, indem man sie an einem Strick in die Höhe hievte, und sich der Henker an ihre zuckenden Beine hängte. Es mag an seiner unrühmlichen Geschichte oder der verlockend lächelnden Bedienung mit dem üppigen Busen liegen, dass der Inn gegenwärtig Wohnsitz von mehr als 15 männlichen Geistern ist, die sich einen Spaß daraus machen, mit einem Strick um den Hals, unvermittelt durch die Falltür zu plumpsen.

Camelford, Cornwall ✝ 🍸 ❓

Ca. 15 km nördlich von Bodmin an der A 39 gelegen.

☞ **Camelford, Roughtor Ford:** Um Cornwalls berüchtigtsten Mordschauplatz zu besuchen, fahren Sie von Bodmin kommend

DIE SCHWARZE INSEL

Charlotte Dymond-Denkmal

die A 39 in Richtung Norden. Kurz nachdem Sie Camelford durchquert und das Ortsausgangsschild hinter sich gelassen haben, entdecken Sie eine schmale Einfahrt auf der rechten Fahrbahnseite und einen unauffällig angebrachten Wegweiser zum *Roughtor*. Biegen Sie dort ab und folgen Sie dem Weg, bis Sie nach ca. 1 km einen Parkplatz erreichen. (Es könnte Ihnen länger vorkommen, aber fahren Sie nur mutig weiter, auch wenn die kleine Straße mit jedem Meter enger und unwegsamer zu werden scheint.) Vom Parkplatz aus führt ein Fußweg zur Brücke über den River Alan hinab. Rechter Hand sehen Sie ein Monument aus Granit. (Es steht auf privatem Grund und Boden, darf aber besucht werden, sofern kein Müll zurückgelassen wird und der Besitzer nicht für Unfälle haften muss. Halten Sie sich daher möglichst dicht am Zaun, da der Boden zu jeder Jahreszeit gefährlich und morastig ist.) Dieser Gedenkstein markiert die Stelle, an der Simon Baker und William Northam am 23. April 1844 die seit neun Tagen vermisste *Charlotte Dymond* mit durchschnittener Kehle auffanden. Charlottes seltsam fröhlicher Geist soll häufig in der Nähe des Granitsteines und oben am Roughtor gesehen worden sein. (→Bodmin, Südwestengland)

Cannard's Grave, Somerset 🍸 🍺

Ca. 2 km südlich von Shapton Mallet an der A 37 gelegen.

☞ ***Cannard's Grave Inn:*** Das grimmige alte Gebäude, dem der Ort seinen Namen verdankt, hat die Form eines Sarges und ist von einer unheimlichen Aura umgeben. Im frühen 17. Jh. führte das Ehepaar Kate und *Giles Cannard* den Inn. Bei Stammgästen und Reisenden gleichermaßen beliebt, galten sie als warmherzige und großzügige Gastgeber, die einem abgebrannten Wanderer schon mal kostenlos eine warme Mahlzeit und ein Bett für die Nacht gaben. Doch im Laufe der Jahre veränderte sich Giles. Während Kate in eisigen Winternächten auch weiterhin zahlungsunfähige Reisende aufnahm, begann er mürrisch zu werden, klagte über den hohen Verlust, den Kates Wohltätigkeit nach sich

SÜDWESTENGLAND

zog und erhöhte zweimal wöchentlich die Preise. Als er anfing, Bettler grob an der Tür abzuweisen, redete Kate ihm ins Gewissen – doch er blieb hart.

Darüberhinaus hatte er eine neue Einnahmequelle entdeckt. Die Getränke reicher Gäste versetzte er mit Schlafmitteln. Auf diese Weise konnte er sie nachts unbemerkt berauben. Kate Cannard, die ihren Gatten über alles liebte und ihn um nichts in der Welt verraten hätte, ertrug seinen kriminellen Wandel indes nicht und wurde infolgedessen unheilbar krank. Auf dem Sterbebett bat sie Giles, um ihretwillen von seinem Tun Abstand zu nehmen. Unter Tränen gab er ihr das Versprechen, ehe sie verschied.

Die Trauer um Kate versuchte Giles vergebens im Alkohol zu ertränken und wurde selbst sein bester Kunde. Er vergaß den Inn zu öffnen, und vertrieb sogar die Stammkundschaft durch rüpelhafte Bemerkungen. Bald wurde der Inn gemieden wie die Pest. Als Giles eines Morgens erwachte und feststellte, dass er in der Nacht einen fremden Reisenden unter Alkoholeinfluß ermordet hatte, um an dessen Geld zu kommen, erinnerte er sich seines Versprechens, sah, dass er alles verloren hatte, und erhängte sich in eben jenem Zimmer, in welchem Kate damals gestorben war. Man begrub seinen Körper ohne Sarg unter dem Erkerfenster außerhalb des Inns.

150 Jahre blieb es ruhig um das Haus, bis im Mai 1794 der damalige Wirt *William Beale* drei späten Gästen eine Flasche Wein servierte. Sie probierten nur wenige Schlucke, befanden ihn für ungenießbar und entschieden sich dafür, unverzüglich weiterzureisen. Unglücklicherweise nahmen sich die Tochter des Wirts und eine Köchin der Flasche an. Nach dem Genuss des Weines erkrankten beide ernstlich. Die Tochter erholte sich, die Köchin starb unter schrecklichen Qualen noch in derselben Nacht. Eine zwölfköpfige Jury entschied, dass die Bedauernswerte durch versehentlich vergifteten Wein zu Tode gekommen war. Niemand wurde zur Verantwortung gezogen. War es der böse Einfluss des Hauses, oder hatten sich die Ereignisse zufällig wiederholt?

Chagford, Devon Y ✝ ♥

Ca. 3 km nordwestlich von Moretonhampstead im nördlichen Dartmoor gelegen.

☞ **Chagford Church:** Y ✝ ♥ Unter einer in den Boden eingelassenen Grabplatte im Innern der Kirche ruhen die Gebeine *Mary Whiddons*, einer jungen Frau aus wohlhabendem Hause. Sie starb an ihrem Hochzeitstag im Oktober 1641, nur etwa eine Stunde, nachdem sich das verliebte Paar hier vor dem Traualtar das Jawort gegeben hatte. Braut und Bräutigam standen gerade im Eingang des ***Three Crowns Hotels*** und nahmen strahlend die Glück- und Segenswünsche der Schlange stehenden Hochzeitsgäste entgegen, als es geschah: Unbemerkt hatte sich ein abgewiesener Verehrer Marys unter die Gratulanten gemischt, und als die Reihe an ihm war, zog er eine Pistole aus dem mitgebrachten Blumenstrauß hervor und schoss dem Mädchen ohne Vorwarnung in die Brust. Mary war auf der Stelle tot. Der Mörder ließ

DIE SCHWARZE INSEL

sich ohne Gegenwehr festnehmen und wurde wenige Wochen darauf in Exeter gehenkt. Marys Geist soll – in ein schwarzes Brautkleid gehüllt – auf **Whiddon Park**, dem Landgut ihrer Eltern, spuken. 1971 ging eine Nachfahrin Mary Whiddons in der Kirche von Chagford den Bund der Ehe ein. Sie legte nach der Hochzeitszeremonie ihren Brautstrauß auf dem Grab nieder, um zu verhindern, dass sie das gleiche Schicksal ereilte.

☞ **Jay's Grave:** ✝ ♥ Fährt man vom Parkplatz des Hound Tor in Richtung Chagford, kreuzt nach wenigen hundert Metern ein Trampelpfad die Straße. Dort findet sich das Grab der unglücklichen *Kitty Jay*. Über Kitty selbst ist wenig Stichhaltiges bekannt. Im ausgehenden 17. Jh. arbeitete sie vermutlich im Haushalt der nahe gelegenen Canna Farm und wurde von einem der dort tätigen Burschen geschwängert. Unverheiratet und folglich einem Leben in Schande und Arbeitslosigkeit ausgesetzt, sah sie keinen anderen Ausweg, als sich im Stall der Farm zu erhängen. Da Selbstmörder in jenen Tagen als Tote zweiter Klasse nicht auf geweihtem Boden beigesetzt werden durften, begrub man Kitty hier im Moor. Ihre letzte Ruhestätte, ein von Steinen eingerahmter Hügel, befindet sich auch heute noch dort. Manchmal befindet sich ein Holzkreuz darauf, aber seit Hunderten von Jahren schmücken immer frische Blumen das Grab. Niemand weiß, wer sie dort niederlegt, denn bislang ist es noch niemandem gelungen, den edlen Spender zu beobachten. Doch nicht wenige sind davon überzeugt, Kitty selbst kehre als Geist mit Blumen an ihr eigenes Grab zurück. In den 1860ern nahmen sich neugierige Anthropologen des Grabes an. Sie öffneten es um festzustellen, ob sich überhaupt Knochen darin befanden, der Legende also eine wahre Begebenheit zugrunde lag. Und tatsächlich – man fand das zierliche Skelett eines etwa 18-jährigen Mädchens. Wenigstens waren die Gentlemen pietätvoll genug, es anschließend zurückzulegen.

Chantry, Somerset ✝ ♥

Ca 5 km westlich von Frome nahe der A 361 gelegen.

☞ **Mary's Grave:** Es ist das Grab eines Mordopfers, das hier an der Kreuzung am Ortseingang versteckt zwischen den Bäumen liegt. Im Jahre 1850 kam ein junges Mädchen namens Mary, deren Nachname in Vergessenheit geraten ist, von außerhalb nach Chantry und bezog ein Haus im Dorfflecken Bull's Green. Zeitzeugen zufolge soll sie wunderschön und ihr Haar wie Gold gewesen sein. Ein Blick von ihr genügte, und gestandene Männer begannen in ihrer Gegenwart wie Schuljungen zu stammeln, die Ohren hochrot. Bei den eifersüchtigen Damen des Dorfes stieß Mary auf wenig Gegenliebe. Sie betrachteten das Mädchen voller Mißtrauen und zerrten grummelnd ihre Männer weiter, wenn diese sich den Hals nach ihr verrenkten. Eine unbegründete Eifersucht, denn Mary war bis über beide Ohren verliebt in Frank, einen jungen Gentleman aus Frome, dessen Familienname ebenfalls nicht überliefert ist und der sie beinahe täglich besuchte. Allerdings stand die Liebe der beiden unter einem schlechten Stern, denn Frank war bereits verheiratet – eine Tatsache, die er Mary wohlweislich verschwiegen hatte. Am Abend des 20. Oktober kam es dann zur Katastrophe. Denn als sich der verliebte Frank bei Sturm und Regen nach Chantry aufmachte, folgte ihm seine äußerst eifersüchtige Frau zu Marys Cottage. Dort harrte sie eine Stunde lang im Unwetter aus, wartete, bis ihr Mann sich verabschiedet hatte, und klopfte dann selbst an Marys Tür ...

Am nächsten Morgen stieß ein Reiter auf der Straße nach Frome am Fuße eines Felsens auf die Leiche einer Frau. Offensichtlich hatte sie sich freiwillig in den Tod gestürzt. Frank, der seine Gattin noch in der Nacht zuvor beim örtlichen Constable als vermisst gemeldet hatte, wurde von der Polizei gebeten, sich die Tote anzusehen und identifizierte sie. In den verkrampfen Händen der Selbstmörderin fand der untersuchende Arzt lange Haarbüschel – sie waren von goldgelber Farbe. Alarmiert machte sich Frank in Begleitung des Doktors und der Beamten auf den Weg nach Chantry. Als sie Marys Cottage erreichten, stand fest, dass etwas Furchtbares geschehen sein musste: Die Haustür stand sperrangelweit offen, im Eingangsbereich waren Stühle und Tische umgekippt und zahlreiche Haushaltsgegenstände lagen zerbrochen am Boden. Sie fanden Mary mit gebrochenem Genick in einer Blutlache im angrenzenden Raum – ihr Gesicht war bis zur Unkenntlichkeit zerkratzt, ein Auge aus der Höhle gerissen. Bei der anschließenden Leichenschau wurde Franks Frau des Mordes und Selbstmordes während zeitweiliger geistiger Umnachtung schuldig gesprochen. Die weiblichen Bürger Chantrys gaben Mary allerdings eine Mitschuld an dem Verbrechen. Hätte sie sich, so argumentierten sie, nicht mit einem verheirateten Mann eingelassen, wäre das Unglück gar nicht erst geschehen. Deshalb verweigerte man ihr als „Mittäterin" ein Begräbnis in geweihter Erde und verscharrte sie statt dessen hier am Kreuzweg.

Clayhidon, Devon ✝

Ca. 10 km östlich von Tiverton am M 5 gelegen.

☞ Nahe der Brücke über den Culm River befindet sich ein Gedenkstein. Seine Inschrift lautet: *„William Blackmore, Landvermesser aus Clayhidon Mills, wurde am 6. Tag des Februar 1853 an dieser Stelle ermordet; von George Sparks aus dieser Gemeinde, den man für sein schreckliches Verbrechen in Exeter hinrichtete."* Wie und warum der unglückselige Blackmore starb, ist allerdings nicht überliefert.

Clovelly, Devon ♀ ?

Ca. 25 km westlich von Bideford unweit der A 39 an der Küste gelegen.

☞ Das nur gut 300 Seelen zählende Fischerörtchen Clovelly wird gemeinhin als Devons schönstes Dorf bezeichnet. Autos sind hier tabu: Um die steilen, kopfsteingepflasterten Stufen zu bewäl-

DIE SCHWARZE INSEL

Clovelly

tigen, die hinunter zur Bucht führen, sind stramme Waden unerlässlich.

Im 16. Jh. soll der aus Exeter stammende *John Gregg* (oder Grieff) in einer Höhle unten am Hafen sein Unwesen getrieben haben. Zunächst lebte er dort gemeinsam mit seiner Frau sowie den sechs Töchtern und acht Söhnen. Doch die Familie wuchs durch Inzest schnell, und weitere 14 Enkel und 18 Enkelinnen, die möglichst kostengünstig ernährt werden mussten, folgten. Daher gingen die Greggs bald dazu über, Spaziergängern und schiffbrüchigen Seeleuten aufzulauern. Diese wurden in der Regel nachts verschleppt und beraubt, wie Tiere geschlachtet und anschließend verspeist.

Erst 25 Jahre nach dem Einzug der Familie Gregg kamen ihre grausigen Taten ans Licht, als einem ihrer Opfer wie durch ein Wunder die Flucht gelang. Die alarmierten Behörden handelten bereits am folgenden Morgen. 400 bewaffnete Männer mit Bluthunden stürmten die Höhle und nahmen nach einem erbitterten Kampf sämtliche Mitglieder der Familie fest. Die steinerne Behausung selbst war ein einziges Schlachthaus. Überall fanden sich Leichenteile, in Felsnischen gestapelt oder sogar von rostigen Haken an der Decke baumelnd. John Gregg und seine Nachkommen wurden nach Plymouth geschafft, wo man sie nur wenige Tage später ohne Prozess hinrichtete. Mit dem Tod der Greggs verschwand auch der Schrecken aus Clovelly und die Ruhe kehrte zurück. Doch hatte man wirklich alle Familienmitglieder gefunden? Vielleicht war es einigen von ihnen gelungen, sich zu verstecken. Vermutlich nicht. Allerdings gibt es Gerüchte über eine kleine Gruppe von Höhlenforschern, die in den 1970ern verschwand. Verirrten sie sich tatsächlich im komplizierten Stollensystem und starben an Erschöpfung, wie allgemein angenommen wird, oder war ihnen ein weit grauenhafteres Ende beschieden? Wer mutig genug ist, der Sache nachzugehen, findet den Eingang zur Höhle knapp zwei Kilometer östlich des Hafens.
(→ Edinburgh, Schottland)

SÜDWESTENGLAND

Cricket Malherbie, Somerset ✝ ?

Ca. 25 km westlich von Yeovil nahe der A 303 gelegen.

☞ **Molly Hunt's Grave:** Betrachtet man einmal die Zahl der Gräber, die sich in diesem Teil des Landes außerhalb von Friedhöfen in Mooren, abgelegenen Hohlwegen und an Straßenkreuzungen befinden, mag einem der Südwesten Englands wie ein Tummelplatz gottloser Geister erscheinen. Eine besonders traurige Begebenheit steht hinter dem verwahrlosten Grab, welches an der Hauptkreuzung zwischen den Dörfern Cricket Malherbie und Dowlish Wake liegt.

Molly Hunt lebte als einzige Tochter eines ehrbaren Ehepaares in einem Cottage in Cricket Malherbie. Ihr Vater liebte sie so sehr, dass seine Liebe schließlich zu ihrem Verderben werden sollte. Als Kind hatte er ihr jeden Wunsch von den Augen abgelesen, konnte allerdings nicht damit umgehen, dass Molly mit achtzehn allmählich erwachsen wurde, und es schließlich Männer geben würde, deren Gesellschaft sie der ihres Vaters vorzog. Etwas Undenkbares für Mr. Hunt, war Molly doch stets sein kleines, unschuldiges Töchterchen gewesen. Als Molly ihre Sexualität und damit die weniger unschuldigen Seiten ihrer Persönlichkeit zu entdecken begann und eine (aus Sicht des Vaters sittenwidrige) Liebesbeziehung mit einem jungen Burschen namens Frederick einging, warnte Mrs. Hunt die Tochter vor möglichen Konsequenzen. Molly indes genoss die körperliche Lust viel zu sehr, um sich ihrer zu erwehren. Bald darauf stellte sie erschrocken fest, dass die Monatsblutung ausgeblieben war. Doch Frederick war willens sie zu heiraten und das gemeinsame Kind liebevoll aufzuziehen. So sprach er entschlossen bei den Eltern vor, um bei ihrem Vater um Mollys Hand anzuhalten. Mr. Hunt entpuppte sich als außerordentlich schlechter Zuhörer; kaum war das Wort Heirat gefallen, schlug er mit einem Knüppel auf Frederick ein und jagte ihn aus dem Haus. Auch Molly bekam seine Fäuste zu spüren und rannte weinend davon. Vater Hunt folgte ihr, erzürnt den Knüppel schwingend. Stunden später kehrte er zurück – allein und schweigend.

Tags darauf bemerkten frühe Spaziergänger ein im River Ile treibendes Bündel, das sich bei näherem Hinsehen als der Leichnam Molly Hunts entpuppte. Niemand im Dorf glaubte an einen Selbstmord, dennoch wurde ihr das Begräbnis auf dem Friedhof verwehrt. Der Legende zufolge soll ihr Vater bis zu seinem eigenen, frühen Tod nicht mehr gesprochen haben. Sein letztes Wort dagegen lautete: „Molly". Wie so viele Gräber unglücklicher Opfer, trägt auch Mollys meist üppigen Blumenschmuck. Wer ihn dort niederlegt ist unbekannt, doch sind es in ihrem Fall stets rote Nelken.

Crowcombe, Somerset ✝

Ca. 25 km westlich von Bridgwater.

Heddon Oak: Unweit von Crowcombe, zwischen Williton und Taunton an der A 358 gelegen, befindet sich die Einmündung zur

55

DIE SCHWARZE INSEL

Straße nach Stogumber. Folgt man ihr knapp eine Meile weit, gelangt man an die Kreuzung Loundesford Lane/Vexford Lane. Hier stand die uralte Heddon Eiche, ein berüchtigter Galgenbaum. Der sogenannte Blutrichter *George Jeffreys* (→ Buckland Brewer, Südwestengland) ließ hier die Widersacher James II. hinrichten, die unter der Führung des Duke of Monmouth gegen die Anhänger des Königs gekämpft hatten. Der ursprüngliche Galgenbaum wurde 1980 gefällt, nur sein Stamm blieb erhalten. Trotzdem sei vor einem Besuch der Eiche nach Einbruch der Dunkelheit gewarnt. Von verschiedenen Reisenden ist glaubhaft versichert worden, sie seien unfreiwillig Zeuge einer geisterhaften Wiederholung der Hinrichtungen geworden und hätten das Todesröcheln der Delinquenten vernommen, während sie im Dunkeln an jener Stelle Rast machten.

Cutcombe, Somerset ✝ ❓

Mitten im Exmoor unweit der A 3224 gelegen.

☞ **Cutcombe Parish Church:** Im Sommer 1929 sorgte im Exmoor das mysteriöse Verschwinden der 17jährigen *Gwendoline Mollie Phillips* für enormes Aufsehen. Sie hatte sich am 8. September von Rocks Farm aus auf den Weg über das Moor gemacht, um im nahe gelegenen Cutcombe ihre Tante zu besuchen. Da Mollie versprochen hatte, vor Einbruch der Dunkelheit zurück zu sein, um Mitternacht aber noch immer nicht heimgekehrt war, erkundigten sich ihre besorgten Eltern in Cutcombe nach dem Verbleib des Mädchens. Wie dabei herauskam, hatte Mollie das Haus ihrer Tante niemals erreicht. In den folgenden Tagen und Wochen suchten hunderte von Freiwilligen die gesamte Gegend ab. Ein Areal von mehr als 80 km² wurde durchkämmt – doch vergebens. Mollie blieb spurlos verschwunden. Unauffindbar, so als hätte der Erdboden sie verschluckt. Wie nahe man damit vermutlich der Wahrheit gekommen war, stellte sich erst knapp 1½ Jahre später heraus, als zwei Landarbeiter im März über den fast völlig skelettierten Körper eines Mädchens stolperten. Die Tote lag, an einen Felsen gelehnt, in einer mit Wasser gefüllten Mulde im Moor. Der Fund wurde den Behörden gemeldet, und der stark verweste Leichnam bei der anschließenden Totenschau untersucht. Mit Hilfe der Eltern des Mädchens gelang es der Polizei, die Gebeine anhand der Kleidung als die der vermissten Mollie Phillips zu identifizieren. Aufgrund des sehr weit fortgeschrittenen Zersetzungsprozesses sahen sich die zuständigen Ärzte jedoch nicht mehr in der Lage, die Todesursache eindeutig festzustellen. Es wurde lediglich bemerkt, dass keinerlei Knochenfrakturen vorlagen, weshalb die zwölf Geschworenen von einem Unfalltod durch Ertrinken ausgingen. Ein Proteststurm brach los, da nicht ein Mitglied der Jury aus dem Bezirk Exmoor stammte. Stadtmenschen, so entschieden die Bürger Cutcombes, waren mit den Eigenheiten der Sümpfe nicht vertraut. Ihrer Meinung nach konnte Mollie unmöglich dort gestorben sein, wo man sie gefunden hatte, da der Sommer ausgesprochen heiß und das morastige Wasserloch wäh-

SÜDWESTENGLAND

rend der Dürreperiode des letzten Jahres sicherlich ausgetrocknet gewesen war.

Als Pastor Arthur Courtenay Jenoure den Beerdigungsgottesdienst feierte, brachte er sein Entsetzen über das leichtfertige Urteil der Geschworenen zum Ausdruck. Niemals, so entschied er, sei ein Mädchen wie Mollie, so vertraut mit den Sümpfen, in einem verdorrten Wasserloch ertrunken. Und mit Nachdruck betonte er: *„Das Urteil der Jury hätte einer Gruppe von zwölf Schuljungen zur Schande gereicht!"* Mollies Tod wurde niemals vollständig aufgeklärt. Allerdings gab es Gerüchte, dass das Mädchen in Wahrheit gar nicht seine Tante besuchen, sondern in der Abgeschiedenheit des Exmoor einen heimlichen Geliebten treffen wollte. Trotz zahlreicher Gerüchte konnte der mögliche Verehrer jedoch nicht identifiziert werden. Gwendoline Mollie Phillips' sterbliche Hülle liegt auf dem Friedhof von Cutcombe begraben. Fiel sie den unberechenbaren Sümpfen oder einem Gewaltverbrechen zum Opfer? Die Moore um Cutcombe schweigen beharrlich. Ein mutmaßlicher Mörder indes dürfte inzwischen ebenfalls seinem Schöpfer gegenübergetreten sein.

Ilfracombe, Devon 🏛 ❓

Am nördlichsten Zipfel Devons mit Blick auf den Bristol Channel gelegen.

☞ **Chambercombe Manor:** Das einstige Heim Lady Jane Grays (1537-1554) ist wegen seiner eingemauerten „Jungfrau" berühmt. Ob es sich bei der 1890 während Renovierungsarbeiten in einer versiegelten Mauernische gefundenen Leiche tatsächlich um eine Jungfrau handelte, ist jedoch ebenso wenig sicher, wie die Identität des Mädchens selbst. Da das Gebäude als Hauptquartier von Seeräubern genutzt wurde, gehen einige Historiker davon aus, dass es sich bei der Toten um eine heißblütige Spanierin handelt, die die Piraten als Beute von einem gekaperten Schiff mitnahmen. Andere wiederum wollen in ihr die Tochter des Seeräuberhauptmanns sehen, die sich in den ärgsten Feind ihres Vaters verliebt hatte und ihr junges Leben zur Strafe hinter trocknendem Mörtel aushauchte. Außerdem soll es tief unter dem Gebäude einen geheimen Gang geben, der bis hinunter zur Hele Bay führt. (Besuch möglich)

Lapford, Devon ✝ ❓

Ca. 25 km nordwestlich von Exeter an der A 377 gelegen.

☞ **Lapford Church:** In den Jahren 1825 bis 1861 war ein Mann namens *John Arundel Radford* Pfarrer der Kirche. Nach Meinung der meisten Gemeindemitglieder soll er vom Teufel besessen gewesen sein. So soll er mit dem Geist des Weines quasi per Du gewesen sein und im Alkoholrausch den jungen Damen eindringlich erklärt haben, was genau er meinte, wenn er ihnen im Gottesdienst von der Versuchung des Leibes predigte. Als man den Bischof auf die Missstände aufmerksam machte, entsandte er

DIE SCHWARZE INSEL

einen Beobachter nach Lapford, um den Dingen auf den Grund zu gehen. Der allerdings wurde bereits wenige Tage nach seiner Ankunft leblos im Büro des Pfarrhauses gefunden – jemand hatte ihm die Kehle durchgeschnitten. Sofort fiel der Verdacht auf Radford. Der unheilige Pfarrer wurde daraufhin in Exeter des Mordes angeklagt. Doch es fand sich als Entlastungszeugin ein Mädchen von zweifelhaftem Ruf, dem Radford zum mutmaßlichen Zeitpunkt des Mordes angeblich die Beichte abgenommen hatte. So wurde der böse Pfarrer aus Mangel an Beweisen freigesprochen.

Als Radford schließlich starb, verfügte er testamentarisch, dass man ihn in der Kirche begraben müsse, andernfalls würde er das Dorf verfluchen. Doch die Bürger Lapfords erinnerten sich noch viel zu genau der begangenen Taten und beschlossen, ihn außerhalb des Gebäudes, am östlichen Ende der Kirche, zu bestatten. Was nicht folgenlos blieb: Zum einen kippte ständig das Kreuz auf seinem Grab um, so dass man es schließlich einzementierte, und zum anderen erschien immer wieder ein kleines Loch in der aufgeschütteten Erde. Alle Versuche, es zu stopfen, scheiterten bis auf den heutigen Tag.

Little Haldon, Devon ✝ 🛡 ❓

Ca. 5 km nordöstlich von Teignmouth an der B 3192 gelegen.

☞ **Lidwell Chapel:** Um die Überreste dieser abgelegenen Kapelle zu besuchen, fahren Sie von Teignmouth kommend die B 3192 in Richtung Exeter, bis Sie einen Golfplatz passieren. Nach wenigen hundert Metern kreuzt eine Querstraße den Weg, und Sie erreichen rechter Hand den Parkplatz. Von dort aus gehen Sie gut 50 Meter am Fahrbahnrand in Richtung Süden zurück. Folgen Sie dem unscheinbaren Schild „Public Footpath" nach links in die offene Heidelandschaft. Der Weg führt einen Hügel hinab, wird immer abschüssiger und teilt sich schließlich. Halten Sie sich rechts. Nun befinden Sie sich auf der alten Reiseroute, die so vielen schutzsuchenden Wanderern vor Ihnen zum Verhängnis wurde! Nachdem Sie ein kleines Wäldchen durchquert haben, sehen Sie in der Entfernung die Ruinen der verwunschenen Lidwell Chapel liegen.

Bis zum Jahre 1329 trieb in ihren Mauern ein mörderischer Mönch namens *Robert de Middlecote* sein Unwesen, der müden und hungrigen Wanderern stets ein karges Mahl und ein Bett für die Nacht anbot. Doch der überaus freundlich erscheinende Geistliche war nicht halb so gebefreudig, wie er vorgab, denn in der Nacht schlich er sich lautlos in die Kammer des jeweiligen Gastes, schnitt diesem während des Schlafes die Kehle durch und beraubte ihn seiner wenigen Habseligkeiten. Die Leichen warf er anschließend in den tiefen Brunnen, der sich innerhalb der Kapelle befand. Middlecotes Verbrechen wurden erst entdeckt, als ein junger Seemann einen Mordversuch überlebte. Er hatte während eines tobenden Sturmes in Lidwell Chapel Zuflucht gesucht und war von dem freundlich lächelnden Mönch zum Essen eingeladen und bewirtet worden. Doch dem Seemann war aufgefallen, dass zwar

SÜDWESTENGLAND

der Mund seines Gastgebers unablässig gelächelt hatte, nicht aber dessen Augen, die kalt und böse auf ihn wirkten. Und so war der junge Bursche auf der Hut, als der Mönch ihm eine kleine Schlafkammer zuwies und ihm eine gute Nacht wünschte. Die Entscheidung, wach zu bleiben, rettete ihm das Leben. Denn etwa eine Stunde nachdem er sich schlafen gelegt hatte, konnte er hören, wie sich knarrend die Tür der Kammer öffnete. Im Dämmerlicht sah er Middlecote unter dem Türsturz stehen; die funkelnden Augen zu schmalen Schlitzen zusammengekniffen, ein blitzendes Messer in der erhobenen Hand. Der Seemann wartete, bis sich der Geistliche genähert hatte, dann sprang er auf, ergriff die Waffe und kämpfte um sein Leben. Dem jungen Mann gelang es schließlich, den Angreifer bis in die rechts vom Eingang gelegene Ecke der Kapelle zu drängen, in der sich der Brunnen befand. An der steinernen Einfassung ringend, verlor der bösartige Mönch schließlich das Gleichgewicht und stürzte mit einem entsetzlichen Schrei auf den Lippen in die Tiefe.

Der ruhelose Geist Robert de Middlecotes soll noch heute in den Ruinen umgehen. Zumeist wird er dabei beobachtet, wie er versucht, dem Brunnen zu entsteigen, aber jedesmal abrutscht, sobald er den Rand erklommen hat. Wer diese Geschichte für eine bloße Legende hält, sei darüber in Kenntnis gesetzt, dass eine Inspektion des Brunnens gegen Ende des 18. Jh. unzählige menschliche Knochen zu Tage förderte.

Midsomer Norton, Somerset 🏛 ✝ 🔧 **?**

Ca. 20 km südöstlich von Bristol unweit der A 37 gelegen.

☞ **Churchyard:** Hier an der Westwand des Friedhofes erinnert ein Gedenkstein an einen ungewöhnlichen Mord, der sich im Jahre 1839 im Kohlebergwerk Wells Way ereignete. Die Inschrift lautet wie folgt: *„In diesem Grab sind die Überreste jener zwölf (...) Leidenden bestattet, die allesamt am 8. November 1839 in den Wells Way Coal Works getötet wurden, als ihr Seil beim Herablassen in den Schacht zerriss. Es wurde allgemein angenommen, dass das Seil vorsätzlich angeschnitten worden war."* Es geschah während der Frühschicht um 4.00 Uhr morgens: Die Arbeiter (sechs Erwachsene und sechs Kinder im Alter von 12 bis 16 Jahren) hatten eben den behelfsmäßigen Förderkorb bestiegen, um zu ihrem gut 330 Meter tiefer liegenden Arbeitsplatz in die Grube hinab zu fahren, als einer der Männer einen plötzlichen Ruck im Seil bemerkte. Er schrie noch: *„Was ist los mit dem Seil?".* Doch es war bereits zu spät, denn im selben Augenblick zerbarst es auch schon, und die Arbeiter stürzten schreiend in die dunklen Tiefen des Schachtes hinab. Was zunächst wie ein schreckliches Unglück aussah, wurde im Laufe der Coroner-Verhandlung zur Mordsache. Wie sich feststellen ließ, war das Förderseil absichtlich angeschnitten gewesen. Die Geschworenen fällten das traurige Urteil *„Vorsätzlicher Mord, verübt von einer oder mehreren unbekannten Personen".* Es konnte nie jemand wegen dieses Verbrechens zur Verantwortung gezogen werden. Mehr über die Umstände der Tat lässt

Die schwarze Insel

sich im *Midsomer Norton & District Museum* von Radstock erfahren. Ausgestellt werden Gegenstände, die den Opfern gehörten.

Peter Tavy, Devon ♥

Ca. 5 km nördlich von Tavistock an der A 386 gelegen.

☞ **Church:** *„Platonische Liebe kommt mir vor wie ein ewiges Zielen und Niemals-Losdrücken"*, bemerkte Wilhelm Bush einst treffend. William Williams, ein junger Bursche aus dem Ort, unterhielt 1892 seit gut einem Jahr eine solch platonische Beziehung zu der 17-jährigen Dorfschönheit Emma Droidge. Zwar hatte sie ihm während ausgedehnter Spaziergänge gelegentlich erlaubt, seinen Hut zu lüften, nicht aber ihren so verlockenden Rocksaum zu heben. Als der junge Mr. Williams darüber hinaus feststellte, dass Emma allmählich das Interesse an ihm verlor, und dafür Gefallen an dem 22 Jahre alten William Rowe zu finden schien, schlachtete Williams sein Sparschwein und erwarb am 8. November einen Revolver. Er hatte nun das Zielen satt und wollte losdrücken. Dies tat er auch – am darauffolgenden Sonntag. Emma und der Rivale Rowe hatten eben das überdachte Tor des Kirchhofes durchquert, als Williams ihnen entgegentrat. Mit einem gezielten Schuss streckte er zunächst den Nebenbuhler nieder, ehe er auch Emma erschoss. William Williams richtete danach die Waffe gegen sich selbst, war jedoch nicht sonderlich erfolgreich: die Kugel durchschlug seinen Hals, ohne lebenswichtige Venen oder Arterien zu verletzen, und er rannte schreiend davon. Nachdem er einige Felder überquert hatte, war er am Ufer des River Tavy angelangt. Ein zweiter Versuch, seinem Leben ein Ende zu setzen, schlug kläglich fehl, als er in die sprudelnden Fluten sprang, nach wenigen Minuten aber von Umstehenden gerettet werden konnte.

Peter Tavy, Kirche mit Tor zum Kirchhof

In ein Krankenhaus verbracht und gesund gepflegt, stellte man ihn Anfang des folgenden Jahres vor Gericht. Während des Verfahrens gegen ihn plädierte er auf „nicht schuldig", da er zum Zeitpunkt der Tat nicht Herr seiner Sinne gewesen sei. Das Hohe Gericht entschied jedoch auf vorsätzlich verübten Mord und verhängte die Todesstrafe. William Williams hatte losgedrückt, und am 28. März 1893 bezahlte er dafür um 8.00 Uhr morgens mit seinem Leben.

Princetown, Devon 🏛 ✝ ⚲ ☗ ❓

Ca. 30 km nordöstlich von Plymouth im Herzen des Dartmoor an der B 3212 gelegen.

☞ **Gefängnis:** ✝ Englands berüchtigtes *Dartmoor-Prison* wurde ursprünglich als Kriegsgefängnis konzipiert und 1803 erbaut, um die existierenden Haftanstalten dieses Landesteiles zu entlasten und die überalterten Gefängnisschiffe (sog. *Hulks*) außer Dienst zu stellen, die draußen vor der Küste lagen und allmählich verrotteten. Erst 1850, als sich die Kolonien Australien und Tasmanien weigerten, weiterhin englische Straftäter aufzunehmen, wandelte man das Princetown-Gefängnis in eine Strafanstalt für Schwerverbrecher um. Aufgrund des unberechenbaren Wetters über den heimtückischen Mooren, die es umgaben, galt Princetown lange

Dartmoor-Gefängnis

als ausbruchsicher. Denn wer in plötzlich aufkommenden Nebel geriet und in ein Sumpfloch stürzte, war ebenso dem Tode geweiht wie jene Ausbrecher, die sich in einem unerwarten Schneesturm verirrten. Trotzdem wurden im Laufe der Jahre immer wieder Fluchtversuche unternommen – die Mehrzahl davon erfolglos. Im Jahre 1856 schnitzte ein besonders begabter Häftling aus Steakknochen einen Nachschlüssel für die Tür seiner Zelle, wurde indessen geschnappt, als er seine Kunstfertigkeit eben am Schloss des Haupttors erprobte. 1928 stahl ein Insasse Autoschlüssel und Robe des Gefängnisgeistlichen und wurde von den ehrfürchtig beiseite tretenden Wachen hinaus in die Freiheit gewinkt. Sehr lange genoss er sie nicht: Die Maskerade fiel eine Stunde später auf, und der Flüchtige wurde in Newton Abbott gefasst.

Einer der wenigen, denen die Flucht über die Moore glückte, war Frank Mitchell. Während er im Sommer 1966 mit einer Gruppe von Häftlingen außerhalb des Gefängnisses arbeitete, stahl er sich unbemerkt davon. Es gelang, seine Spur bis nach London zu verfolgen, wo sie sich aber im Großstadtgewimmel verlor. Obwohl

DIE SCHWARZE INSEL

seine Leiche nie gefunden wurde, geht man heute davon aus, dass Mitchell selbst einem Gewaltverbrechen zum Opfer fiel und als erklärter Feind der Gängsterbrüder *Kray* im Fundament eines Londoner Brückenpfeilers ruht. (→ Whitechapel, London & Umgebung)

☞ **Dartmoor Information Center:** 🏛 ♀ 💰 ❓ (heute Sherlock-Holmes-Ausstellung) Früher unter dem Namen *Duchy Hotel* bekannt, beherbergte das angeblich auf Englands höchstem Punkt liegende Gebäude eine Vielzahl berühmter Persönlichkeiten. Darunter auch *Sir Arthur Conan Doyle*, den Schöpfer des fiktiven Privatdetektivs und Übermenschen Mr. Sherlock Holmes, wohnhaft in Nr. 221b Baker Street, London NW1. Die erste Holmes-Geschichte *Eine Studie in Scharlachrot* war 1887 erschienen und nur mäßig erfolgreich gewesen. Erst mit der seriellen Veröffentlichung der Abenteuer im *Strand Magazine* kam der Durchbruch und das große Geld. Doch Conan Doyle fühlte sich literarisch zu Höherem berufen. Seines trivialen Helden nach weiteren 25 Geschichten überdrüssig geworden, ließ er ihn am 4. Mai 1891 im Kampf mit dem Erzfeind Professor Moriaty in den Schweizer Reichenbachfällen sterben. Knapp und euphorisch lautete der Tagebucheintrag des Autors für jenen Tag: *„Tötete Holmes!"* Das Königreich war schockiert, hielt doch die Mehrzahl der Engländer den kühlen Detektiv für eine lebende Persönlichkeit und die von Dr. Watson aufgezeichneten Fälle für wahre Begebenheiten. In London trugen die Menschen schwarzen Flor an Hüten und Kleidern, und eine Prozession Trauernder zog schweigend durch Fleet Street. Parlament und Buckingham Palace wurden mit Briefen aus Europa und den USA bombardiert, niemand wollte sich mit dem Verlust abfinden. Die Zeitungen begannen sogar darüber zu spekulieren, ob es sich bei der Todesmeldung eventuell um eine absichtliche Ente handelte – initiiert von Moriatys Freunden!

Conan Doyle, von der Öffentlichkeit und seinen Verlegern gleichermaßen unter Druck gesetzt, sah sich zum Handeln gezwungen. Und so erschien 1901 ein angeblich verloren geglaubter, zehn Jahre alter Holmes-Roman: *„Der Hund von Baskerville"*. In Aufbau und Handlung unterschied er sich so grundlegend von allen vorherigen Veröffentlichungen, dass später zweifelnde Stimmen laut wurden, die Conan Doyles Autorenschaft in Frage stellten. Durch einen jener Zweifler geriet Sir Arthur im September 2000 gar in Mordverdacht, als ihn nämlich der ehemalige Bestattungsunternehmer und Autor Rodger Garrick-Steele postum bezichtigte, im Jahre 1907 den 36-jährigen, erfolglosen

Arthur Conan Doyle

62

SÜDWESTENGLAND

Schriftsteller Bertram Fletcher Robinson mit Laudanum vergiftet zu haben. Laut Garrick-Steele geht der *Hund von Baskerville* auf eine Idee Fletcher Robinsons zurück. Conan Doyle, der den jungen Schriftsteller im Jahre 1900 kennengelernt hatte und seitdem häufig in dessen Haus **Park Hill, Ipplepen** am Rande Dartmoors zu Gast gewesen war, hatte diese Geschichte gestohlen! Um das Plagiat zu vertuschen, brachte Conan Doyle Fletcher Robinsons Frau Gladys (mit der er ein Verhältnis hatte) dazu, den unbequemen Gatten zu vergiften. Unsinn? Nicht unbedingt. Tatsache ist, dass Fletcher Robinson 1907 unter äußerst mysteriösen Umständen starb. Als Todesursache wurde Typhus angegeben, eine Krankheit, deren Symptome leicht mit einer Opiumvergiftung zu verwechseln sind. Da Typhus höchst ansteckend ist, fragt sich, weshalb Robinson, der bis zu seinem Tod keinen ärztlichen Beistand bekam, nicht unter Quarantäne gestellt wurde. Auch erkrankte niemand aus seinem unmittelbaren Familienkreis. Noch merkwürdiger ist, dass man seinen Leichnam zur Bestattung in einem gewöhnlichen Personenzug von London nach Devon brachte, obwohl man Typhusleichen wegen der hohen Infektionsgefahr für gewöhnlich sofort verbrannte. Einige Punkte, die Fletcher Robinsons Tod vorausgegangen waren, seien ebenfalls erwähnt: Zum einen hatte Conan Doyle während seines Aufenthaltes in Park Hill House (das erstaunliche Ähnlichkeit mit den Beschreibungen von Baskerville Hall aufweist) einen Brief an seine Mutter geschrieben, in dem es hieß: *„Robinson und ich erkunden gemeinsam das Moor, wegen **unseres** (Hervorhebung des Autors) Sherlock Holmes Buches“*, wollte dies jedoch nach der Veröffentlichung nicht mehr wahrhaben und reduzierte Robinsons Beteiligung an dem Roman auf eine unwichtige „Randbemerkung“. Zum anderen traf 1902 wenige Wochen, bevor Conan Doyle zum Ritter geschlagen werden sollte, ein anonymes, an *„Sir Sherlock Holmes“* adressiertes Päckchen im Buckingham Palace ein, welches einen Haufen schmutziger Wäsche enthielt, im Zeitalter Königin Victorias ein Zeichen für verbrecherischen Betrug.

Viele Jahrzehnte später meldete sich Fletcher Robinsons Kutscher zu Wort. In einem Radio-Interview berichtete er 1960 darüber, wie er die beiden Männer durch die Moore kutschiert hatte, während sie ein Manuskript Robinsons mit dem Arbeitstitel *Ein Abenteuer im Dartmoor* besprachen. Der Name des Kutschers: Harry Baskerville. Selbst Sir Arthur Conan Doyles Biografen sind sich in einem Punkt einig: Sherlock Holmes' geistiger Vater spielte Fletcher Robinsons Beteiligung am *„Hund von Baskerville“* absichtlich herunter. Christopher Frayling, renommierter Autor und Rektor des *Royal College of Art* erklärte beispielsweise: *„Conan Doyle erhielt jede Menge Hilfe von Fletcher Robinson. Ohne ihn hätte es den ʹHundʹ nicht gegeben, (...) sein Anteil daran wurde nicht in angemessener Weise gewürdigt.“* Und über Garrick-Steeles Theorie meinte er: *„Es gab wachsende Meinungsverschiedenheiten zwischen ihnen. Sollten die Beweise für einen Giftmord darin ordentlich vorgelegt werden, kann ich es kaum erwarten, sie vollständig zu lesen.“* Die in London ansässige *Sherlock-Holmes-Society* dagegen bezeichnete das Buch unbesehen als *„ausgemachten Blöd-*

63

DIE SCHWARZE INSEL

sinn." Rodger Garrick-Steeles 500-Seiten-Werk wurde bislang von 90 Verlagen abgelehnt. Im Interesse aller Sherlock-Holmes-Enthusiasten bleibt nur zu hoffen, dass sein Manuskript schließlich doch noch einen Verleger findet.

Salcombe Regis, Devon 🏛

Ca. 3 km östlich von Sidmouth an der A 3052 gelegen.

☞ **Salcombe Church:** Der medizinische Fortschritt, so wichtig er ist, zieht bisweilen scheußliche oder sogar kuriose Verbrechen nach sich. Muss man in unseren Tagen brasilianischen Organ- und Londoner Samenraub fürchten, so war es bis Ende des 20. Jh. das einträgliche Geschäft der Leichenfledderei, welches in England Generationen von Grabräubern ernährte. Um den menschlichen Körper heilen zu können, musste man ihn erst einmal verstehen. Und damit angehende Mediziner nicht am lebenden Patienten lernen und ihre Misserfolge allzusehr bedauern mussten, waren natürlich Leichen vonnöten – Unmengen von Leichen. Doch war es nicht immer einfach, eines toten Körpers habhaft zu werden, denn die Kirche versprach nur jenen, die unversehrt ihr Grab bestiegen, die Auferstehung am Tag des Jüngsten Gerichts. Und auch wenn der Staat großzügig ab und an einen Hingerichteten zu Sektionszwecken zur Verfügung stellte, reichte dies selbst in Hochzeiten kaum aus, den tatsächlichen Bedarf zu decken. So heuerten Krankenhäuser nicht selten bezahlte Leichendiebe an, um sich auf diese Weise mit frisch Bestatteten vom Friedhof zu versorgen.

Das unehrenhafte Handwerk der Leichenfledderei ist ausgestorben; und mit ihm leider auch das Wissen um die benötigten Handwerkszeuge. Der alte Riegel des überdachten Friedhofstores aber stammt aus jenen Tagen. Er wurde aus einem Werkzeug mit der Bezeichnung „Sargkorkenzieher" gefertigt, das zwei Ärzte 1880 bei dem vereitelten Versuch zurück ließen, den Sarg eines bereits von ihnen geöffneten Grabes aufzuschrauben. Zwei Herren, die den Grabraub mit der gebotenen Perfektion betrieben und quasi rationalisierten, waren die zwielichtigen Gentlemen *Burke & Hare*. (↪ Edinburgh, Schottland)

Shapton Mallet, Somerset ❓

Ca. 35 km südlich von Bristol an der A 37 gelegen.

Board Cross: In dieser Straße verschwand am 6. Juni 1768 ein 70 Jahre alter, querschnittsgelähmter Mann namens *Owen Parfitt* während eines Jahrhundertgewitters, das nur zwanzig Minuten währte, aus dem gut einsehbaren Vorgarten seines Hauses. Trotz intensiver Suche wurde keine Spur mehr von ihm gefunden.

Unzählige Legenden ranken sich um Parfitts Leben. So soll er den Ort als junger Mann verlassen haben, nachdem seine heimliche Liebesbeziehung zu Miss Lockyer, einer entfernten Verwandten, aufgeflogen war. Über die folgenden Jahrzehnte ist kaum etwas bekannt. Man nimmt an, dass er als Pirat zur See fuhr, und es so

SÜDWESTENGLAND

zu beachtlichem Wohlstand brachte. Erst als alter Mann kehrte er nach Shapton Mallet zurück und zog zu seiner alleinstehenden Schwester, die sich fortan um ihn kümmerte. Einmal im Monat fuhr Parfitt nach Bristol und erhielt jedesmal wenig später Besuch von einer Handvoll finsterer Gesellen. Niemand weiß, wer diese Männer waren und was er mit ihnen besprach, doch geht man davon aus, dass sie ihn mit großen Geldmengen versorgten. Nachdem Parfitt sich so plötzlich in Luft aufgelöst hatte, blieben auch ihre Besuche aus. War er von den Männern entführt worden? Hatte er seine Querschnittslähmung nur vorgetäuscht und war freiwillig gegangen? Oder war er, wie die meisten Bürger des Ortes meinten, vom Teufel höchstpersönlich abgeholt worden?

45 Jahre später erwarb ein Ortsfremder das Nachbargrundstück (das ehemalige Haus Miss Lockyers) und stieß beim Anlegen eines Blumenbeetes mit seinem Spaten auf einen menschlichen Schädel. Die sofort herbeigerufene Polizei legte ein vollständiges Skelett frei. Allem Anschein nach war das Opfer in aller Eile verscharrt worden. Das Geheimnis um Mr. Parfitts Verschwinden schien aufgeklärt. Genauere Untersuchungen bewiesen jedoch, dass es sich bei den gefundenen Überresten um ein weibliches Skelett handelte. Die Frauenleiche konnte niemals identifiziert werden; ein weiteres Rätsel also. Immer wieder wurden Anstrengungen unternommen, die seltsame Geschichte aufzuklären, zuletzt 1934, als man einen Brunnen in Board Cross trocken legte, um – einer Selbstmordtheorie folgend – in einem Seitenschacht nach Owen Parfitts Überresten zu suchen. Niemand war wirklich überrascht, als man auch dort keine Spur von ihm fand.

Gefängnis: Das älteste noch in Betrieb befindliche Gefängnis Englands liegt in der Gaol Lane. Während des Zweiten Weltkriegs diente es unter anderem als sicherer Aufbewahrungsort der *Magna Carta* und der Kronjuwelen. In jener Zeit wurde das Militärgefängnis hauptsächlich für die kurze Unterbringung von Spionen und Landesverrätern genutzt, die anschließend im Hof des Gefängnisses vor die Erschießungskommandos traten. Nach dem Krieg kehrte man zur traditionellen und meist unblutigen Exekutionsmethode des Hängens zurück, und Henker *Albert Pierrepoint* reiste mehrfach an. Schon gut 300 Jahre zuvor hatte Richter *George Jeffreys* Shapton Mallet als Hinrichtungsstätte gewählt, und hielt hier über 12 Rebellen eines seiner gefürchteten „Blutgerichte" ab. Er ließ die Verurteilten in aller Öffentlichkeit auf dem **Marktplatz** foltern, hängen und vierteilen.

Simonsbath, Somerset †

Ca. 20 km nordöstlich von Barnstaple an der B 3223 gelegen.

☞ **Friedhof:** Ob Gilbert Keith Chesterton an Pfarrer Thornton dachte, als er 1910 die ersten Abenteuer des legendären *Pater Brown* ersann, ist nicht sicher. Eine gewisse Ähnlichkeit mit dem Mordfall Burgess von 1858 läßt sich allerdings nicht leugnen. Die Eheleute Mr. und Mrs. *William Burgess* hatten drei Kinder: Emma,

DIE SCHWARZE INSEL

Tom und Anna. Als Mrs. Burgess 1857 ernstlich erkrankte und starb, verfiel William dem Alkohol. Arbeitslos und kaum mehr in der Lage seine Kinder zu ernähren, gab er ein Jahr darauf Tom und Emma in die Obhut einer wohlhabenden Farmerfamilie in North Molton. Vermutlich, weil sie noch zu jung zum Arbeiten war, behielt er die jüngste Tochter bei sich und bezog mit ihr ein Zimmer im Pub von Simonsbath. Doch hatte er auch in ihrem Fall bereits Sparmaßnahmen geplant.

An einem Tag im Juni teilte er seiner Vermieterin (bei der er schon seit Monaten in der Kreide stand) mit, er würde Anna zu deren Großmutter nach Porlock Weir bringen, um Kosten einzusparen. Und obwohl William sich gemeinsam mit Anna auf den Weg machte, erschien er allein bei seiner Mutter. Ebenso allein kehrte er nach Simonsbath zurück, wo er den Abend in der Schankstube des Pubs verbrachte. Später in der Nacht entfachte er ein Feuer im Hof, und seine Vermieterin entdeckte am folgenden Morgen schwelende Stoffetzen, die Ähnlichkeiten mit Annas Kleidern aufwiesen, in den rauchenden Ascheresten. Was war mit dem Mädchen geschehen? Hatte er es ermordet und verscharrt? Dafür sprach, dass eine Handvoll Pubbesucher ein frisches Grab außerhalb des Ortes entdeckt hatten, das sie für das Versteck eines Wilderers hielten. Sie machten Burgess den Vorschlag, es zu öffnen und das vermutlich darin liegende Schaf selbst zu braten. Burgess trat der Schweiß auf die Stirn, und er verabschiedete sich rasch. Als die kleine Gruppe tags darauf mit Spaten bewaffnet dort ankam, war das Grab leer und Burgess verschwunden ...

Pfarrer Thornton, dem das seltsame Verhalten des Familienvaters schon vor geraumer Zeit aufgefallen war, zog aus den Geschehnissen eigene Schlußfolgerungen. Davon überzeugt, das Mädchen sei tot, stellte er in Porlock Weir Nachforschungen an. Diese ergaben, dass Großmutter Burgess das Mädchen seit Monaten nicht gesehen hatte. Ein aufschlussreicher Besuch des Pubs brachte sowohl die Geschichte von den verbrannten Kleidungsstücken als auch die des vermeintlichen „Wildererverstecks" ans Licht. Wenn Burgess die Leiche seiner Tochter tatsächlich zunächst darin versteckt, sie aber aus Angst vor Entdeckung wieder ausgegraben hatte, wo war sie jetzt? Für Pfarrer Thornton kam nur ein Ort in Frage – **Wheal Eliza**, das gut einen Kilometer außerhalb des Ortes gelegene alte Bergwerk. Doch die tiefen Schächte hatten sich im Laufe der Jahre mit Wasser gefüllt, und die Behörden fanden sich nicht bereit, sie allein aufgrund der Vermutungen eines Pfarrers auspumpen zu lassen. Was fehlte, waren stichhaltige Beweise. Thornton war sich darüber im Klaren, dass, wenn kein Wunder geschah, der Mörder ungestraft davon kommen würde. Und das Wunder ließ nicht allzu lange auf sich warten. Es trat in Gestalt eines kleinen Diebes auf. Dieser vertraute dem Pfarrer an, er habe in der Nacht nach Annas Verschwinden (als er gerade ein wenig Diebesgut versteckte) verdächtige Geräusche im Bergwerk gehört, und Burgess dabei beobachtet, wie er ein schweres Bündel in einen der Versorgungsschächte geworfen habe. Noch am selben Tag gab Thornton seine Informationen an die Polizei weiter. Den Beamten

gelang es schnell, Burgess in Swansea ausfindig zu machen und in Gewahrsam zu nehmen.
Es dauerte den ganzen Herbst die Mine zu entwässern. Die Leiche des Mädchens konnte schließlich geborgen und auf dem Friedhof von Simonsbath bestattet werden. Das Verfahren gegen William Burgess dauerte dagegen nur wenige Tage. Es endete mit einem Schuldspruch der Jury, und am 4. Januar 1859 wurde er im Gefängnis von Taunton gehenkt. Burgess zeigte keine Reue, und gab bis zuletzt nicht sich, sondern dem Pfarrer-Detektiv die alleinige Schuld für sein Schicksal.

Wimborne Minster, Dorset ✝ ♀ ⚑ ❓

Ca. 6 Km nordwestlich von Bournemouth an der A 31 gelegen.

☞ **Friedhof:** Auf dem Friedhof von Wimborne stehen zwei kleine Kapellen. Nahe der linken markiert ein Steinkreuz das Grab von *Montague John Druitt*, einem Barrister und Hilfslehrer, der im Alter von nur 31 Jahren aus dem Leben schied und einer weitverbreiteten Theorie zufolge der berüchtigte Frauenmörder *Jack the Ripper* gewesen sein soll. Grund für diese Annahme ist ein 1894 von Sir Melville Macnaghten verfaßtes Memorandum. Darin bezieht sich der damalige Commissioner von Scotland Yard auf die offiziell

Montague J. Druitt

ungelösten Whitechapel-Morde und nennt drei Hauptverdächtige: *„Nr. 1, M.J. Druitt, ein Arzt von ungefähr 41 Jahren und aus guter Familie, der zur Zeit des Mordes im Miller's Court verschwand, und dessen Leiche am 31. Dezember in der Themse treibend gefunden wurde. (...) Aufgrund privater Informationen habe ich wenig Zweifel, dass seine eigene Familie diesen Mann verdächtigte, der Whitechapel-Mörder gewesen zu sein."* Nr. 2, ein Frauenhasser namens *Kosminski*, und Nr. 3, den als verrückt eingestuften russischen Arzt *Michael Ostrog* erwähnt Macnaghten ebenfalls, bemerkt jedoch abschließend: *„Persönlich (...) neige ich dazu, die letzten beiden zu entlasten, aber was Nr. 1 angeht, habe ich immer einen starken Verdacht gehabt, und je länger ich darüber nachdenke, umso stärker wird dieser Verdacht. Die Wahrheit jedenfalls wird niemals bekannt werden, und hat, wenn meine Vermutungen richtig sind, tatsächlich einmal auf dem Grund der Themse gelegen."* Obgleich sich der Commissioner in einigen Punkten irrt (er macht Druitt zehn Jahre älter und hält ihn für einen Arzt), spiegeln seine Aufzeichnungen doch immerhin die Meinung zahlreicher ranghoher Scotland Yard-Beamter wieder.

Die schwarze Insel

Tatsache ist, dass Druitt zur Zeit der Ripper-Morde in London lebte, den kursierenden Täterbeschreibungen erstaunlich ähnlich sah und bei seinem Tod einen Abschiedsbrief hinterließ, in dem er der Befürchtung Ausdruck gab, langsam geisteskrank zu werden.

An der Straße nach Blandford liegt, nicht weit vom Friedhof entfernt, der imposante Familiensitz der Druitts – **Westfield House**. Hier wurde Montague John geboren; und, schließt man sich Macnaghtens Meinung an, auch Jack the Ripper.

Yealmpton, Devon ⚔ ?

Ca. 10 km südöstlich von Plymouth an der A 379 gelegen.

Die Gegend um die *Kitley Caves* ist bekannt für ihre prähistorischen Funde. Daher war es zunächst nichts ungewöhnliches, als man im Jahre 1962 das Skelett eines Mannes in einer Höhle nahe des Ortes entdeckte. Offenbar war er im Stehen gestorben, denn man hatte ihn mit über dem Kopf ausgebreiteten Armen an die Felswand gekettet. Den Knochen des Mannes hafteten noch einige Kleidungsfetzen an. Doch was die entsetzten Höhlenforscher dazu veranlasste, umgehend die Polizei zu benachrichtigen war die höchst beunruhigende Feststellung, dass das vermeintlich Jahrtausende alte Gerippe eine Armbanduhr trug. Wie forensische Untersuchungen schließlich ergaben, war der unbekannte Tote erst vor gut 15 – 20 Jahren gestorben. Obgleich ohne Zweifel feststand, dass der Mann Opfer eines Gewaltverbrechens geworden war, und es letztlich sogar gelang, ihm anhand seiner Armbanduhr einen Namen zu geben, blieben die Gründe für seine Ermordung ebenso im Dunkeln wie die Identität seines Mörders.

London & Umgebung

Statistisch gesehen ist London schon immer die Hauptstadt des britischen Verbrechens gewesen. Auch wenn das südenglische Seebad Brighton ihr diesen Rang in den letzten Jahren streitig zu machen versucht, kann die einstmals größte Stadt der Welt nach wie vor die Mehrzahl der klassischen Kriminalfälle für sich beanspruchen.

Noch vor den grausamen Morden Jack the Rippers in Whitechapel und Spitalfields, versetzte ein anderer Mann das Eastend der Stadt in Angst und Schrecken: John Williams. Der sogenannte Ratcliffe-Highway-Mörder löschte im Jahre 1811 östlich von Tower Hill das Leben zweier unschuldiger Familien aus und ist im Stadtteil Shadwell bis heute unvergessen.

Während des Ersten Weltkriegs sorgten die Taten George Joseph Smiths, des „Mörders der Bräute im Bad", weltweit für Schlagzeilen. Smith, ein pockennarbiger Bigamist, besaß trotz seines wenig erfreulichen Aussehens eine beinahe hypnotische Anziehungskraft auf Frauen. Vom Charme und großspurigen Auftreten des Heiratsschwindlers geblendet, gaben sie ihm bereitwillig alles, was sie besaßen – drei Damen gar ihr Leben.

Gut 45 Jahre darauf waren es die gnadenlosen Bandenkriege der Gebrüder Kray, die London in Atem hielten, und im November 1974 erschütterte der gewaltsame Tod eines Dienstmädchens die Grundfesten der englischen Aristokratie: „Lucky" Lord Lucan, der aufgrund von Spielschulden abgebrannte 7. Earl of Bingham, soll ihr Mörder gewesen und anschließend geflohen sein. Er ist seither verschwunden.

Im Nordlondoner Ortsteil Muswell Hill führte 1983 ein durch gegarte Leichenteile verstopftes Abflußrohr zur Entdeckung des Serienkillers Dennis Nilsen ...

Die Liste der Londoner Verbrechen ließe sich nach Belieben fortsetzen. Allein die Fülle der Taten zwingt jeden Autor dazu, eine Auswahl zu treffen. Wer mehr über die dunkle Seite der britischen Hauptstadt erfahren möchte, kann sich mit dem ebenfalls im EULEN VERLAG erschienenen Band *London von Scotland Yard bis Jack the Ripper* umfassender informieren.

DIE SCHWARZE INSEL

Barbican ✝ ?
U-Bahn Station Barbican.

Charterhouse Square: Bis zum Jahr 1852, als man in Fleet Street die erste öffentliche Toilette installierte, ließ London in puncto Hygiene merklich zu wünschen übrig. Um wenigstens die Prachtstraßen einigermaßen sauber zu halten, setzte man Anfang des 17. Jh. rund um *St. Paul's* sogenannte *Kotmänner* ein, deren Aufgabe es war, Passanten im Bedarfsfall mit einem geeigneten Behältnis kostenlos zu Hilfe zu eilen. Ein Kanalisationsnetz gab es nicht. Fäkalien wurden üblicherweise in den Wohnungen gesammelt und schließlich aus den Fenstern auf die Straßen gegossen. Und so verwundert es nicht, dass gegen Ende des Jahres 1664 die Pest in London Einzug hielt. Zwischen dem Auftreten der ersten Symptome bei einem Bürger in Drury Lane und dem Zeitpunkt, da knapp ein Fünftel der Londoner Bevölkerung dem *Schwarzen Tod* zum Opfer gefallen war, lagen nur wenige Monate. Rasch wurden vor den Mauern der Stadt unzählige Gruben ausgehoben, um die enorme Anzahl von Pestleichen aufzunehmen. Die Toten (und nicht selten sogar lediglich hoffnungslos Schwerkranke) wurden auf Holzkarren geladen und in die Gruben geworfen. Auch Charterhouse Square datiert aus dieser Zeit. Heute ist der kleine Platz die einzige noch nicht bebaute Seuchengrube Londons. Nachts sollte man ihn allerdings meiden; es sei denn, man ist scharf darauf, unbedingt dem Scharren zerborstener Fingernägel unter der Grasnarbe zu lauschen ...

Barnes Common ✝ ?
Bahnhof Barnes

☞ **Rocks Lane**: Eine äußerst unheimliche Gestalt der britischen Kriminalgeschichte ist sicherlich *Spring Heeled Jack*, der hier 1837 zum allerersten Mal auftauchte. Ein Geschäftsmann machte an einem späten Septemberabend als erster seine Bekanntschaft. Als er eben den **alten Friedhof** passierte, hörte er ein Geräusch und sah plötzlich eine dunkle Gestalt mit einem Satz über den hohen Eisenzaun springen. Und unvermittelt stand der Geschäftsmann einer menschenähnlichen Kreatur mit langer gebogener Nase, funkelnden roten Augen und spitzen Ohren gegenüber, die einen wehenden Umhang trug und hysterisch lachte. Sie verschwand mit einem weiteren Sprung in den Wiesen. In der folgenden Nacht erschreckte Spring Heeled Jack auf die gleiche Weise

LONDON & UMGEBUNG

drei junge Damen. Diesmal wurde er jedoch auch handgreiflich. Er sprang eine der Ladys an, riss ihr in wilder Raserei die Kleider vom Leib, um dann im nächsten Moment sanft die Brüste des Mädchens zu drücken. Die junge Frau, deren Freundinnen davongelaufen waren, wurde später bewusstlos im Gras gefunden. Von der Polizei befragt, sagte sie aus, der unheimliche Angreifer habe glühende Augen und kräftige Klauen besessen und sie mit seinem phosphoreszierenden Atem betäubt. Sie war davon überzeugt, dem leibhaftigen Teufel begegnet zu sein.

Im Laufe der folgenden Monate berichteten zahllose Frauen, vom "Springenden Jack" attackiert und sexuell belästigt worden zu sein. In Clapham, wenige Meilen weiter östlich, griff er in Cutthroat Lane ein Mädchen namens Mary Stevens an, dem er *„kichernd und schreiend mit den Händen unter die Röcke fuhr"*, ehe er auch sie betäubte und sich davon machte. Die einzigen Spuren, die Jack jemals hinterließ, waren zwei tief ins Erdreich eingegrabene Fußabdrücke auf dem **Kirchhof von Clapham**, an der North Side. Doch niemand dachte daran, Gipsabdrücke zu nehmen, und der Regen wusch sie fort. Jeder Versuch, Jack dingfest zu machen, scheiterte. Kamen Polizisten überhaupt in seine Nähe, sprang er in meterhohen Sätzen einfach kreischend über sie hinweg. Nach einigen Gastauftritten im Ostlondoner Stadtteil Limehouse, wo er sich einen Spaß daraus machte, ständig zwischen Fußweg und Dachgiebeln hin und her zu springen, tauchte er für immer unter. Bis heute weiß niemand, was Jack zu Sprüngen von bis zu 20 Metern Höhe befähigt haben mag. Einfache Geister vermuten allerdings extrem starke Sprungfedern.

Belgravia 🍸 ♀ ❓

U-Bahn Station Hyde Park Corner

☞ **Nr. 46 Lower Belgrave Street:** *Richard John Bingham*, der spielsüchtige 7. Earl of Lucan, verschwand am frühen Morgen des 8. November 1974 spurlos. Am Abend zuvor hatte sich im Haus seiner von ihm getrennt lebenden Frau ein brutaler Mord ereignet: Lady Lucan, die gemeinsam mit ihren zwei Kindern und dem 29-jährigen Kindermädchen Sandra Rivett in diesem Haus im Londoner Nobelviertel Belgravia lebte, stürzte mit schweren Kopfverletzungen und in panischer Angst um Hilfe rufend in das nahegelegene Pub ***The Plumbers Arms*** und berichtete in unzusammenhängenden Sätzen von einem Mann, der plötzlich in ihr Haus in der Lower Bel-

Earl of Lucan

Die schwarze Insel

grave Street eingedrungen sei und das Kindermädchen getötet habe. Der Pubbesitzer rief einen Krankenwagen und verständigte die Polizei. Chief Superintendent Roy Ranson übernahm die Ermittlungen. Auf seine Frage, ob Lady Lucan den Angreifer vielleicht erkannt habe, nickte die schwer verletzte Frau – ihr Mann sei es gewesen, der sowohl Sandra ermordet als auch sie mit einem schweren Gegenstand attackiert habe. Zur selben Zeit meldete sich Lord Lucan bei seiner Mutter und bat sie, sofort in das Haus der Schwiegertochter zu gehen, und die Kinder in Sicherheit zu bringen. Er selbst sei, als er zufällig am Haus vorüberspazierte, Zeuge eines schrecklichen Anschlages geworden. Ein unheimlicher Einbrecher habe seine Frau angegriffen und er selbst sei augenblicklich und heldenhaft dazwischen gegangen. Nun sei, so fuhr er niedergeschlagen fort, seine Frau jedoch der Meinung, er habe das Kindermädchen getötet ... Ein entsetzlicher Irrtum.

Lucan floh zu einem befreundeten Ehepaar nach Sussex, welchem er dieselbe tränenrührige Geschichte erzählte. Gegen ein Uhr nachts verabschiedete er sich. Sein verlassener Fluchtwagen wurde wenige Stunden später in der **Norman Road** im südenglischen Fährhafen Newhaven gefunden. Seither fehlt von Lord Lucan jede Spur. Beging er Selbstmord? Verließ er das Land? War er tatsächlich so unschuldig, wie er behauptete? Fragen, auf die es bis heute nur wenig befriedigende Antworten gibt. Der mittlerweile pensionierte Roy Ranson ist allerdings davon überzeugt, dass Lucan noch lebt. Irgendwo in Afrika will er Spuren gefunden haben ...

City ✝

U-Bahn Station Mansion House

☞ **St. James Garlick Hythe:** In dieser von Sir Christopher Wren am Garlick Hill erbauten Kirche wurde bei Aufräumarbeiten im Jahre 1855 der mumifizierte Leichnam eines unbekannten Mannes im Grabgewölbe des Vikariats gefunden. Der Tote war nach der Mode der 1760er gekleidet und schien der arbeitenden Schicht angehört zu haben. Der „alte Knabe", den man umgehend *Jimmy Garlick* taufte, hatte sich in der Tat so gut gehalten, dass entschieden wurde, ihn in einem Glasschrein innerhalb der Kirche auszustellen. Dort blieb er beinahe einhundert Jahre lang – sehr zur Freude ganzer Generationen von Chorknaben, die ihn immer wieder herausnahmen, um arglose Gottesdienstbesucher zu erschrecken. Während deutscher Luftangriffe im Zweiten Weltkrieg wurde sein gläserner Sarg zerstört.

Um „Jimmy" vor weiteren Schäden zu bewahren, verlegte man ihn in einen bombensicheren Raum, bis er 1950 schließlich in den Turm der Kirche umzog. Dort befindet er sich noch heute; allerdings sind in den letzten Jahren Stimmen laut geworden, die mit Nachdruck verlangen, ihn erneut für Besucher zugänglich zu machen. Historiker sind mittlerweile zu der Überzeugung gelangt, dass Jimmys wirklicher Name *Seagrave Chamberlain* gelautet habe und er am 17. Dezember 1765 im Alter von nur 16 Jahren an Fieber gestorben sei. In der Kirche erinnert ein Gedenkstein an sein verfrühtes Ableben.

Croydon ♀ ⚲ ❓

Bahnhof South Croydon

☞ **Nr. 29 Birdhurst Rise:** Im Jahre 1929 sorgte ein Mordfall für Aufsehen, der in ganz England als *Das Rätsel vom Birdhust Rise* bekannt wurde. Trotz zweier Hauptverdächtiger, musste der Fall ungeklärt zu den Akten gelegt werden. Die wenigen Fakten sind folgende: Als Edmund Creighton Duff – Oberhaupt einer angesehenen Croydoner Familie – wenige Tage nach seiner Rückkehr von einem Angeltrip im April 1928 unter entsetzlichen Qualen starb, weigerten sich seine Hausärzte Binning und Elwell einen Totenschein auszustellen. Da Edmunds Krankheitsverlauf alle Anzeichen einer akuten Arsenvergiftung gezeigt hatte, entnahmen sie dem Toten einige Organe und ließen sie von einem namhaften Pathologen untersuchen. Dieser versicherte ihnen, Mr. Duff sei nicht durch Gift, sondern vermutlich infolge eines verschleppten Herzinfarktes gestorben. Die Hausärzte zogen sich daraufhin mit einem verlegenen Räuspern in ihre Praxis zurück und der Verstorbene unverzüglich in seine friedliche Grabstätte auf dem Queen's Road Friedhof ein. Edmund Duff hinterließ zwei Kinder und seine trauernde Witwe Grace.

Fast auf den Tag genau ein Jahr später, stattete der Tod dem Haushalt der Duffs in **Nr. 16 South Park Hill Road** einen weiteren Besuch ab: Nach dem Genuss einer kräftigen Nachtsuppe erkrankten dort sowohl *Grace Duffs* Mutter Violet und Schwester Vera, als auch die Hauskatze Bingo, der man großzügig die Reste offeriert hatte. Während sich die Katze allerdings bei Mäusejagden an der frischen Luft schnell wieder erholte, verschieden Vera und Violet innerhalb kürzester Zeit. Die Ärzte Binning und Elwell erinnerten sich vielleicht noch zu gut an ihre peinliche Fehldiagnose vom Vorjahr, um sich erneut an ihren Freund, den Pathologen, zu wenden. Trotz ähnlicher Symptome und verdächtiger Krankenbesuche durch Mrs. Grace Duff entschieden sie in beiden Fällen auf Tod durch Magenverstimmung und suchten schleunigst das Weite. Der zuständige Coroner jedoch sah sich gezwungen Scotland Yard einzuschalten. Man schickte Inspector Frederick Hedges nach Croydon, der alle drei Leichen exhumieren und erneut untersuchen ließ. Das Ergebnis dieser Untersuchung war eindeutig. In allen drei Fällen war der Tod durch eine Überdosis Arsen herbeigeführt worden. Für Inspector Hedges kamen von Anfang an nur zwei Personen als Täter in Frage: Mrs. Grace Duff und ihr Bruder *Tom Sidney*. Beide hätten sie Gelegenheit gehabt, die Morde zu verüben; beiden hätte eine Dose Insektenvertilgungsmittel, das große Mengen Arsen enthielt, zur Verfügung gestanden. Doch bei beiden fehlte das Motiv. Weder Grace noch Tom konnte je etwas nachgewiesen werden. Der Coroner fällte das wenig befriedigende Urteil: *„vorsätzlicher Mord, verübt durch eine oder*

DIE SCHWARZE INSEL

mehrere unbekannte Personen", und Inspector Hedges war gezwungen, seine Ermittlungen erfolglos einzustellen.
Tom Sidney wanderte gleich nach Beendigung der Anhörungen in die USA aus und brach jeglichen Kontakt zur Familie ab. Grace blieb in England. 30 Jahre später schrieb der junge Autor Richard Whittington-Egan ein Buch über die Affäre Duff, mit dem Titel *The Riddle of Birdhurst Rise*. Zu jener Zeit waren die meisten der am Fall unmittelbar beteiligten Personen noch am Leben. Mrs. Duffs Bruder erklärte ihm gegenüber: *„Ich denke, Grace vergiftete Duff, weil sie ihn hasste. (...) Vera und Mutter tötete sie des Geldes wegen."* Während seiner Recherchen gelang es ihm, auch Grace Duff ausfindig zu machen (sie lebte unter falschem Namen in einem kleinen Haus an der Südküste) und sich mit ihr zu unterhalten. Die weißhaarige alte Dame

Grace Duff

war wenig erfreut über seine Fragen. Sie schrie ihn an: *„Ich werde Ihnen nichts sagen – GAR NICHTS!"* Whittington-Egan erklärte: *„Ich weiß, wer die Morde beging."* Worauf sie entgegnete: *„Viele Leute glauben das zu wissen."* Er ließ sich nicht beirren: *„Sie und ich wissen, dass Sie es getan haben. Aber keine Sorge; ich werde nichts veröffentlichen, bis..."* *„Bis ich tot bin"*, unterbrach sie ihn, und fügte hinzu: *„Seien Sie bloß nicht zu sicher, dass Sie nicht vor mir sterben."* Grace Duff erlag am 24. Juni 1973 im gesegneten Alter von 86 Jahren einem Herzleiden. Zwei Jahre darauf erschien Wittington-Egans Buch bei Harrap & Company.

Deptford ✝ ♀ ☠ ?

U-Bahn Station New Cross Gate

Nr. 34 High Street: ♀ ☠ Der am 27. März 1905 in diesem Haus verübte Doppelmord wäre heutzutage vermutlich längst vergessen, hätte er nicht den Beginn einer neuen Ära in Englands Kriminalgeschichte eingeläutet.
Thomas und Elizabeth Farrow, ein älteres Ehepaar, welches ein kleines Farbengeschäft führte, war einem gewöhnlichen Raubmord zum Opfer gefallen. Doch zum ersten Mal in der britischen Kriminalgeschichte gelang es, die Täter aufgrund einer damals noch in den Kinderschuhen steckenden Identifizierungstechnik dingfest zu machen – der *Daktyloskopie*, der Lehre von der Einzigartigkeit der Fingerabdrücke. Offiziell war das neue Verfahren bereits 1901 unter Scotland Yard-Commissioner Sir Edward Henry eingeführt, von den Gerichten aber stets als nicht beweiskräftig abgelehnt worden.

LONDON & UMGEBUNG

Die Ermittler fanden zwei Gesichtsmasken aus schwarzer Seide und eine leere Geldkassette am Tatort, die den blutigen Abdruck eines rechten Daumens aufwies. Chief Inspector Fox, der leitende Beamte, nahm all seinen Constables, die die Kasse immerhin versehentlich berührt haben konnten, und auch den beiden Opfern Fingerabdrücke ab. Keiner stimmte mit dem gefundenen überein. Davon überzeugt, bei den Tätern müsse es sich um Ortsansässige handeln, nahm Fox ihm bekannte zwielichtige Charaktere unter die Lupe. Dabei stieß er auf *Alfred* und *Albert Stratton*. Das Brüderpaar wurde auf die Polizeiwache Tower Bridge gebracht, wo Inspector Collins, der Leiter der Daktyloskopie-Abteilung, ihre Daumen untersuchte. Es war Alfreds Abdruck, der zu dem sichergestellten passte.

Das Verfahren gegen die Brüder Stratton begann im Mai desselben Jahres im Old Bailey. Collins erklärte dem Hohen Gericht, wie das neue System arbeitete und nahm allen Geschworenen Fingerabdrücke ab, um sie im Laufe der Verhandlung richtig zuzuordnen. Die Jury war nach dieser Demonstration von der Glaubwürdigkeit der neuen Methode vollends überzeugt und entschied – gegen den ausdrücklichen Willen des vorsitzenden Richters, der glaubte, lediglich einen kuriosen Zaubertrick gesehen zu haben – im Sinne der Anklage. Alfred und Albert Stratton wurden des Mordes für schuldig befunden und wenige Wochen später gemeinsam gehängt.

☞ **St. Nicholas' Churchyard, Deptford Green:** ✝ **?**
William Shakespeare gilt als Englands größtes Literaturgenie. Doch ohne den gewaltsamen Tod eines vielleicht weit genialeren Kopfes hätte er es nie zu solchem Ruhm gebracht. Denn Christopher Marlowe, 1564 als Sohn eines Schuhmachers in Canterbury geboren, war bereits ein gefeierter Bühnendichter, als Shakespeare auf der Bildfläche erschien. Und man darf bezweifeln, ob William ohne das verfrühte Ableben Marlowes je aus dessen Schatten getreten wäre.

Um Marlowes Tod ranken sich zahllose Legenden. Eine davon besagt, der Dichter sei als Ketzer beim Königshaus in Ungnade gefallen und vorsätzlich ermordet worden. Sicher ist lediglich folgendes: Den 30. Mai 1593 hatte der 29-jährige in Begleitung seiner Freunde *Ingram Frizer*, Nicholas Skeres und Robert Poley in *Eleanor Bulls'* Taverne am Deptford Strand verbracht; essend, rauchend und bei einem Spiel Backgammon trinkend. Kurz nach dem Abendessen brach um 18.00 Uhr ein Streit zwischen ihnen aus, in dessen Verlauf Marlowe, der auf dem Bett gelegen hatte, Frizers Dolch ergriff und Ingram damit verletzte. Frizer gelang es, dem Dichter die Waffe zu entreißen, und stieß sie ihm während des anschließenden Handgemenges knapp über dem rechten Auge in die Stirn. Kit Marlowe war auf der Stelle tot.

Obgleich wegen Mordes vor Gericht gestellt und verurteilt, wurde Frizer später von Königin Elizabeth begnadigt und auf freien Fuß gesetzt. Steinerne Totenschädel bewachen den Eingang zum Friedhof, wo sie Christopher Marlowe noch in derselben Nacht in einem unmarkierten Grab in der nordöstlichen Ecke des Kirchgar-

DIE SCHWARZE INSEL

tens bestatteten. Eine moderne Gedenkplakette ist alles, was hier an den großen Dramatiker erinnert. War sein Tod geplant? Wenn ja, wer hatte ihn in Auftrag gegeben? Eine eisige Königin mit rotem Haar? Ein aufstrebender Dichter aus Stratford-on-Avon? Niemand wird diese Fragen jemals beantworten können; die vergangenen Jahrhunderte haben einen Mantel des Schweigens und des Vergessens über jenen schicksalhaften Maitag gebreitet.

Enfield ♈ ✝ ⚲ 👜 ?

U-Bahn Station Cockfosters

☞ **Clay Hill:** ♈ ⚲ 👜 Englands bekanntester, beinahe als Volksheld verehrter Straßenräuber und Pferdedieb war *Dick Turpin* (1705-1739). Als Sohn eines armen Metzgers erkannte Turpin bald, dass sich mit ehrlicher Hände Arbeit wenig oder gar kein Geld verdienen ließ, und so suchte er sein Glück im Verbrechen. Dies brachte ihm zwar einen gewissen Reichtum ein, aber da er sich ständig auf der Flucht befand, hatte er kaum Gelegenheit, das Geld auszugeben. Und so verbrachte er seine „Feierabende" zumeist in abgelegenen Pubs, wo niemand allzu private Fragen stellte, wenn er Saalrunden ausgab. Hielt er sich vorübergehend in London auf, so besuchte er meist den *Red Lion* in Leman Street (ehemals Lemon Street). Dort wurde er am 2. Mai 1737 beinahe geschnappt, als ein aufmerksamer Gast in einem der im Stall abgestellten Pferde den gestohlenen Gaul eines Freundes erkannte und die Behörden verständigte. Die königlichen Beamten legten sich im Stall auf die Lauer. Turpin, der damals in einer Höhle im Epping Forest lebte, entging der Festnahme nur knapp. Sein Glück war, dass er seinen Kumpan Matthew King darum bat, das Pferd für ihn zu satteln. Als dieser den Gaul bereit machte, wurde er von den Constables erschossen. Turpin floh unerkannt.
Der *Red Lion* wurde später abgerissen und 1903 durch einen Neubau ersetzt. Der neue *Old Red Lion Pub* wechselte mehrere Male den Besitzer und wurde Ende der 1990er geschlossen. Viele Jahre lang stellte man dort den Originalschlüssel zu den alten Ställen in einem Schaukasten aus. Das **Rose & Crown Pub** in Enfield dagegen war Turpins sicherstes Versteck. Es wurde von seinem Großvater Mr. Mott geführt und diente dem Straßenräuber und seinem nicht minder berühmten Pferd „Black Bess" häufig als Zufluchtsort. (➜ York, Nordengland)

☞ **Hadley Road:** ✝ ? Camlet Moat ist ein alter Brunnen abseits der Straße. Er ist mit dichtem Gestrüpp bewachsen und schwer zu finden. Doch lohnt es sich nach ihm zu suchen, denn er enthält einen bis heute ungehobenen Schatz. Vor vielen hundert Jahren sah sich der Landeigner *Lord De Mandeville* dem Verdacht ausgesetzt, ein Verräter des Königshauses zu sein und floh. Seine wertvollsten Besitztümer versenkte er in diesem Brunnen, ehe er sich ein sicheres Versteck in den belaubten Wipfeln der umstehenden Bäume zimmerte. Eines Tages aber rutschte er in einem unvorsichtigen Moment auf dem schlüpfrigen Boden seines Baumhauses aus und stürzte in den Tod. Seither ist jeder Versuch, seinen Schatz zu bergen, gescheitert. Man sagt, De Mandevilles ruheloser Geist, zerschneide jedesmal das herabgelassene Seil. Sollten Sie sich also mit dem Gedanken tragen, die Goldmünzen und die mit Juwelen besetzten Kleinodien heben zu wollen, würde ich vorschlagen, Sie benutzen wenigstens eine Eisenkette.

Highgate ♀ 🝆

U-Bahn Station Archway

☞ **Nr. 14 Waterlow Road:** (ehemals Bismarck Road) Der angebliche Antiquitätenhändler Mr. John Lloyd, der in Wahrheit *George Joseph Smith* hieß und aus Prinzip überhaupt keiner Arbeit nachging, kam mit seiner Frau Peggy, geb. Lofty, am 17. Dezember 1914 in London an – wenige Stunden, nachdem das Paar in Bath geheiratet hatte. Nachdem Miss Blatch, die Vermieterin der möblierten Dachgeschosswohnung, dem scheinbar liebevollen Gatten versichert hatte, dass die Räume auch bestimmt mit einer Wanne für Mrs. Lloyds tägliches Erholungsbad ausgestattet seien, zog das Paar zufrieden in Nr. 14 ein. Noch am selben Abend begaben sich die Lloyds zur Praxis des Arztes Dr. Bates in **Nr. 30 Archway Road**. Die arme Peggy leide an epileptischen Anfällen, von denen sie selbst nicht einmal etwas bemerke, erklärte ihm Lloyd. Es sei ein so grauenhaftes Schicksal für eine ansonsten doch vollkommen gesunde Frau. Dr. Bates verordnete ein paar Pillen, Ruhe und gelegentlich ein heißes Bad. Am nächsten Morgen suchten John und Peggy Arm in Arm einen Anwalt in **Nr. 34 High Street, Islington** auf, um sich gegenseitig als Alleinerben einsetzen zu lassen, falls einer von ihnen – Gott behüte natürlich – unerwartet verstürbe, und hoben Peggys sämtliche Ersparnisse ab. Zurück in der Wohnung, ließ John seiner Frau ein Bad ein – ihr letztes, wie sich herausstellte. Gegen 20.15 Uhr vernahm Miss Blatch seltsame Geräusche – einen Schrei und das Platschen von Wasser – sie schienen aus der Dachwohnung zu kommen. Da sie kurz darauf jedoch den fröhlichen Klang des Harmoniums hörte, und Mr. Lloyd eine halbe Stunde später gutgelaunt aus dem Haus ging, dachte sie nicht weiter darüber nach. Lloyd kehrte nach einer Stunde zurück, ging die Treppe hinauf und rief dann in Tränen aufgelöst zu Miss Blatch hinunter, sie solle herauf kommen, es hätte sich ein tragischer Unfall ereignet, seine Gattin sei ertrunken. Dr. Bates wurde verständigt, stellte den „Tod durch Ertrinken während eines epileptischen Anfalls" fest, richtete einige tröstende Worte an den jungen Witwer und schrieb den Totenschein aus. Auf diese Weise hatte das dritte Opfer des sogenannten „Mörders der Bräute im Bad" den Tod gefunden. Nachdem er sein erstes Opfer Bessie Mundy 1912 in Herne Bay ertränkt und all ihre Ersparnisse an sich genommen hatte (→ Herne Bay, Südostengland), begab er sich unverzüglich auf die Suche nach einer neuen Einnahmequelle.

Er fand sie 1913 in Southsea: Alice Burnham, 25 Jahre alt, attraktiv und wohlhabend. Das Paar heiratete am 4. November. Als

Die schwarze Insel

Smith seiner neuen Braut vorschlug, die Flitterwochen im Badeort Blackpool zu verbringen, da hatte er ihr Leben bereits mit 500 Pfund Sterling (ca. 70000 Euro) versichern und sich als Universalerben in ihr Testament eintragen lassen. Zwei Tage nach ihrer Ankunft dort verschied Alice völlig unerwartet am 12. Dezember in **Nr. 16 Regent Road** – ertrunken in dem einzigen Haus der Straße, das über eine Badewanne verfügte. In einem kurzen Brief an Alices Mutter gab Smith seinem tief empfundenen Schmerz Ausdruck und sprach gramgebeugt bei der Versicherungsgesellschaft vor, um sich das Geld auszahlen zu lassen. Anschließend verschwand er unbehelligt. Doch im Fall Lofty kam er nicht so glimpflich davon. Zufälligerweise lasen Alice Burnhams Angehörige einen Bericht über den merkwürdigen Todesfall in Highgate. Sie erkannten den angeblichen Mr. Lloyd auf einem Zeitungsfoto als jenen Mann wieder, der unter dem Namen George Smith damals ihre Tochter Alice geheiratet und bald danach beerbt hatte. Die Burnhams wandten sich an die Polizei, mit der Bitte, der Sache auf den Grund zu gehen.

George J. Smith

Auch wenn man bei Scotland Yard wenig Hoffnung hatte, Smith die Morde nachweisen zu können – es gab keine Tatzeugen – wurde Inspector Neil auf den Fall angesetzt. Er zog Bernard Henry Spilsbury zu Rate, einen noch recht jungen Pathologen, der vier Jahre zuvor durch den Crippen-Fall zu Ruhm und Ehren gelangt war und mittlerweile als einer der besten Gerichtsmediziner der Welt galt. Spilsbury ließ die Leichen exhumieren und untersuchte sie. Alle drei waren ertrunken, daran bestand kein Zweifel. Keine von ihnen zeigte Spuren von Gewaltanwendung. Stutzig wurde er allerdings, als Neil ihm die Badewanne zeigte, in welcher Miss Mundy angeblich einen epileptischen Anfall erlitten hatte: die Wanne war einfach zu klein, das Fußende zu steil und das Kopfende zu flach, um darin einen Unfalltod zu sterben. Bessie

LONDON & UMGEBUNG

Mundys Kopf hatte sich unter Wasser befunden, als man sie entdeckte, ihre Beine über den Wannenrand hinausgeragt. Bei einem solchen Anfall streckte sich der Körper zunächst, um sich dann, im zweiten Stadium, abwechselnd zu krümmen und wieder zu entspannen. Dabei wäre der Kopf, so Spilsbury, anstatt unterzugehen, sogar über die Wasseroberfläche gedrückt worden. Und unter gar keinen Umständen wären die Beine auf den Rand der Wanne geraten. Dies ließ nur eine Erklärung zu: Smith musste am Fußende gestanden und die Beine der Frau ruckartig an sich gezogen haben, wobei Kopf und Oberkörper in die Wanne hinabglitten. Das plötzlich in Mund und Nase eindringende Badewasser musste einen Schockzustand bewirkt und rasch zum Herzstillstand geführt haben. Lediglich eine Theorie, wie Spilsbury zugab. Aber immerhin eine, die Inspector Neil überzeugte. Da keinerlei wissenschaftliche Belege zu ihrer Bestätigung existierten, wagte Neil ein gefährliches Experiment: Er engagierte eine ausgebildete Schwimmerin und stellte in Anwesenheit eines Arztes den von Spilsbury beschriebenen Tathergang nach. Zu seinem Schrecken musste der Inspector feststellen, dass die Schwimmerin sofort die Besinnung verlor, als ihr Kopf unter die Wasseroberfläche glitt. Der anwesende Arzt diagnostizierte einen Herzstillstand und benötigte über eine halbe Stunde, um die mutige Frau zu reanimieren – dies genügte für eine Anklage wegen Mordes.

Smith wurde ausfindig gemacht und im *Central Criminal Court* vor Gericht gestellt. Zum Tode verurteilt, hatte der Womanizer am frühen Morgen des 13. August 1915 im Maidstone Gefängnis sein letztes Rendevouz: Er traf die Herren Thomas Pierrepoint und John Ellis. Man darf annehmen, dass er für seine Henker ebensoviel Zuneigung empfand wie für seine Opfer.

Übrigens sind zwei der drei Badewannen erhalten geblieben. Jene, in der Peggy Lofty starb, befindet sich im Besitz von *Madame Tussaud's*; die andere wird in Scotland Yards *Schwarzem Museum* aufbewahrt.

Hoxton ✝
U-Bahn Station Old Street

☞ **Poole Street:** *„Selbst das hässlichste Gewerbe birgt seine vergnüglichen Momente"*, lautet ein auf die Profession des Scharfrichters anspielender Ausspruch des englischen Satirikers Douglas Jerrold (1803–1857), eines Zeitgenossen des Henkers *William Calcraft*, der bis zu seinem Tod ein Haus in dieser Straße bewohnte. Wie spaßig, dürfte folgende Anekdote erklären: Ein junger Mann, der Calcrafts Tochter den Hof

William Calcraft

DIE SCHWARZE INSEL

machte, ohne ihren berüchtigten Nachnamen zu kennen (den hatte sie ihm wohlweislich verschwiegen), war von dem Mädchen zum Abendessen eingeladen worden, wo er die Familie kennen lernen und bei ihrem Vater um ihre Hand anhalten sollte. Der Schwiegersohn in spe war pünktlich, setzte sich gut gelaunt zu Mutter und Tochter an den festlich gedeckten Tisch, um gemeinsam der Ankunft des Vaters zu harren. Als dieser aber im Türrahmen erschien, und der junge Gentleman in ihm den Henker von London wiedererkannte, sprang er mit purem Entsetzen im Blick wie von Sinnen über den Tisch – wobei sich die Speisen auf den Boden ergossen – und verschwand auf Nimmerwiedersehen. Man darf annehmen, dass das Mädchen letztlich unverheiratet blieb.

William J. Calcraft wurde im Jahre 1800 (oder 1801) in Baddow, Sussex geboren. Noch als Kind erlernte er das Schuhmacherhandwerk, hatte aber kein Glück in seinem Beruf. Auf der Suche nach Arbeit kam er nach London, wo er sich mit Hilfsarbeiten durchschlug. Dort lernte er den damaligen Henker James Foxen kennen, ließ sich von ihm als Assistent anstellen und nahm nach dessen Pensionierung und raschen Ableben im Jahre 1829 die Stelle des Chef-Henkers ein. Einen Posten, den Calcraft bis 1874 bekleidete. Der neue Scharfrichter galt als äußerst effizient, obgleich er (vielleicht zur Freude des schaulustigen Pöbels) nichts lieber tat, als einen Delinquenten langsam zu strangulieren und in fortgeschrittenem Alter dem Alkohol verfiel. Der öffentlichen Hinrichtungen müde geworden zog er sich schließlich in sein Haus in der Poole Street zurück, wo er am 13. Dezember 1879 friedlich im Schlaf verschied. Man setzte William Calcraft in aller Stille auf dem **Abney Park Friedhof** von Hoxton bei.

Kensal Rise ♥ ?

U-Bahn Station Kensal Green

Wrentham Avenue: (ehemals Ladysmith Avenue) *George Crossman*, der zu Anfang des 20. Jh. ein Haus in dieser Straße bewohnte, war offenbar ein sehr nervöser Mann. Denn als sich der Vermieter Mr. Dell bald nach Crossmans Einzug über den fürchterlichen Gestank beschwerte, welcher der neu renovierten Kellerwohnung entströmte, zuckte Crossman sichtlich zusammen. Er schwitzte, und stammelte etwas von einer großen Lebensmittelkiste, deren Inhalt wohl schlecht geworden sei, versprach jedoch, sie entfernen zu lassen. Tags darauf trafen zwei Möbelpacker ein. Doch ehe er ihnen Zutritt zur Wohnung gewährte, verteilte Crossman bereits brennende Zigarren an Mr. Dell und die Männer, um den strengen Geruch zu überdecken. Die fragliche Kiste – eine eiserne Truhe mit Vorhängeschlössern – stand in der kleinen Vorratskammer. Daran, dass sie Lebensmittel enthielt, glaubte niemand so recht – dazu war sie zu schwer. Allerdings wusste auch niemand, dass sie in Wahrheit die einzementierte Leiche von Crossmans fünfter Gattin enthielt; einer Frau, die zu Lebzeiten kein größeres Vergnügen gekannt hatte, als ihn zu terrorisieren und sein hart verdientes Geld freigiebig zu verschwenden. Die vier Männer schleppten sie die

LONDON & UMGEBUNG

ausgetretenen Stufen hinauf. Nur unter größter Kraftanstrengung gelang es ihnen die Truhe überhaupt ins Freie zu schaffen. Der Lieferwagen stand nicht weit entfernt vom Haus am Rinnstein. Crossman hatte den Männern aufgetragen, die Truhe an ein Postfach in London zu liefern, von wo aus er sie später unter falschem Namen weiterversenden würde. Vermutlich wäre sein Plan aufgegangen, hätte ihm seine Nervosität nicht im letzten Moment einen Strich durch die Rechnung gemacht. Man war eben dabei, die Kiste auf die Ladefläche des Lieferwagens zu hieven, als ein Constable der Metropolitan-Police auf seiner Streife um die Straßenecke bog und mit gemessenen Schritten auf die Männer zu marschierte. Crossman wurde bei seinem Anblick totenblass, zog wortlos ein Rasiermesser aus der Tasche und schnitt sich damit unter den Augen der schockierten Herren die Kehle durch. Ein Vorgang, der sich angeblich alljährlich als geisterhafte Erscheinung wiederholen soll. Leider kennt niemand das genaue Datum.

Muswell Hill ♈ ♀ ⚚
U-Bahn Station Highgate

☞ **Nr. 23 Cranley Gardens:** Morde werden in der Hauptsache des Geldes wegen verübt, oder einfach, um sich eines unliebsamen Menschen zu entledigen.
Der 37 Jahre alte Serienkiller *Dennis Nilsen*, der von 1981 bis 1983 das Dachgeschoss dieses Hauses bewohnte, tötete aus einem vollkommen anderen Grund: vermutlich war er es leid, allmorgendlich allein aufzuwachen. Wonach er sich sehnte, war Gesellschaft, und sei es auch nur die eines Toten. Seine Taten kamen ans Licht, als er sich selbst beim Hauswirt über ein verstopftes Abflussrohr beschwerte, und der herbeigerufene Klemptner Mike Cattran große Mengen blutigen Fleisches aus einem Kanalschacht zog. Einigen Stücken hingen noch Haare an. Cattran erkundigte sich bei den Mietern, ob vielleicht jemand verdorbene Kottelets oder Schweineschnitzel in der Toilette heruntergespült hatte, doch war niemand bereit, ein solches Vergehen zuzugeben. Da es bereits dunkel wurde, beschloss Cattran, die Arbeit am nächsten Tag fortzusetzen. Er wollte seinen Chef mitbringen und ihn um Rat fragen. Die geborgenen Fleischbrocken warf Cattran in einen Eimer, den er neben dem Kanalschacht stehen ließ. Als er am folgenden Morgen in Begleitung seines Vorarbeiters Gary Wheeler in Nr. 23 eintraf, war der Eimer leer und die ominösen Fleischstücke verschwunden. Um sich nicht nachsagen zu lassen, er habe die Sache geträumt, stieg Cattran erneut in den Schacht hinab und förderte weitere Fleischreste und vier schmale Knochen zu Tage. Sein Vorgesetzter betrachtete mit Entsetzen die bläulichweißen Fingernägel daran und rief die Polizei.
Detective Inspector Peter Jay traf gegen 11.00 Uhr am Fundort ein und nahm die Ermittlungen auf. Verschiedene Proben ließ er in Plastikbeutel verpacken und zum Charring Cross Hospital bringen, wo sie David Bowen, Professor für forensische Medizin am University College, untersuchte. Gegen 15.30 Uhr lag das Ergebnis

DIE SCHWARZE INSEL

vor: Bei den Fleisch- und Knochenstücken handelte es sich um ge-
kochte menschliche Halsfragmente und Finger, die Bowen eindeutig als männlich identifizierte. Bis auf Nilsen waren sämtliche Bewohner zuhause und konnten rasch als Täter ausgeschlossen werden. Als Nilsen um 17.40 Uhr von der Arbeit heimkam, stellte sich
ihm Jay als Scotland Yard Beamter vor, und erklärte, er wolle ihn
wegen des verstopften Abflusses sprechen. Nilsen heuchelte Überraschung, woraufhin der Inspector sagte: *„Das sind menschliche
Überreste.“* Nilsen: *„Mein Gott! Wie schrecklich!“* Jay bat darum,
die Dachwohnung sehen zu dürfen und meinte ohne Umschweife:
*„Machen Sie kein Theater davon; wo sind die restlichen Leichen-
teile?“* Zur Überraschung des Beamten erwiderte Nilsen mit ruhi-
ger Stimme: *„In zwei Plastiksäcken im Schrank nebenan.“* Und
dann: *„Es ist eine lange Geschichte. (...) Ich werde Ihnen alles darüber erzählen.“* Während man ihn im Polizeiwagen auf die Wache
brachte, fragte einer der Beamten: *„Reden wir hier über eine oder
zwei Leichen?“* *„15 oder 16, seit 1978“*, entgenete er.
In der Haft legte Dennis Nilsen ein umfassendes Geständnis ab. Er
schien beinahe froh zu sein, sein Gewissen erleichtern zu können.
Drei Männer hatte er in den Cranley Gardens und 13 weitere in
seiner vorherigen Wohnung im Haus **Nr. 195 Melrose Avenue**
im Stadtteil Cricklewood getötet. Die Morde waren stets nach dem
gleichen Muster abgelaufen: Der homosexuelle Nilsen lernte junge
Männer in Pubs wie dem ***Golden Lion*** in Dean Street, Soho, kennen, trank mit ihnen und nahm sie anschließend mit in seine Wohnung. Doch wenn sie sich dann nach der durchzechten Nacht verabschieden wollten, sah er rot. Er schlang ihnen seinen Schlips
um den Hals und erdrosselte sie. Auf diese Weise konnte er sicher
gehen, dass wenigstens jemand auf ihn wartete, wenn er abends
von der Arbeit heimkehrte. Obwohl von Psychologen, die mit ihm
über die Morde sprachen, allgemein angenommen wird, dass dies
der Grund für seine Taten war, behauptete Nilsen, seine wahre
Motivation selbst nicht zu kennen. In einem Gedicht, das er im Gefängnis verfasste, heißt es: *„Ich mag es, Leute glücklich zu sehen.
Ich mag es, Gutes zu tun. (...) Ich verurteile jeden kriminellen Akt.
Ich mag Kinder. Ich mag Tiere. (...) STOPP. ALL DIES ZÄHLT
NICHTS, wenn ich fünfzehn Menschen töten kann (ohne ersicht-
lichen Grund) und versuche, neun weitere zu ermorden – in meinem Heim und unter freundschaftlichen Umständen. Bin ich verrückt? Ich fühle mich nicht verrückt. Mag sein, dass ich verrückt
bin.“* Das Verfahren gegen ihn begann am 24. Oktober 1983 im
Gerichtssaal Nr. 1 des Old Bailey und dauerte zwölf Tage. Das Urteil des Gerichts lautete: Lebenslänglich – mit der Empfehlung,
die Strafe nicht vor Ablauf von 25 Jahren zur Bewährung auszu-
setzen.

Shadwell † ♀ ♿

U-Bahn Station Tower Hill

The Highway: ♀ ♿ (ehemals Ratcliffe Highway) Das Haus
Nr. 29 existiert nicht mehr. Es stand in etwa dem Eingang zur

LONDON & UMGEBUNG

heutigen Betts Street gegenüber. Hier wurden am Abend des 8. Dezember 1811 der Händler Timothy Marr, seine Gattin Celia, das Baby und ein angestellter Junge namens James Biggs (nach anderen Quellen James Gowen) von einem unbekannten Einbrecher ermordet. Nur das Hausmädchen Margaret Jewell überlebte, da Marr es losgeschickt hatte, eine Besorgung zu erledigen. Bei ihrer Rückkehr fand Miss Jewell das Haus dunkel und die Tür verschlossen vor. Als ihr Klopfen und Rufen ungehört verhallte, bat sie einen Nachtwächter um Hilfe, der sich mit einem Stemmeisen Einlaß verschaffte. Der Mörder hatte ein Blutbad angerichtet: Sie fanden Mr. Marr und den Jungen mit eingeschlagenem Schädel hinter dem Verkaufstresen. Celia Marr war unter ähnlichen Umständen nahe der Eingangstür gestorben und ihr Baby lag in einem der hinteren Wohnräume mit durchschnittener Kehle in seiner Wiege. Das Motiv für die Tat schien Raub gewesen zu sein. Zurück blieben vier tote Menschen, eine leere Kasse und der einzige Hinweis auf den Täter: ein Meißel-Hammer mit den eingravierten Initialen *J.P.*

Am 19. Dezember – wenige Tage nach der Beerdigung der Marrs – schlug der unheimliche Mörder erneut zu. Diesmal im Pub *The King's Arms* in New Gravel Lane (heute **Garnet Street**). Er kam in der Nacht und drang durch ein Dachfenster ein, ermordete den Wirt John Williamson, dessen Frau Elizabeth und das Hausmädchen Bridget Anna Harrington. Der 26 Jahre alte John Turner, der als Gast in den King's Arms wohnte, beobachtete die Tat unbemerkt und seilte sich, unbekleidet, wie er war, mit Hilfe eines Lakens von seinem Zimmer im oberen Stockwerk aus ab, um die Polizei zu verständigen. Die kam jedoch zu spät. Der Mörder war wieder einmal entkommen.

Zwischenzeitlich war es gelungen, den Besitzer des gefundenen Meißels ausfindig zu machen. Sein Name war Johann Petersen, ein Seemann, der zur Tatzeit jedoch auf seinem Schiff gewesen war und das Werkzeug seinem Freund geliehen hatte – einem gewissen *John Williams*. Die Polizei traf Williams zu Hause an und nahm ihn fest. Die Durchsuchung seiner Wohnung förderte das bei den Morden benutzte – noch immer blutbefleckte – Messer und einen Totschläger zu Tage. Doch Williams entzog sich den weltlichen Richtern, indem er im Gefängnis Selbstmord beging. Die Jury, vor die man ihn postum stellte, entschied, dass er ohne Sarg und mit einem Pfahl durchs Herz an der Kreuzung **Cannon Street Road** und New Road begraben werden müsse – in unmittelbarer Nachbarschaft seiner Verbrechen.

☞ **St. George's in the East:** ✝ An der südlichen Ecke der Kirche befindet sich ein großer Gedenkstein, errichtet am 15. Dezember 1811. Seine Inschrift ist vom Regen ausgewaschen und kaum lesbar. Nur eine kleine Zahl Eingeweihter hat Kenntnis davon, dass er das Grab der Familie Marr markiert und damit alles ist, was heute noch an die Mordserie erinnert.

DIE SCHWARZE INSEL

Wapping 🏛 🍸 ✝
U-Bahn Station Wapping

☞ **Nr. 62 Wapping High Street:** Das *Town Of Ramsgate Pub* stammt aus dem 16. Jahrhundert. In dieser Taverne versammelte sich früher der schaulustige Pöbel, um Piraten und Schmuggler hängen zu sehen. Das Spektakel fand im kleinen Garten des Pubs statt. Nachdem man die Gesetzesbrecher hingerichtet hatte, ließ man ihre toten Körper an Ketten ins Themsewasser hinab, wo die Flut ihre Körper dreimal überspülen musste, ehe Herrgott oder Teufel bereit waren, die versündigten Seelen in Empfang zu nehmen. Eine Ausstellung dazu befindet sich im Schankraum.

Waterloo Bridge ⚥ ❓
U-Bahn Station Temple

Bushaltestelle: Am Nachmittag des 7. September 1978 stand der Journalist Georgi Markov an der Westseite der Waterloo Bridge und wartete auf seinen Bus, als er plötzlich einen stechenden Schmerz im rechten Oberschenkel spürte. Er wandte sich um und sah einen Mann, der einen schwarzen Regenschirm aufhob, sich kurz endschuldigte und dann in ein wartendes Taxi sprang.

Georgi Markov

Markov, ein gebürtiger Bulgare, der in London für die BBC und die Deutsche Welle arbeitete, schenkte dem Vorfall keine weitere Beachtung und fuhr nach Hause zurück. Am nächsten Morgen fühlte er sich krank, hatte Fieber und erbrach sich. Sein Arzt diagnostizierte eine leichte Grippe und verordnete Bettruhe. Doch gegen Abend hatte sich Markovs Gesundheitszustand derart verschlechtert, dass man ihn ins Krankenhaus einwies. Sein Blutdruck sank, sein Puls war beschleunigt und die Zahl seiner weißen Blutkörperchen verdreifachte sich. Die behandelnden Ärzte standen vor einem Rätsel. Vier Tage später war der Journalist tot. Bei der Obduktion des Leichnams wurde auf der Rückseite des rechten Schenkels eine kreisrunde entzündete Stelle entdeckt. In Form und Farbe ähnelte sie einem Hornissenstich. Konnte dieser kleine Einstich, der Grund für Markovs Tod sein?

Eine Hautprobe wurde entnommen und an das Labor für chemische Kampfstoffe nach Porton Down geschickt. Die Wissenschaftler dort fanden unter der Außenhaut eine winzige Platin/Iridiumkugel von wenigen Millimetern Durchmesser mit zwei Bohrungen.

LONDON & UMGEBUNG

Ganz offensichtlich hatte sie die tödliche Menge eines noch unbekannten Giftes beinhaltet. Untersuchungen ergaben, dass es sich bei dem mutmaßlichen Gift nur um Rizin (ein Schlangengift) gehandelt haben konnte, einen Stoff, für den es kein Gegengift gab, und der mit Vorliebe von bulgarischen Agenten verwendet wurde. Die Nachforschungen der Metropolitan-Police ließen nur einen Schluss zu: der Mann an der Bushaltestelle hatte den Journalisten vermutlich mit einem als Regenschirm getarnten Luftgewehr getötet.

Auch wenn die bulgarische Nachfolgeregierung Ende 1991 zugab, auf einige ihrer im Westen lebenden Bürger seien Anschläge verübt worden, bleibt der Fall Markov ungelöst. Scotland Yard zufolge dauern die Ermittlung nach wie vor an.

Whitechapel ♉ ✝ ♀ ♥ ☠ ⚔ ?

U-Bahn Station Whitechapel

Nr. 16 Batty Street: ♥ *„Leidenschaft ist ein süßer Wein, geschlürft aus glühendem Becher"*, sagt Paul Heyse. Weniger süß dürfte der Wein gewesen sein, den der heruntergekommene Regenschirmhändler *Israel Lipski* hier am 28. Juni 1887 seiner 18-jährigen Nachbarin Miss Miriam Angel einflößte. In einem Anfall von aufbrandender Leidenschaft war er in ihr Zimmer eingedrungen, hatte das Mädchen brutal vergewaltigt und es anschließend gezwungen, einen Becher Salpetersäure auszutrinken.

Miriams entsetzliche Schmerzensschreie lockten die übrigen Mieter des Hauses an, die die Tür des von innen verschlossenen Zimmers aufstemmten und das Mädchen tot zwischen den Laken fanden. Ihr Mörder lag zusammengekrümmt unter dem Bettgestell. Er hatte ebenfalls Säure geschluckt und war bewusstlos, aber am Leben. Vor Gericht bezichtigte er zwei andere Männer des Verbrechens, doch die Jury glaubte ihm nicht und verurteilte ihn zum Tode. Während der Hinrichtung gestand Lipsksi die Tat schließlich.

DIE SCHWARZE INSEL

☞ *The Blind Beggar*: ⚔ ✝ ♀ Kleinere Bandenkriege waren in den 1950/60ern nichts Ungewöhnliches in London. Jene harte Spielart aber, die die Zwillinge *Ronnie und Reggie Kray* einführten, als sie im East End die Macht an sich rissen, versetzte mit ihrer Skrupellosigkeit die ganze Stadt in Furcht. Wer ihnen auf ihrem Weg die gesamte Londoner Unterwelt kontrollieren zu wollen in die Quere kam, wurde professionell eliminiert.

In diesem Pub in der Whitechapel Road erschoss Ronald Kray 1968 George Cornell, der angeblich unschöne Bemerkungen über Ronnies Vorliebe für kleine Jungen gemacht und ihn *„einen alten Fettwanst"* genannt hatte. Als Ronnie gegen 20.30 Uhr in Begleitung eines befreundeten Gangsters eintrat, war das Pub gut besucht. Cornell blickte von seinem Glas auf und sagte noch: *„Wen haben wir denn da?"* Ronnie zog einen Revolver und schoss ihm in den Kopf. *„Tote Männer erzählen keine Geschichten"*, bemerkte er dann, wandte sich seelenruhig um und schlenderte hinaus. Später von der Polizei befragt, hatte natürlich keiner der Gäste auch nur das Geringste gesehen. Ein weiterer Mann, der bei den Krays in Ungnade gefallen war, war Jack „The Hat" McVitie – leider wusste er nichts davon und nahm leichtfertig eine Einladung der Zwillinge an. Sie töteten ihn in der Erdgeschosswohnung von **Nr. 1 Evering Road**, Stoke Newington. Seine Leiche wurde nie gefunden, soll aber hartnäckigen Gerüchten zufolge im Beton eines Londoner Brückenpfeilers ruhen. Das Ende ihrer Karriere kam für die Krays am Abend des 8. Mai 1968. Während einer Polizei-Razzia wurden sie festgenommen und des Mordes an George Cornell angeklagt. Eine Bedienung des *Blind Beggar* erklärte sich bereit, gegen die Brüder auszusagen und Reg und Ron wurden zu je 30 Jahren Zuchthaus verurteilt. Ronald & Reginald Kray sind mittlerweile in der Haft verstorben. Sie liegen im Familiengrab auf dem **Chingford Friedhof** begraben.

Nr. 31 Turner Street: ⚰ Am Ostersonntag, den 4. April 1896 versuchte der Kleinkriminelle *William Seaman* in dieses Haus einzubrechen. Vermutlich nahm er an, es sei niemand zu Hause. Als er dann im Erdgeschoss überraschend auf den alten Mr. John Levy und dessen 35-jährige Haushälterin Mrs. Sarah Gale traf, schlug er sie beide kurzerhand tot. Ein Nachbar hatte sein Eindringen jedoch beobachtet und die Polizei alarmiert, die nur Minuten später am Tatort eintraf. Seaman floh in Panik aufs Dach, von dem er, als er keinen anderen Ausweg mehr sah, hinunter sprang, wobei er sich beide Beine brach.

Zu seinem letzten „Sprung" trat Seaman am 9. Juni 1896 in der Exekutionskammer des Newgate Gefängnisses in Begleitung der Muswell Hill-Mörder *Millsom und Fowler* an. Es sollte die letzte Dreier-Hinrichtung in England sein. Da sich Millsom und Fowler im Gerichtssaal heftig gestritten hatten, wurde entschieden, dass Seaman als „Friedensstifter" zwischen ihnen hängen sollte. Doch die ganze Hinrichtung war schließlich dermaßen unübersichtlich, dass, als Henker James Billington den Hebel betätigte, der die Falltüren öffnete, sein Assistent Warbrick (er hatte die Aufgabe, die Beine der drei Männer zu binden) die Falltüren noch gar nicht

LONDON & UMGEBUNG

verlassen hatte. Kreischend stürzte auch er in die Grube. Doch er hatte Glück: im Fall griff er nach dem Nächstbesten in seiner Nähe, umklammerte die Beine eines der Verurteilten und kam so mit dem Schrecken davon.

The City Darts: ♟ ♟ ⚲ ♟ **?** Dieses Pub an der Ecke Commercial- und Wentworth Street war während der 1880er unter dem Namen *The Princess Alice* bekannt und ist eng mit den Morden *Jack the Rippers* verbunden. Mindestens drei Opfer des nie gefassten Mörders suchten es kurz vor ihrem Tode auf. Seit Schließung der *Alma Tavern* gegen Ende 2000 trifft sich hier viermal im Jahr (jeweils am 1. der Monate März, Juni, September und Dezember) um 20 Uhr der *Cloak & Dagger Club*, die renommierte Vereinigung namhafter Jack-the-Ripper-Autoritäten.

Um den Whitechapel-Mörder ranken sich unzählige Legenden: So soll er beispielsweise ein Magier und in der Lage gewesen sein, sich nach Belieben in Luft aufzulösen. Schon 1910 sagte Sir Robert Anderson, der damalige Leiter der Kriminalabteilung von Scotland Yard: *„Wenn der Unsinn Gewicht besäße, dann würde der Unsinn, der über diese Morde gesprochen und geschrieben worden ist, ein Panzerschiff zum Sinken bringen."* Die wichtigsten Tatsachen lassen sich in aller Kürze wie folgt zusammenfassen: Mary Ann Nichols, das erste Opfer Jack the Rippers, wurde am 31. August 1888 um 3.45 Uhr in Buck's Row (heute **Durward Street**) gefunden. Der Mörder hatte ihr die Kehle durchtrennt und den Leib geöffnet. Nur eine Woche später schlug der namenlose Killer erneut zu. Um 6.00 Uhr morgens entdeckte ein Mieter die verstümmelte Leiche der 45-jährigen Prostituierten Annie Chapman im Hinterhof des Hauses Nr. 29 **Hanbury Street** – die Kehle bis zur Wirbelsäule durchtrennt, der Unterleib aufgeschnitten. Uterus und ein Teil der Blase fehlten. Am 27. September erhielt die *Zentrale Nachrichtenagentur* in Fleet Street einen Brief. Der Verfasser bezichtigte sich der beiden Morde, kündigte weitere an und gab sich selbst den Namen „Jack the Ripper". In der Nacht vom 29. auf den 30. September ereignete sich ein Doppelmord. Das erste Opfer war Elizabeth Stride. Man fand ihren leblosen Körper in einer schmalen Gasse, die von der Berner Street (heute **Henriques Street**) abging. Bereits 45 Minuten später stolperte ein patrouillierender Constable der City-Police auf dem **Mitre Square** über die ausgeweidete Straßenhure Catherine Eddowes. Der Ripper hatte die Organe aus dem Torso herausgehoben und rund um den Leichnam verstreut. Die Gebärmutter und die linke Niere hatte er mitgenommen.

Während des ganzen Oktobers hielt Jack sich bedeckt. Sein fünftes und letztes Opfer war ein 25 Jahre altes, attraktives Mädchen namens Mary Jane Kelly. Ein Mieteintreiber fand ihre Leiche am 9. November in ihrem Zimmer Nr. 13 Miller's Court. Es war die schlimmste und letzte Tat des unheimlichen Mörders. Danach verschwand er einfach, so, als hätte es ihn nie gegeben. Doch warum hörten die Morde so plötzlich auf? Hatte Scotland Yard den Ripper gefasst und kannte seine Identität? Hatte man ihn in eine Anstalt gesperrt? War er gestorben? Und wenn ja, auf welche Weise?

Die schwarze Insel

Suchte er im Freitod Erlösung von seiner Schuld oder war er selbst Opfer eines Verbrechens geworden, wie einige behaupten? Fragen, die bislang weder mehr als 200 Buchpublikationen zum Thema, noch die dem Pub angeschlossene Ausstellung wirklich beantworten konnten.
1992 tauchte schließlich das angebliche Tagebuch des Rippers in Liverpool auf und führte zu enormer Unruhe in den Kreisen sogenannter „Ripperologen". In größter Sorge um ihre eigenen widersinnigen Theorien bezeichneten es viele Autoren unbesehen als Fälschung. Doch trotz zahlreicher anderslautender Berichte sprechen die forensischen Untersuchungen von Papier und Tinte nach wie vor für die Echtheit des Dokuments. (→ Liverpool, Nordengland)

Willesden

U-Bahn Station Willesden Green

☞ **Nr. 76 Mayo Road:** Während des 19. Jh. wachte eine bigotte Königin in Großbritannien über Anstand und Sitte: Victoria. Die pummelige, kleine Herrscherin, die, ihrem geheimen Tagebuch zufolge, die süßen Reize des Liebesspiels zu schätzen wusste, und gleich nach dem Tod ihres Mannes den Stallmeister John Brown klammheimlich zu ihrem „Rittmeister" ernannt hatte, verlangte

LONDON & UMGEBUNG

von ihren Untertanen dagegen marienhafte Keuschheit und hatte außereheliche Geschlechtsverkehr beinahe zur Todsünde erklärt. Diese von der Gesellschaft kritiklos übernommene Moralvorstellung stürzte nicht wenige unverheiratete Frauen ins Unglück. Ungewollt schwanger geworden, drohte den jungen Damen jener Tage ein Leben in Schande, wenn ihr „Missgeschick" ans Licht kam. Viele suchten letzte Erlösung in der Themse, wogegen die skrupelloseren stattdessen ihre Neugeborenen ertränkten.

Bald sahen ältere Damen darin eine Chance, ihre Einkünfte aufzubessern und nutzten die Marktlücke. Ein neuer Beruf wurde geboren: die Profession der Baby-Farmer. Diese Frauen nahmen die Bälger gegen Bezahlung in Pflege, zogen sie auf und ließen sie später für sich arbeiten. Eine Frau, die es sich noch einfacher machte, war *Mrs. Amelia Dyer*, deren Tochter Polly 1896 in Nr. 76 Mayo Road lebte. Sie nahm die Babys von Wirtschafterinnen an, die von ihrem Arbeitgeber geschwängert und sitzen gelassen worden waren, von Haushaltshilfen zahlloser katholischer Priester, die es auch nicht durch die Rippen hatten schwitzen können, oder von Klavierschülerinnen, deren Lehrmeister nicht nur Tastenvirtuosen waren. Im Gegensatz zu ihren halbwegs rechtschaffenen Kolleginnen zog es Mrs. Dyer allerdings vor, die Babys sofort nach Erhalt der Zahlung zu töten und die kleinen Leichen in Reading in die Themse zu werfen. Hier in der Mayo Road nahm sie Doris, den Säugling einer Miss Marmon, in Empfang und erdrosselte das Kind mit einem Stück Paketband. (Details ➙ Reading, Ostengland)

Die Midlands & Wales

Die hier zu einem Kapitel zusammengefassten Landesteile reichen von Northants im Osten bis zum westlichen Wales und erstrecken sich von Gloucestershire im Süden bis hin zur nördlichen Grafschaft Derbyshire.

Die Midlands werden von Englands zweitgrößter – im Volksmund *Brum* genannter – Stadt Birmingham beherrscht und gern als das „Herz von England" bezeichnet. Es war wie ein Schock, als die Taten des Triebtäters Patrick Byrne dieses Herz im Jahre 1969 wie die Klinge eines Messers trafen.

In Gloucester, wo der zynische Dichter Samuel Johnson 1709 geboren wurde, befindet sich eines der berüchtigsten Gefängnisse Großbritanniens, und auch der Serienkiller Frederick West suchte sich hier seine Opfer während der 1990er Jahre.

Weiter westlich laden Antiquariate in den pittoresken Dörfern von Hereford & Worcester Liebhaber alter Bücher zum Schmökern ein. Doch hat dieser Teil des Landes auch skrupellose Verbrecher hervorgebracht. Darunter den scheinbar ehrbaren Anwalt Herbert Rowse Armstrong, den einzigen Juristen, der je in England hingerichtet wurde.

Auch das nahegelegene Wales hat nicht nur Schönes zu bieten. Denn 1920 waren die Bilderbuchklippen von Brandy Cove stumme Zeugen eines Mordes, der erst vier Jahrzehnte später aufgeklärt werden konnte. Und im „Hexencounty" Warwickshire sorgte 15 Jahre darauf der ungelöste Ritualmord an einem abergläubischen alten Herrn für Aufsehen. Nicht zuletzt deshalb, weil ein ganzes Dorf damals der Polizei seine Mithilfe verweigerte.

Außerdem liegt Sir Robert Peel, Gründer der Londoner Metropolitan-Police, auf dem Friedhof der St. Peters Church in Dayton Basset, Staffordshire begraben.

Wer sich nach all den Verbrechen eine Ruhepause gönnen möchte, dem sei ein Abstecher nach Shrewsbury, im County Shropshire, ans Herz gelegt. Auf dem Gelände der St. Chad's Church befindet sich ein sehenswertes Kuriosum – das Grab des Geizhalses Ebeneezer Scrooge. Allerdings beherbergt es keinen Sarg. Das Grab wurde für eine Verfilmung der Dickens'schen „Weihnachtsgeschichte" angelegt und blieb nach den Dreharbeiten stehen.

DIE MIDLANDS & WALES

Birmingham, West Midlands 🏛 ⚔

Von London aus über den M 40 zu erreichen.

☞ **Nr. 607 Stratford Road:** 🏛 Das Kriminalmuseum der *West Midlands Police* ist in der Sparkhill Police Station untergebracht und wird von Kurator David Cross geführt. Die ausgestellten Originalfotos, Tatwaffen und bei Ermittlungen sichergestelltes Beweismaterial dokumentieren auf eindrückliche Weise drei Jahrhunderte der Verbrechensbekämpfung. Besuche sind nach vorheriger Terminabsprache möglich. Tel.: 0044-(0)121-6267181

Wheeley Road: ⚔ Ein besonders abscheuliches Verbrechen ereignete sich am späten Nachmittag des 23. Dezember 1969 in der Jugendherberge *Edencroft* im respektablen Stadtteil Edgbaston. An jenem Tag waren die meisten Mitarbeiter und Gäste bereits heimgefahren, um gemeinsam mit ihren Familien das Weihnachtsfest zu begehen. Unter den wenigen noch verbliebenen Gästen war auch die 20-jährige Margaret Brown. Sie wollte am folgenden Tag abreisen und zuvor die letzte große Wäsche erledigen. Sie befand sich im Bügelraum, als sie die Außentür der angrenzenden Waschküche knarren hörte. Doch niemand trat ein. Draußen war es kalt und feucht. Der eisige Lufthauch ließ sie frösteln, daher ging sie nach einer Weile in die Waschküche hinüber, schloss die Tür und kehrte zu ihrer Bügelwäsche zurück. Aber nach wenigen Minuten vernahm sie das Knarren erneut – allerdings verlosch diesmal auch die Deckenbeleuchtung. Margaret hörte den Türriegel, dann Schritte. Furcht begann allmählich in ihr aufzusteigen, als hinter der Glastür, die Bügelraum und Waschküche trennte, die Silhouette eines Mannes auftauchte. Sie rief: *„Wer ist da?"* Stille. Wer auch immer sich dort in der Waschküche aufhielt, sie musste an ihm vorbei, um hinaus in den Hof und ins Haus zu gelangen. Sie öffnete die Verbindungstür und wollte hinaus laufen. Das nächste, was sie bemerkte, war eine Bewegung rechts von ihr, dann traf etwas mit ungeheurer Wucht ihren Hinterkopf. Margaret stürzte und begann zu schreien, als kräftige Hände nach ihren Armen griffen. Sie hatte Glück: Der Angreifer ließ von ihr ab und floh. Unter Schock stehend stürzte sie ins Haus, hastete durch menschenleere Zimmer und Korridore in den Gemeinschaftsraum hinunter, wo sie endlich jemanden antraf. Dort brach sie zusammen.
Die Herbergsmutter verständigte die Polizei. Die erschien nur Minuten später und kümmerte sich um Margaret Brown. Die Kopfverletzung war nicht schwer; ihr hochgestecktes Haar hatte die größte Kraft des Schlages abgefangen. Die Tatwaffe, einen großen Stein, um den der Täter einen Damenslip gewickelt hatte, fanden sie in der Waschküche; er wog gut drei Kilo. Auf der Suche nach Spuren, und um sicher zu gehen, dass sich der Täter nicht länger im Gebäude aufhielt, wurden sämtliche Räume duchkämmt. Dabei stieß man auf Zimmer Nr. 4; es wurde von der 29 Jahre alten Stephanie Baird bewohnt und war verschlossen, der Schlüssel steckte von innen. Da sie auf das Klopfen der Beamten nicht reagierte und durch das Fenster kaum etwas zu erkennen war, brach man die Tür auf. Ein entsetzlicher Anblick bot sich den Polizisten:

DIE SCHWARZE INSEL

Stephanie Baird

Stephanie lag blutüberströmt parallel zum Bett auf dem Boden. Der Mörder hatte die junge Frau unter Zuhilfenahme eines Tafelmessers und einer Nagelschere verstümmelt und den Kopf vollständig abgetrennt. Die Tatwerkzeuge hatte er neben der Leiche zurückgelassen. Auf dem Schreibtisch fand sich ein handgeschriebener Zettel, der aller Wahrscheinlichkeit nach vom Täter stammte: *„Dies ist die Sache, von der ich dachte, sie würde überhaupt nicht mehr geschehen."*

Detective Chief Superintendent James Haughton vom Birmingham CID wurde mit den Ermittlungen betraut und ließ sogleich Straßensperren in einem Radius von zwei Meilen errichten – leider ohne Erfolg. Am Tatort fanden sich keinerlei Fingerabdrücke. Doch in dessen unmittelbarer Umgebung fand Haughton andere wichtige Spuren: Im Nachbarraum hatte der Täter blutige Fußabdrücke auf einem Teppich hinterlassen, weitere fanden sich in der weichen Erde unter Stephanie Bairds Fenster. Die Spurensicherung nahm Gipsabdrücke davon, um sie später mit den Schuhen eventueller Verdächtiger zu vergleichen. Dr. Frederick Griffith, der zuständige Polizeiarzt, legte Haughton nahe, den Täter unter den ortsansässigen Fleischern zu suchen, da der Mörder beim Abtrennen des Kopfes außerordentliches Geschick bewiesen hatte – eine falsche Schlußfolgerung, wie sich später herausstellte.

DCS Haughton bat die Presse um Mithilfe, verschwieg jedoch die vom Mörder hingekritzelte Botschaft. Der Schaffner eines Busses meldete sich bei der Polizei und beschrieb einen Mann in blutbefleckten Kleidern, der am fraglichen Abend unweit der Jugendherberge zugestiegen sei. Der Mann habe verwirrt gewirkt und sich geweigert zu sprechen. Haughton ließ den Bus kriminaltechnisch untersuchen und fand tatsächlich getrocknete Blutspuren im Gang und auf einem der Sitze. Es gelang jedoch nie, den merkwürdigen Fahrgast ausfindig zu machen. Gegen Ende des Jahres gerieten die Ermittlungen ins Stocken. In den Medien wurde darüber spekuliert, ob der blutdurstige Mörder Stephanie Bairds die Anregung zur Tat eventuell aus einem kürzlich erschienen Buch des Autors Donald McCormick bezogen haben mochte: *The Identity of Jack the Ripper*. Haughton bezweifelte dies. Seiner Ansicht nach war der Killer im Kreise bereits aktenkundig gewordener „Spanner" oder Vergewaltiger zu suchen und lebte – davon war der Kriminalbeamte felsenfest überzeugt – in unmittelbarer Nachbarschaft der Herberge.

In den folgenden Wochen wurden 300 Männer überprüft. Nur einer von ihnen erfüllte Haughtons Kriterien: *Patrick Byrne*, ein 28 Jahre alter Arbeiter. Wohnhaft in der Islington Row, nur wenige hundert Meter von *Edencroft* entfernt. Selbstverständlich bestritt er die Tat zunächst. Obgleich der Mörder keine Fingerabdrücke am Tatort hinterlassen hatte, entschied sich DCS Haughton dazu, es mit einer Finte zu versuchen. Unverfroren behauptete er, einen

DIE MIDLANDS & WALES

klaren Handabruck des Täters zu besitzen und fragte Byrne, ob dieser etwas dagegen habe, sich Fingerabdrücke abnehmen zu lassen. Nach einer kurzen Zeit des Schweigens brach Byrne zusammen und gestand: *„Ich kann nicht mehr schlafen. Die letzten sieben Wochen waren nicht gut für mich. Ich will Ihnen alles sagen, was ich kann. Ich kann Ihnen das Zimmer und alles darin aufzeichnen (...). Ich nehme an, Sie haben meine Nachricht gefunden? (...) An dem Abend, als ich das Mädchen tötete, kam ich über die Einfahrt auf das Gelände. (...) Ich blickte durch die Vorhänge in ihr Schlafzimmer, in dem Licht brannte, und sah ein Mädchen, das einen roten Pullover und einen Unterrock trug. Sie kämmte ihr Haar.“* Er stieg durch ein offenes Fenster ein, um sie besser beobachten zu können, und begab sich daraufhin zur Tür ihres Zimmers. Dort kam es zur Konfrontation mit Miss Baird, die drohte, die Herbergsmutter zu verständigen, wenn er nicht augenblicklich verschwände. Byrne gestand, Stephanie überwältigt und erwürgt zu haben. Ein großes Verlangen, ihre Leiche zu verstümmeln, war jäh über ihn gekommen, und so hatte er ihren Kopf abgetrennt und war eine Weile damit im Zimmer umher gelaufen. Dann hatte er die Nachricht auf dem Tisch hinterlassen und war in die Waschküche hinüber gegangen, wo er auf Margaret Brown traf. Laut Byrne war sie nur deshalb mit dem Leben davon gekommen, weil er den Stein im Dunkeln verloren und sie so furchtbar laut gekreischt hatte. Mit dem Bus war er nicht gefahren.

Haughton besaß nun ein unterzeichnetes Geständnis, und in der Folge wurden auch die bei der Tat getragenen Kleider und Schuhe in einem Müllcontainer in der Islington Row sichergestellt. Vor Gericht des vorsätzlichen Mordes angeklagt, plädierte Patrick Byrne auf „nicht schuldig". Seine Anwälte versuchten, die Geschworenen davon zu überzeugen, dass er zum Zeitpunkt der Tat nicht zurechnungsfähig gewesen sei. Richter und Jury teilten diese Meinung nicht und benötigten nur 46 Minuten, um ihr Urteil zu fällen: *„Schuldig im Sinne der Anklage."* Am 4. Juli 1960 wurde Byrne zu einer lebenslangen Freiheitsstrafe verurteilt. Der *Court of Apeal* erklärte den Mordvorwurf wenig später jedoch für nichtig und wandelte ihn in Totschlag um. Das Strafmaß allerdings blieb unvermindert bestehen.

Caswell Bay, Wales ✝ ♀ ♥

Ca. 9 km südlich von Swansea nahe Newton gelegen.

☞ **Brandy Cove:** Die Brandy Cove Klippen liegen an einer der schönsten Buchten von Wales – Caswell Bay. Am 5. November 1961 erkundeten hier drei abenteuerlustige junge Männer die feuchten Schächte der alten Bleimine, als sie in einem Seitenarm des Hauptstollens auf ein Skelett stießen. Dass es sich hierbei nicht um einen archäologischen Fund handelte, stellte sich bereits bei der Bergung der Überreste durch die Polizei heraus. Zwischen den Knochen wurden ein Trauring, eine Haarspange aus Kunststoff, ein Diamantring, die Knöpfe eines Damenkleides und ein Armband gefunden. Der Spange haftete ein Büschel brauner

DIE SCHWARZE INSEL

Haare an, doch die Ringe waren weit aufschlussreicher: Das in Großbritannien übliche System, Schmuckstücke mit variierenden Jahresstempeln zu versehen, ermöglichte ein rasches Datieren der Ringe. Diamant- und Trauring waren 1912 bzw. 1918 angefertigt worden.

Das Skelett überführte man ins Forensische Institut nach Cardiff, wo es der Pathologe des Innenministeriums, Dr. Lester James, eingehend untersuchte. Anhand der Form und Beschaffenheit des Schädels und der ausgeprägten Becken- bzw. Hüftknochen war eindeutig zu erkennen, dass es sich bei dem Opfer um eine junge Frau von mindestens 20, aber höchstens 28 Jahren handelte. Über die Todesursache ließ sich nur wenig sagen, da Haut und Organe völlig fehlten. Doch war sie sicherlich nicht an Herzversagen gestorben, denn ihr Mörder hatte es für nötig befunden, sie in drei gleich große Teile zu zersägen, ehe er sie zur alten Mine schleppte und hinter einem großen Stein versteckte.

Aufgabe der Polizei war es nun, die Akten nach Personen zu durchforsten, die um 1918 als vermisst gemeldet worden waren. Es dauerte nicht lange, und sie stießen auf einen Fall, in dem das mutmaßliche Opfer der von Dr. James' gegebenen Personenbeschreibung entsprach: Gegen Ende des Jahres 1919 hatte das Verschwinden der damals 26-jährigen Sängerin und Tänzerin Mamie Stuart aus Swansea landesweit für Schlagzeilen gesorgt. Mit dem Schiffsingenieur *George Shotton* hatte es damals sogar einen Verdächtigen gegeben. Shotton – bereits verheiratet und Vater eines Kindes – hatte die attraktive Mamie 1917 in Sunderland kennengelernt. Im Jahr darauf machte er sich der Bigamie schuldig, als er in South Shields auch der kleinen Tänzerin das Ja-Wort gab und mit ihr die Villa **Ty-Llanwydd** an der Caswell Bay unweit von Swansea bezog. Von da an führte er für kurze Zeit ein Doppelleben, pendelte zwischen Penarth, wo die eigentliche Mrs. Shotton lebte, und Swansea hin und her. Am 12. November 1919 schrieb Mamie an ihre Eltern und klagte über Georges Eifersucht: *„Ich glaube nicht, dass ich sehr lange mit ihm zusammenleben werde. Ich habe sehr große Angst vor ihm."* Es war ihr letztes Lebenszeichen. Mr. Stuarts beruhigendes Antwortschreiben kam mit dem Vermerk *„Empfänger unbekannt verzogen"* zurück. Nun war auch der Vater beunruhigt. Mamie war und blieb verschwunden.

Im März 1920 schalteten die örtlichen Behörden Scotland Yard ein. Chief Inspector William Draper machte sich zunächst auf die Suche nach Mamies Gatten Mr. Shotton. Er fand ihn und seine kleine Familie in einem Haus in Swansea, nur wenige Kilometer von der Villa Ty-Lanwydd entfernt, und nahm ihn fest. Vor Gericht wurde Shotton lediglich wegen Bigamie angeklagt, obwohl ihn der Staatsanwalt auch des Mordes an Mamie Stuart beschuldigte. Doch die Leiche fehlte – und damit der letzte Beweis für ein Kapitalverbrechen. Was seine Beziehung zu der Tänzerin anging, redete sich Shotton damit heraus, dass er zwar mit ihr zusammengelebt, sie aber nicht getötet habe – Mamie sei eines Tages einfach grußlos fortgegangen. Das unspektakuläre Urteil lautete 18 Monate schwere Zwangsarbeit.

Nach der Haftentlassung tauchte George Shotton unter und der

DIE MIDLANDS & WALES

ganze Fall geriet allmählich in Vergessenheit. Im Jahre 1950 erwarb ein Zahnarzt die Villa Ty-Lanwydd und führte verschiedene Umbauten durch. Dabei entdeckte er einen zugemauerten Hohlraum unter den Dielen des Esszimmers. Dieser war mit ungelöschtem Kalk gefüllt und enthielt einen einzelnen Damenschuh ... Doch bis zum Auffinden des Skeletts dachte niemand mehr an Mamie Stuart. Die Leichenschau fand am 14. Dezember 1961 in Gowerton statt. Einer der Hauptzeugen war ein mittlerweile 83-jähriger Briefträger im Ruhestand. Er erinnerte sich an einen Vorfall im Frühjahr 1920. Als er an der Villa vorüberkam, stand ein gelber Lieferwagen in der Einfahrt und George Shotton war damit beschäftigt, einen schweren Leinensack auf die Ladefläche zu hieven. Als der Briefträger ihn ansprach, um seine Hilfe anzubieten, fuhr Shotton kreidebleich zusammen und zischte: *"Nein, nein, nein! Oh Gott, haben Sie mich erschreckt. Ich dachte, das ist ein Polizist."* Der Coroner hatte genug gehört. Er fällte das Urteil: *"Vorsätzlicher Mord, verübt durch George Shotton."* Jetzt – 41 Jahre später – war es nicht mehr ganz so einfach für die Polizei, den Mann zu finden. Schließlich fand sie ihn dennoch, allerdings friedlich schlummernd in seinem Grab auf dem **Arnos Vale Friedhof** von Bristol. Gestorben im April 1958 im Alter von 78 Jahren. Der Arm des Gesetzes ist lang, doch bis in die Hölle reicht er nicht.

Chipping Campden, Gloucestershire 🍸 ♀ ❓

Ca. 20 km südwestlich von Stratford-upon-Avon an der A 44 gelegen.

☞ **Court House:** Das zu Anfang des 17. Jh. errichtete Court House liegt nur wenige Meter von den Ruinen des alten *Campden House* entfernt in der Calf Lane und ist Ausgangspunkt eines der bemerkenswertesten Rätsel in der britischen Kriminalgeschichte. Im Jahre 1660 wurde es von William Harrison, dem damals 70-jährigen Pachteintreiber Lady Campdens, seiner Gattin, und dem erwachsenen Sohn Edward bewohnt. Der einzige Angestellte der Harrisons war ein gewisser *John Perry*, der als etwas wunderlich galt. Im Jahr zuvor war er schreiend zu seinem Herren gelaufen und hatte behauptet, im Garten von zwei Rittern in glänzender Rüstung angegriffen worden zu sein und sich mit einer Heugabel zur Wehr gesetzt zu haben. Die Geschichte war vollkommen unglaubwürdig und erntete in den Pubs und Ale-Houses des Ortes viel Gelächter.

Chipping Campden, Court House

DIE SCHWARZE INSEL

Ein paar Monate darauf drangen Einbrecher durch ein Dachfenster ins Gebäude ein und erbeuteten 140 Pfund, ein beachtliches Vermögen in jenen Tagen. Nur ein Hinweis blieb am Tatort zurück – die abgebrochene Spitze eines Schwertes! Das Gelächter verstummte.

Dann geschah am 16. August 1660 angeblich ein weit schlimmeres Verbrechen: An diesem Tag machte sich William Harrison auf den Weg zum Nachbarort Charringworth, um Lady Campdens Pachten einzuholen. Als er gegen neun Uhr abends noch nicht wieder daheim war, begann sich Mrs. Harrison Sorgen zu machen, und bat John Perry nach ihm zu suchen. Doch weder Harrison noch Perry kehrten in dieser Nacht nach Chipping Campden zurück. Daraufhin brach Edward Harrison im Morgengrauen nach Charringworth auf. Unterwegs traf er Perry, der ihm mitteilte, er habe seinen Herrn bislang nirgends finden können. Gemeinsam stellten sie Nachforschungen an. Eine alte Frau zeigte ihnen ein paar Dinge, die sie an der Straße nach Charringworth in einem Gebüsch gefunden hatte: einen verbeulten Hut, einen zerbrochenen Kamm und den zerrissenen, blutbefleckten Kragen eines Hemdes. Gegenstände, die Edward sogleich als die seines Vaters erkannte. Die Kunde vom Verschwinden William Harrisons sorgte für Unruhe im Ort. Harrison war tot, niemand bezweifelte das. Aber wer hatte ihn auf dem Gewissen und warum? Die Gerüchteküche begann zu brodeln ... Hatte John Perry es getan? Hatte er seinen Herrn aus Habgier ermordet? Immerhin war er die ganze Nacht dort draußen gewesen und hätte die Gelegenheit somit gehabt.

Die Behörden nahmen Perry daraufhin fest und sperrten ihn in einen bewachten Raum im *Volunteer Inn.* Zunächst bestritt er jede Beteiligung an dem Verbrechen, doch nach einer Woche brach er zusammen, die ständigen Verhöre hatten ihn mürbe gemacht. Er verlangte, dem Richter vorgeführt zu werden um ein Geständnis abzulegen: Seine verwitwete Mutter Joan und sein Bruder Richard – glücklich verheiratet und Vater zweier Kinder – hatten John ständig bedrängt, ihnen zu verraten, wann Mr. Harrison sich zum Einsammeln der Pachten auf den Weg mache, damit sie ihm auflauern und ihn berauben könnten. Am 16. August habe er ihnen dann Bescheid gegeben. Wie Perry weiter aussagte, sei man zu dritt über Harrison hergefallen und sein Bruder Richard habe den wehrlosen Mann schließlich erdrosselt. Den Leichnam habe man in einen tiefen Brunnen in der Nähe von Wallingtons Mühle geworfen. Außerdem gab John an, die Geschichte mit den beiden Rittern vom Vorjahr erfunden zu haben, und erklärte, der Einbruch ins Court House sei ebenfalls von Richard und seiner Mutter verübt worden. Das dabei erbeutete Geld sei in Mrs. Perrys Garten vergraben. Der von John Perry erwähnte Brunnen wurde leer gepumpt und der Garten umgegraben. In beiden Fällen war das Ergebnis negativ.

Trotzdem stellte man die drei Perrys vor Gericht, wo John seine Anschuldigungen wiederholte. Von ihren Anwälten falsch beraten, bekannten sich Richard und Joan Perry der Mittäterschaft schuldig, um eine Reduzierung der Strafe zu erwirken. Doch der Plan

DIE MIDLANDS & WALES

schlug fehl; alle drei wurden zum Tod durch den Strang verurteilt. Und ein paar Tage später fuhr man sie in einem Karren zur Hinrichtungsstätte auf den **Broadway Hill** hinauf. Joan starb zuerst, um Gnade und Gerechtigkeit flehend. Dann war die Reihe an Richard. Er bat seinen Bruder, wenigstens um der Kinder willen, endlich die Wahrheit zu sagen, doch der blieb stumm. Zuletzt wurde John die Schlinge um den Hals gelegt. Seine letzten Worte lauteten: *„Vielleicht kommt ja die Wahrheit eines Tages heraus.“* Normalerweise wäre die ganze Affäre damit zu Ende gewesen. Die drei Mörder hatten für ihr Verbrechen mit dem Leben bezahlt, auch wenn das Opfer niemals gefunden worden war. Doch etwas Unglaubliches geschah. Fast auf den Tag genau zwei Jahre nach seiner angeblichen Ermordung tauchte William Harrison wieder auf – äußerst lebendig und mit einer unglaublichen Erkärung für sein Verschwinden. Und die Geschichte, die er zu erzählen hatte, war eine sehr, sehr seltsame ... *„Auf meinem Heimweg (...) hielt mich ein Reiter an (...) und in dem Glauben, er würde mich überrennen, schlug ich seinem Pferd auf die Nüstern, worauf er mit seinem Schwert nach mir hieb. (...) Ein weiterer Reiter tauchte hinter mir auf, der seine Klinge in meine Hüfte trieb. (...) Dann kam noch einer (...). Sie brachten mich zu einem einsamen Haus. (...) Am Sonntagmorgen schafften sie mich (...) an Bord eines Schiffes (...).“* Laut Harrison hatte diese Reise mehrere Monate gedauert und hatte in Smyrna geendet, wo er einem Arzt als Sklave dienen musste. Nach dessen Tod – anderthalb Jahre später – war ihm die Flucht gelungen, und er kehrte auf dem Seeweg in die geliebte Heimat zurück. Eine wenig glaubwürdige Geschichte. Manche Autoren sind daher der Ansicht, Harrison habe das Land in Wahrheit niemals verlassen und sei im Auftrag seines habgierigen Sohnes entführt worden. Was aber ist mit John Perry und dessen Geständnis? War er geisteskrank und glaubte, was er sagte? Oder schickte er Bruder und Mutter wissentlich in den Tod, um eine andere Person zu schützen? Fragen, die das sogenannte „Rätsel von Campden“ bis auf den heutigen Tag lebendig halten.

Church Stretton, Shropshire \ ?

Ca. 20 km südlich von Shrewsbury an der A 49 gelegen.

Nr. 28 Sandford Avenue: Die Axt ist kein sonderlich populäres Mordwerkzeug – nur sehr wenige Täter greifen darauf zurück. Der bekannteste Fall ist wohl der, der mutmaßlichen Mörderin *Lizzie Borden.*
1892 wurde die damals 32-jährige in Fall River, Massachusetts, des Mordes an Vater und Stiefmutter angeklagt, nachdem beide in ihrem Haus 92 Second Street den Tod gefunden hatten – von einem Unbekannten mit einer Axt erschlagen. Trotz eines Freispruchs aus Mangel an Beweisen, blieb Lizzie zeitlebens „die Axtmörderin“. Von Kindern gehänselt und den Nachbarn gemieden, starb die bis heute berüchtigte Lizzie Borden im Juni 1927 als einsame Frau. Nr. 28 Sandford Avenue war im Oktober 1924 ebenfalls Schauplatz einer solch seltenen Tat: Am Vormittag des

DIE SCHWARZE INSEL

24. vernahm Harold Holmes leises Stöhnen, das vom Nachbargrundstück zu kommen schien und fand dort den Gemischtwarenhändler *John Doughty* bewusstlos und mit verrenkten Gliedern im Hinterhof liegend vor; das Dachfenster stand offen. Holmes nahm an, dass Doughty beim Ölen der Scharniere abgestürzt sein musste. Doch warum hatte niemand im Haus etwas davon bemerkt? Vermutlich arbeitete Edith Doughty im Geschäft und hatte Kathleen, die kleine Tochter, bei sich. Holmes bat einen Passanten, die Polizei und einen Arzt zu holen. Danach versuchte er die Hintertür zu öffnen – sie war verschlossen. Er eilte nach vorn zum Laden, doch zu seiner Überraschung war dort alles dunkel und auch diese Tür verriegelt. Irgendetwas stimmte hier nicht... Zurück im Garten, redete er eine Weile beruhigend auf den Verletzten ein. Im Erdgeschoss fand er ein nur angelehntes Fenster und kletterte hinein. Edith und Kathleen Doughtys Leichen lagen auf dem Fußboden der Küche, blutüberströmt und bis zur Unkenntlichkeit verstümmelt. Eine langstielige Axt lehnte am Spülstein... Um 9.15 Uhr traf Inspector Charles Roberts in Begleitung eines Arztes am Tatort ein. John Doughty, der zwar schwere Knochenbrüche und eine Gehirnerschütterung, jedoch weder Schürf- noch Platzwunden erlitten hatte, wurde ins Krankenhaus gebracht. Dort erst bemerkte man die Blutflecken an seinen Händen und Kleidern. Inspector Roberts hatte derweil im Haus nach Spuren gesucht. Raub schied für ihn als Tatmotiv aus, denn sowohl im Laden als auch in den übrigen Räumen fehlte vor allem eines – die Unordnung. Im Treppenhaus wurde er fündig: Blutige Fußabdrücke führten von der Küche geradewegs zum Dachfenster hinauf. Dies, und die Tatsache, dass sich ein Einbrecher kaum die Mühe gemacht hätte, nach der Tat sämtliche Türen von außen abzusperren, ließ nur einen Schluss zu: John Doughty selbst hatte Frau und Kind erschlagen und anschließend versucht, sich aus dem Fenster in den Tod zu stürzen! Dem Gemischtwarenhändler wurde nach seiner Genesung der Prozess gemacht. Obwohl er die Morde stets bestritt, befand ihn das Gericht für schuldig, seine Familie ausgelöscht zu haben, und verhängte die Höchststrafe. Aufgrund eines psychologischen Gutachtens, welches Doughty eine fortgeschrittene Geisteskrankheit bescheinigte, wurde das Urteil nur wenige Tage vor dem festgesetzten Hinrichtungstermin aufgehoben und in eine lebenslange Haftstrafe umgewandelt.

Derby, Derbyshire 🏛 ⚔

Ca. 20 km südwestlich von Nottingham an der A 38 gelegen.

☞ **Police Memorabilia Museum:** Das am St Mary's Gate gelegene Polizeimuseum beherbergt eine außergewöhnlich umfassende Ausstellung zur Kriminalgeschichte des County Derbyshire. Sein Besuch dürfte all jene entschädigen, die bislang vergeblich von einer Führung durch Scotland Yards *Black Museum* geträumt haben. Neben jenen Asservaten, die bei einigen der bekanntesten Verbrechen dieses Landesteils eine Hauptrolle spielten, werden unter anderem kriminaltechnische Hilfsmittel zur Spurensiche-

DIE MIDLANDS & WALES

rung und eine bis ins 14. Jh. zurückreichende Handschellensammlung gezeigt. Öffnungszeiten: Di. 9.30–12.30 Uhr und Do. 13.30–16.30 Uhr.

East Haddon, Northants ♈ ✝

Ca. 12 km nordwestlich von Northampton an der B 428 gelegen.

☞ **The Red Lion Pub:** Nachdem man am 6. August 1892 etwas außerhalb des Ortes den in einen Sack gewickelten, stark verwesten Leichnam einer Frau ohne Kopf und Arme in einem Straßengraben gefunden hatte, wurden die sterblichen Überreste in dieses Pub gebracht. Noch vor dem Eintreffen der Polizei führte der örtliche Landarzt Dr. Churchhouse eine erste Untersuchung durch. Seiner Meinung nach war die Frau ca. 30 Jahre alt und seit mindestens einem Monat tot. Die Gentlemen von der County Police nahmen den für den Transport der Leiche benutzten Leinensack etwas genauer in Augenschein und bemerkten das kleine aufgedruckte Firmenlabel darauf: *„E.M.RAE. Northampton, L.&N.W."* Dieser Hinweis schien geradewegs zum Täter zu führen, dem Wurst-Fabrikanten Edward MacRae. Diesem gelang es jedoch glaubhaft zu versichern, dass er mit dem Tod der Frau nicht das Geringste zu tun hatte. Schließlich würden solche Säcke von seiner Gesellschaft an Händler im ganzen Land vertrieben. Jeder von ihnen (und auch jeder ihrer Kunden) konnte der Mörder sein. Der Entschluss der Behörden, das Label trotzdem in allen Zeitungen der Gegend abzudrucken, brachte letztlich den erhofften Erfolg. Eine Mrs. Bland meldete sich bei Superintendent Alexander. Sie führte einen Secondhand-Laden in Northampton und sagte aus, *Andrew George MacRae*, der Bruder des Fabrikanten, habe ihr vor etwa einem Monat zahlreiche Damenkleider und Babysachen verkauft. Dies sei ihr merkwürdig vorgekommen, da MacRae (dessen Frau in Birmingham lebte) erst kürzlich Vater geworden sei. Daraufhin vernahm Alexander den Mann und fragte ihn, woher die Kleider stammten. MacRae behauptete, seine Frau Harriet habe sie ihm geschickt. Eine Lüge, wie sich herausstellte. Der Superintendent nahm Andrew George MacRae unter Mordverdacht fest. Weitere Nachforschungen in Birmingham enthüllten schließlich die Identität des Opfers. Bei der Toten handeltete es sich um die 32-jährige Annie Pritchard, mit der MacRae seit langem ein Verhältnis hatte. Aus dieser Verbindung war ein uneheliches Kind hervorgegangen, das ebenso verschwunden blieb wie die abgetrennten Körperteile der Leiche. Da MacRae in der Firma seines Bruders mitgearbeitet hatte und Schlüssel zu dessen Warenhaus besaß, wurde auch dort nach Spuren gesucht. In einem mächtigen Fleischwolf entdeckte der Polizeiarzt zerkleinerte Knochenfragmente – sie stammten von einem menschlichen Arm. Das Verfahren gegen Andrew MacRae wurde am 17. November desselben Jahres in Northampton eröffnet, dauerte nur wenige Tage und endete mit einem Todesurteil. Der erfahrene Henker *James Billington* (➜ Bolton, Nordengland), der wie immer eine lederne Schädelkappe trug und damit wie ein Scharfrichter aus dem Mittelalter wirkte, voll-

DIE SCHWARZE INSEL

streckte es am Morgen des 10. Januar um Punkt acht Uhr. Der Delinquent wurde anschließend ohne Sarg in ein unmarkiertes Grab auf dem Grundstück des Gefängnisses gelegt und sein Körper mit ungelöschtem Kalk bedeckt, um den Zersetzungsprozess zu beschleunigen. Annie Pritchard fand letzte Ruhe auf dem **Friedhof** von East Haddon, wo ein Mahnmal an ihren gewaltsamen Tod erinnert.

Gaulby, Leicester ✝ ⚲ ⚹ ❓

Ca. 4 km östlich von Leicester gelegen.

☞ **Gartree Road/Via Devana:** Am Abend des 5. Juli 1919 stieß der Farmer Mr. Cowell auf die in einem einsamen Feldweg liegende Leiche einer jungen Frau; sie schien, nur wenige Meter südöstlich der Abzweigung nach Little Stretton, von ihrem Fahrrad gestürzt zu sein, denn eine häßliche Blutlache hatte sich um ihren Kopf herum gebildet. Sie lag halb auf dem Rücken, halb auf der linken Seite. Cowell rührte das Mädchen nicht an, sondern verständigte die Polizei. Der örtliche Police-Constable Hall untersuchte die Tote und vermutete zunächst ebenfalls einen Unfall. Möglicherweise hatte das Mädchen ein wenig zu heftig in die Pedale getreten, oder war an purer Entkräftung gestorben ... Die Tote wurde nach Little Stretton gebracht, wo man sie in Ermangelung einer Leichenhalle in einem winzigen Gebäude aufbahrte, welches noch immer als **Little Chapel** bekannt ist. Doch bei der gerichtlichen Untersuchung der Leiche (sie war mittlerweile als die einundzwanzigjährige Annie Bella Wright aus Staunton identifiziert worden) entdeckte man ein winziges Loch in ihrer linken Schläfe. Auch die Verletzung der rechten Gesichtshälfte sah eher wie die Austrittswunde einer Kugel aus, als durch einen Sturz vom Fahrrad verursacht. Constable Hall kehrte daraufhin nochmals an den Ort des Geschehens zurück und fand dort eine ins Erdreich eingetretene Gewehrkugel. Auf dem weißen Rahmen eines nahegelegenen Holztores entdeckte er nebenbei blutige Vogelspuren. In unmittelbarer Nähe des Tatortes fand er schließlich eine leblose Krähe. Wie es aussah, hatte sie vom Blut der Verunglückten getrunken und war daran verendet ... Ein bislang ungelöstes Rätsel war geboren. Bella Wright hatte bei ihren Eltern in einem kleinen Cottage in **Stoughton** gelebt. Von dort aus war sie am Nachmittag zu einer Radtour nach Gaulby aufgebrochen, um Ihren Onkel George Measures in dessen Haus **Nr. 2 Front Street** zu besuchen. Wie das Mädchen ihm erzählte, hatte sie unterwegs einen jungen Mann auf einem grünen Fahrad getroffen, der nun auf sie wartete. Sowohl Onkel Measures als auch dessen Schwiegersohn Mr. Evans sahen den Fremden in einiger Entfernung auf der Straße stehen. Er war ungepflegt und für Bella viel zu alt. Sie gaben dem Mädchen den Rat, ihn ziehen zu lassen. Mr. Evans, ein Zweiradfan, ging hinaus und sprach mit dem Mann über dessen neuwertiges grünes Rad vom Typ BSA, versäumte indes, ihn nach seinem Namen zu fragen. Der Fremde radelte schließlich davon. Bella verabschiedete sich eine halbe Stunde später. Als ihr Onkel

DIE MIDLANDS & WALES

sie das nächste Mal sah, lag sie bleich und seelenlos auf einem primitiven Sektionstisch in Little Stretton. Ihre Beerdigung fand am 11. Juli in Stoughton auf dem Friedhof der Kirche **St Mary and All Saints'** statt. Viele hundert Menschen besuchten den Gottesdienst und erwiesen der Verstorbenen die letzte Ehre. Doch wer war der Mörder? Sehr bald nach der Entdeckung der Toten wurde der junge Mann auf dem grünen BSA-Fahrad des Mordes bezichtigt und von der Polizei gesucht. Die Beamten fanden ihn schließlich im Haus **Nr. 54 Highfield Street, Leicester**. Sein Name war *Ronald Vivian Light*. Von ihm war bekannt, dass er ein grünes Rad der gesuchten Marke besessen hatte. Doch dieses war seit dem Mord verschwunden. Von der Polizei befragt, leugnete er seine Bekanntschaft mit Bella zunächst, musste später jedoch eingestehen, dass er der Mann gewesen war, der vor Mr. Measures Cottage auf sie gewartet hatte. Eine Gegenüberstellung mit Mr. Evans bestätigte dies. Und was war mit dem Fahrrad geschehen? Light gab zu, es auseinandergenommen und in den nahen Kanal geworfen zu haben. Taucher der Polizei fanden es schließlich. Ronald

Ronald V. Light

Light wurde unter dringendem Mordverdacht verhaftet. Vor Gericht ließ er sich durch den brillanten Strafverteidiger Sir Edward Marshall Hall vertreten, dem es tatsächlich gelang, die Geschworenen von der Unschuld seines Schützlings zu überzeugen. Er bat Light in den Zeugenstand und ließ ihn in eigenen Worten schildern, wie er Bella Wrights Bekanntschaft rein zufällig gemacht und bei der Reparatur ihres Hinterrades – das sich auf der Fahrt nach Gaulby gelöst hatte – behilflich gewesen war. Sein BSA-Rad habe er nur deshalb verschwinden lassen, weil den Zeitungsmeldungen zu entnehmen gewesen war, dass für die Polizei von vornherein festgestanden habe, bei dem Besitzer des Rades müsse es sich zwingend um den Mörder des Mädchens handeln. Light gab zu, dass es ein Fehler gewesen war, das Fahrrad verschwinden zu lassen, fügte aber hinzu, er sei dermaßen hilflos gewesen, dass er einfach keine andere Möglichkeit gesehen habe. Die Jury glaubte ihm und sprach in frei. Annie Bella Wrights Mörder wurde niemals gefunden. Auch der Tod der Krähe blieb ein Rätsel. Viele Jahre später entwarf ein Krimiautor folgendes Szenario: Bella radelte allein die von hohen Büschen gesäumte Gartree Road entlang. Zur selben Zeit lag jemand viele hundert Meter entfernt irgendwo in den Feldern auf der Lauer, um Vögel zu schießen. Er feuerte eine Kugel ab, diese durchschlug zwar wie geplant das anvisierte

Die schwarze Insel

Federfieh, flog aber weiter. Und so tötete das Geschoss – vom Schützen unbemerkt – jene geheimnisvolle Krähe, ehe es nur Bruchteile von Sekunden später auch Bella traf. Der Fall Bella Wright, ob nun Unfall oder vorsätzlicher Mord, beschäftigt die Briten noch immer und ist nach wie vor als das *„Geheimnis des grünen Fahrrads"* bekannt. Das Rad selbst wird augenblicklich von einem örtlichen Zweiradhändler zu Dekorationszwecken genutzt. Bislang ist es dem Museum für Lokalgeschichte leider noch nicht gelungen, den Sturkopf zum Verkauf zu bewegen.

Gloucester, Gloucestershire 🏛 ♀ ⚒

Ca. 60 km südlich von Birmingham am M 5 gelegen.

☞ **Gloucester Prison Museum & Shop:** 🏛 ♀ Das Gloucester Prison ist das einzige noch heute mit Häftlingen belegte Gefängnis, welches zusätzlich über ein Museum verfügt. Es ist von Ostern bis Ende September montags bis samstags von 10.00 bis 16.00 Uhr geöffnet. Der Eingang zum Museumsteil liegt etwas versteckt an der nordöstlichen Seite der Haftanstalt in der Longsmith Street. Ein berüchtigter Mörder, der hier am frühen Morgen des 31. Mai 1922 seinen Termin mit John Ellis, dem offiziellen Henker von England, einhielt, war *Major Herbert Rowse Armstrong* (→ Hay-on-Wye, Midlands & Wales). In seiner Autobiografie schrieb Ellis später: *„Der Kaplan begann, auf das Schafott zuzuschreiten, und Armstrong folgte ihm. Aber der langsame Schritt des Geistlichen schien an den Nerven des (...) Mannes zu zerren, denn ich sah, wie er mich über die Schulter des Kaplans hinweg anschaute, und scheinbar versuchte, an ihm vorbeizugehen. (...) Armstrong (...) ging tapfer in den Tod. Sofort als er mich erreichte, stülpte ich ihm die weiße Kaputze über den Kopf und befestigte die Schlinge. Gerade als ich die Hand auf den Hebel legte, hörte ich ihn seine letzten Worte sprechen: ‚Ich komme, Kate.'"*

Nr. 25 Cromwell Street: ♀ ⚒ Das als „Horror Haus" bekannte Gebäude, in welchem *Frederick und Rosemary West* ihre Morde begingen, steht nicht mehr. Nach Beendigung der polizeilichen Ermittlungen 1994 wurde es auf Drängen der Anwohner abgerissen. Ein Fußweg verläuft heute an dieser Stelle. Nachdem einem Mädchen die Flucht aus dem Haus gelungen war, wurde das Grundstück von der Polizei durchkämmt. Sie fand mehrere Leichen im Garten und unter dem Beton der Terrasse.

Als man den rennomierten Psychologen Paul Britton um Mithilfe bat und ihm die bisherigen Ergebnisse vorgelegt hatte, legte er den Beamten nahe, im Haus nach weiteren Opfern zu suchen.

DIE MIDLANDS & WALES

Seiner Meinung nach waren die Wests auf den Garten ausgewichen, weil das Haus nicht mehr genügend Platz für weitere Leichen bot. Und er lag richtig. Weitere Leichen waren in Keller und Wänden eingemauert worden. Insgesamt wurden 11 Leichen gefunden.

Wie sich herausstellte, hatte Fred West seit 1972 immer wieder getötet. Aus Lust, oder einfach um unliebsame Zeugen auszuschalten. Beginnt ein Psychopath zu morden – und dies geschieht meist in einem Alter von 18 oder 19 Jahren –, so hört er damit frühestens in seinen 50ern auf; es sei denn, man fasst ihn vorher. Britton ging daher davon aus, dass man, wolle man jedes der Opfer finden, an all seinen vorherigen Wohnorten die Erde würde umgraben müssen. Einige, jedoch nicht alle, wurden gefunden; verscharrt, in der Nähe seiner Wohnungen. Die genaue Zahl seiner Opfer ist bis heute nicht bekannt. Fred West selbst kann nicht mehr befragt werden – er entzog sich den weltlichen Richtern, indem er im Gefängnis Selbstmord beging. Seine Witwe, die von den Verbrechen nichts gewußt haben will, wurde jedoch von Mr. Justice Mantell in allen Anklagepunkten schuldig gesprochen und zu einer lebenslangen Freiheitsstrafe verurteilt. An die Angeklagte gewandt, fügte er abschließend hinzu: *„Und falls ich meinen Einfluss geltend machen kann, werden Sie nie wieder frei kommen."*

Hardingstone, Northants ⚲ ✝ ⚲

Ca. 6 km südlich von Northampton an der Umgehungsstraße A 45 gelegen.

☞ **Hardingstone Village Church:** *Alfred Arthur Rouse* war ein Mann, dem die Frauen zu Füßen lagen; er besaß das gewisse Etwas. Er sah blendend aus, verfügte über eine gewaltige Portion Charme und hatte die Gabe jede Frau allein durch die Wahl seiner Worte zu verzaubern und ihr Herz höher schlagen zu lassen. Allerdings auch eine Gabe, die ihn schließlich an den Galgen brachte.

Am 6. November 1930 um 2.00 Uhr morgens wanderten William Bailey und sein Freund Alfred Thomas Brown die **Hardingstone Lane** entlang. Nach einem durchtanzten Abend waren sie auf dem Weg nach Hause, als sie in einiger Entfernung Flammen sahen. Es war Guy-Fawkes-Night, und sie glaubten, jemand habe dort am Straßenrand ein Freudenfeuer entzündet. Doch plötzlich bemerkten sie die dunkle Gestalt eines Mannes, die sich aus dem Gebüsch neben ihnen schälte und wortlos in Richtung London Road an ihnen vorübereilte. Der entfernte Lichterschein erhellte für Sekunden seine Züge. Neugierig geworden, näherten sich die jungen Männer dem lodernden Feuer. Sie waren nicht wenig überrascht, als sie einen brennenden Wagen – einen Morris Minor – am Straßenrand vorfanden. Trotz ihres alkoholisierten Zustandes erkannten die beiden den Ernst der Lage und riefen die Polizei.

Beim Eintreffen der Beamten waren die Flammen beinahe erloschen. Quer über den Vordersitzen des Wagens lagen die verbrannten Überreste eines Menschen. Die Leiche wurde geborgen

DIE SCHWARZE INSEL

und zunächst im **Crown Pub** aufgebahrt, ehe man sie am folgenden Tag zur weiteren Untersuchung ins Northampton General Hospital überführte. Das Nummernschild des Morris Minor (MU 1468) hatte das Feuer unbeschadet überstanden. Binnen weniger Stunden stand der Name des Halters fest: Alfred Arthur Rouse. Nachdem man die Frau des 36 Jahre alten Vertreters ausfindig gemacht, und um ein Photo ihres Mannes gebeten hatte (immerhin nahm die Polizei an, dass es sich bei dem Toten um den Besitzer des Wagens handelte) kam die Überraschung. Denn die Herren Brown und Bailey erkannten in Rouse jenen Mann wieder, der ihnen in der fraglichen Nacht unweit des brennenden Wracks begegnet war. Doch wenn Rouse noch lebte, wer war dann in den Flammen gestorben? Eine Frage, auf die es niemals eine Antwort gab. Der Pathologe Sir Bernard Spilsbury war unterdessen mit der Untersuchung der Leiche betraut worden. Seiner Meinung nach war das unbekannte männliche Opfer zunächst bewußtlos geschlagen und anschließend mit Benzin übergossen worden. Man hatte es also mit einem Mord zu tun. Ein landesweiter Presseaufruf wurde gestartet, in dem es hieß, Mr. Rouse möge sich schnellstmöglich auf der nächsten Polizeiwache melden, um Scotland Yard bei ihren Ermittlungen zu unterstützen. Doch Mr. Rouse dachte gar nicht daran. Er befand sich zu diesem Zeitpunkt bei einer befreundeten Familie, den Jenkins', in Penybryn, einem kleinen walisischen Nest nicht weit von Cardiff. Von ihnen auf die Zeitungsmeldungen angesprochen, behauptete er, sein Wagen sei ihm in Northampton gestohlen worden, er wisse auch nicht, was da geschehen sei. Mr. Jenkins bestand jedoch dermaßen vehement darauf, Rouse müsse umgehend dem Polizeiaufruf nachkommen, dass dem Handelsreisenden keine Wahl blieb. Er versprach, mit dem Bus direkt nach London zu fahren und Scotland Yard aufzusuchen. Ein Nachbar der Jenkins' brachte Rouse mit dem Auto zum Bus und verständigte auf dem Heimweg die Polizei von Cardiff. So wurde Rouse, als er in London aus dem Bus stieg, bereits von zwei Beamten erwartet. Offensichtlich nervlich stark angeschlagen, meinte er bei seiner Festnahme: *„Ich bin froh, dass alles vorüber ist. (...) Ich bin dafür verantwortlich."* Worte, die er später vor Gericht bestritt. Dort sagte er stattdessen aus, er habe an jenem Abend in London einen Anhalter mitgenommen, der wie er in die Midlands wollte und nach dessen Namen er sich nicht erkundigt habe. Als sie Hardingstone erreichten, habe er, Rouse, angehalten, um einem *„natürlichen Bedürfnis"* zu folgen. Er habe seinen Passagier darum gebeten, währenddessen den Tank mit dem Reservekanister aufzufüllen. Der Mann sei der Bitte bereitwillig nachgekommen, und Rouse hatte sich in die Büsche geschlagen. Als er zurückgekehrt sei, habe er dann den Wagen in Flammen stehen sehen. Der Anhalter saß auf den Vordersitz. Er habe ihn nicht retten können, da die Türen verriegelt gewesen seien. In Panik habe er dann den Kopf verloren und sei davongerannt. All das sei eine Verkettung unglücklicher Umstände gewesen, weiter nichts ...

Die Anklage vertrat hingegen eine gänzlich andere Theorie: Kronanwalt Norman Birkett enthüllte den Geschworenen zunächst die

DIE MIDLANDS & WALES

verworrenen Familienverhältnisse des Angeklagten. 1914 hatte Rouse seine jetzige Gattin Lillian May, geb. Watkins, in St. Albans geheiratet, doch die Monogamie sehr bald ermüdend gefunden. Zwei Jahre später hatte er ein 14-jähriges Mädchen namens Helen Campbell geschwängert und sich mit ihr einer gestellten Hochzeitszeremonie unterzogen. Das Baby starb bei der Geburt. Eine weitere Schwangerschaft folgte und die verständnisvolle wahre Mrs. Rouse nahm Helens Kind in ihre Obhut. 1925 lernte der *Beau* Miss Nellie Tucker kennen, die ihm zwei Kinder gebahr. Auch Ivy, die hübsche Tochter der Familie Jenkins war seinem Charme verfallen und betrachtete sich als die zukünftige Mrs. Rouse. Bedenkt man, dass er nebenher noch weitere Verhältnisse zu Frauen hatte, denen er als angeblich lediger Mann regelmäßige Besuche abstattete, muss Rouse zumindest über ein gewisses logistisches Talent verfügt haben. Birkett ging davon aus, dass Rouse – an die Grenzen seiner Belastbarkeit gestoßen – schließlich keinen anderen Ausweg mehr sah, als sein altes Leben durch einen fingierten Tod zu beenden, und irgendwo mit einer geraubten Identität neu zu beginnen. Allein zu diesem Zweck habe er den Anhalter mitgenommen, ihn niedergeschlagen und anschließend den Wagen in Brand gesetzt. Rouses Verteidiger protestierte gegen diese Version der Dinge, woraufhin der vorsitzende Richter Mr. Justice Talbot den Angeklagten fragte, weshalb er dann bei seiner Festnahme gesagt habe, er sei *„verantwortlich"*. In arrogantem Ton erwiderte Rouse: *„In den Augen der Polizei ist der Halter für alles verantwortlich, was mit seinem Wagen geschieht. Korrigieren Sie mich, wenn ich falsch liege."* Noch einmal wollte der Richter wissen, ob die Türen des Wagens tatsächlich verschlossen gewesen seien. Rouse bejahte dies. *„Wie kann es dann sein"*, fragte Talbot verächtlich, *„dass ein verbrannter rechter Fuß außerhalb des Fahrzeugs gefunden wurde?"* Der Angeklagte fand keine Erklärung, errötete und schwieg.

Nach sechs Tagen war das Schauspiel zu Ende. Das Gericht verhängte die Höchststrafe. Alfred Arthur Rouse wurde ins Gefängnis von Bedford gebracht, wo ihn Thomas Pierrepoint am 10. März 1931 um 8.00 Uhr morgens von der Todeszelle zum Galgen führte. Seine letzten Worte galten seiner Frau Lillian, die ihm während des Prozesses stets den Rücken gestärkt hatte: *„Mach's gut, Schatz. Du bist die beste Frau, die ich jemals kannte. Ich hoffe, die Zukunft hält größere Freuden für dich bereit ..."* Dann öffneten sich die Falltüren, und er starb. Seine sterbliche Hülle wurde auf dem Gefängnisfriedhof begraben. Das unbekannte Opfer A.A. Rouses bestattete man auf dem Friedhof von Hardingstone. Wer das Grab besuchen möchte, findet es auf der Rückseite der Kirche. Das hölzerne Kreuz trägt folgende Inschrift: *„In Erinnerung an einen unbekannten Mann. Gestorben Nov. 6. 1930".* Interessant ist, dass mit der verbrannten Leiche auch ein Metallkästchen der Erde übergeben wurde, welches Zeitungsausschnitte enthält, die über den Mordfall berichten.

DIE SCHWARZE INSEL

Harlow Wood, Nottinghamshire ♈ ✝ ☗ ?

Ca. 12 km nördlich von Nottingham am der A 60 gelegen.

☞ **Bessie's Stone:** Es wurde bereits gesagt: die Briten lieben
es, allerorten Schilder aufzustellen. Was dabei verwundert, ist das
Ergebnis einer Umfrage von 2001: Darum gebeten, den verwirren-
sten Aspekt ihres Landes in einem Satz auszudrücken, schrieben
50 von 100 Personen: *„Die vielen Hinweisschilder."* Fährt man die
A 60 von Nottingham in nördlicher Richtung und kreuzt die B
6020, erreicht man ca. 800 Meter weiter einen Ort, der als *Thie-
ves Wood* bekannt ist. Nahe des alten Krankenhauses weist ein
blasses Schild den Weg zu einem verwitterten, moosbewachsen
Stein, der jene Stelle markiert, an der eine Gruppe aufmerksamer
Wandergesellen am 8. Juli 1817 die Leiche der 17-jährigen Elizabeth ʻBessie̓ Sheppard entdeckte.

Das Mädchen war am Vortag vom nahe gelegenen Dörfchen Papplewick aufgebrochen, um in Mansfield nach Arbeit zu suchen. Sie
kehrte jedoch nicht zurück und wurde als vermisst gemeldet. Ihr
Mörder hatte Bessie mit einem starken Ast erschlagen. Im Polizei-
bericht hieß es: *„Ihr Kopf bot einen besonders erschreckenden
Anblick; derart entstellt, dass ihre Gesichtszüge kaum noch zu erkennen waren. Gehirnmasse trat aus dem Schädel aus. Ein Auge
war vollständig aus der Höhle getreten und lag auf der Wange.
Die Verstorbene war ein hübsches Mädchen von ungefähr 17 Jahren, und Tochter einer in Papplewick lebenden Frau."* Die Tote
wurde zur weiteren Untersuchung nach Sutton-in-Ashfield gebracht, wo man sie in einem Raum im *Old Blue Bell Public-
House* aufbahrte. Bessies neue Schuhe und ihr heller Regenschirm fehlten, wie die Mutter erklärte. Es waren diese beiden
Dinge, die sehr schnell zur Festnahme ihres Mörders führten.
Charles Rotherham, 33, wurde am 25. Juli in Loughborough verhaftet, nachdem er Schuhe und Schirm im *Three Crowns Inn* in
Redhill an einen Trinkgenossen verkauft hatte. Während der Coro-
nerverhandlung gestand Rotherham das Verbrechen, behauptete
aber, nicht zu wissen, weshalb er Bessie getötet habe. Wie er weiter angab, hatte er sie weder gekannt, noch ein Wort mit ihr ge-
wechselt und auch kein Geld in ihrer Börse gefunden.

Den Tod fand Rotherham am 28. desselben Monats auf Notting-
hams „Galgenhügel". Der Name seines Henkers ist unbekannt.
Kurz nach Bessies Beisetzung auf dem Friedhof von Papplewick
wurde der Gedenkstein am Mordschauplatz errichtet. Die geisterhafte Erscheinung des Mädchens ist seither von vielen Autofah-
rern und Spaziergängern gesehen worden. Und seit der Entwen-
dung ihres Grabsteines vom Friedhof Papplewick im Jahre 1988
ist selbst die örtliche Polizei von der Echtheit des Gespenstes
überzeugt. Der mit der Untersuchung des Diebstahls betraute Detective Inspector Keith Bell meinte: *„Nach all den Berichten über
die Erscheinungen an Bessies Gedenkstein möchte ich jetzt nicht
in der Haut der Diebe stecken."* Glaubt man den Anwohnern des
Ortes, so wurde der Grabstein entwendet, um den Geist der Ermordeten zu exorzieren. *„Jeder von uns weiß, dass es nicht gut
ist, sich am Gedenkstein herumzutreiben, weil schon die kleinste*

DIE MIDLANDS & WALES

Störung eine Geistererscheinung auslöst. (...) Vor Jahren hat sie die Arbeiter schier zu Tode erschreckt, die den Stein versetzen mussten, als die Straße verbreitert wurde – nein, wir halten uns lieber davon fern."

Hay-on-Wye, Hereford and Worcester ♀ ⚔

Ca. 40 km westlich von Hereford an der walisischen Grenze gelegen.

☞ **Nr. 9 Broad Street:** Major *Herbert Rowse Armstrong*, der erste und einzige Anwalt, der je in Großbritannien hingerichtet wurde, hatte seine Kanzlei in diesem Haus. Seine Verbrechen kamen 1921 ans Licht, als sein Konkurrent, der Anwalt Oswald Martin, nach einem Besuch bei Armstrong, ernstlich erkrankte. Nur wenige Stunden nach seiner Heimkehr stellten sich Magenkrämpfe und hohes Fieber ein. Sein Puls war beschleunigt, und während der Nacht traten Lähmungserscheinungen auf. Am frühen Morgen ließ Mrs. Martin den Hausarzt Dr. Thomas Hincks rufen. Der Doktor zog eine Arsenvergiftung in Betracht und fragte Martin, ob er im Laufe des vergangenen Tages vielleicht in Kontakt mit

Herbert R. Armstrong

Insektenvertilgunsmitteln gekommen sei. Der Anwalt verneinte, und bemerkte beinahe scherzhaft, Major Armstrong habe ihm vermutlich vergifteten Tee und Gebäck serviert. Doch Dr. Hincks war nicht zu Scherzen aufgelegt, denn ein halbes Jahr zuvor war es seine Aufgabe gewesen, die Gattin des Majors zu betreuen – Katharine Armstrong hatte unter ganz ähnlichen Symptomen gelitten. Sie war am 22. Februar in ihrem Anwesen **Mayfield** in Cusop Dingle, etwas außerhalb von Hay-on-Wye, verschieden. Der Verdacht, Major Armstrong könne damit zu tun haben, schien sich zu bestätigen, als John Davies, Oswald Martins Schwiegervater und Inhaber der einzigen Apotheke in Hay, erklärte, Armstrong habe im Laufe der letzten Monate genügend Arsen bei ihm erworben, um das Leben aller Bürger im Ort auszulöschen. Mrs. Martin entsann sich noch einer weiteren merkwürdigen Begebenheit: Vor ein paar Wochen hatten sie ein anonymes Päckchen bekommen. Darin waren Pralinen, nach deren Genuss ihre Schwester tagelang krank danieder gelegen hatte.

Dr. Hincks glaubte nun genug Informationen zu besitzen, um sich an die Polizei zu wenden. Scotland Yard sandte Chief Inspector Crutchett nach Hay, der sowohl eine Urinprobe des Erkrankten, als auch die restlichen Pralinen per Eilboten nach London bringen

DIE SCHWARZE INSEL

ließ, wo Sir Bernard Spilsbury sie untersuchte. Es verwunderte niemanden, dass beide Proben Spuren von Arsen enthielten. Trotzdem beobachtete Crutchett Armstrong sechs Wochen lang, ehe er den Anwalt in dessen Büro festnahm und Katharine Armstrongs Exhumierung anordnete. In ihrem Leichnam wurden tödliche Arsenmengen festgestellt.

Das Verfahren gegen Major Armstrong begann am 3. April 1922 in Hereford, dauerte zehn Tage und endete mit einem Schuldspruch. Dem vorsitzenden Richter Mr. Justice Darling wurde – wie bei der Verkündung von Todesurteilen üblich – ein schwarzes Seidentuch auf die schwere Perücke gelegt, ehe er sich an den Angeklagten wandte: *„Herbert Rowse Armstrong, die Jury hat Sie des vorsätzlichen Mordes für schuldig befunden, und das Urteil des Gerichtes dafür lautet, dass Sie von hier aus in ein gesetzliches Gefängnis, und von dort aus zur Hinrichtungsstätte verbracht werden, wo Sie den Tod durch Erhängen erleiden, und dass Ihr Körper auf dem Gelände jenes Gefängnisses begraben werden soll, in welchem Sie bis zu Ihrer Exekution untergebracht waren. Möge Gott Ihrer Seele gnädig sein."*

Armstrong, der bis zuletzt seine Unschuld beteuerte, starb am 31. Mai 1922 um 8.00 Uhr morgens im Gefängnis von Gloucester durch die Hand des Henkers John Ellis. Ein Motiv für die Taten wurde nie gefunden. (→ Gloucester, Midlands & Wales und Rochedale, Nordengland)

Lower Quinton, Warwickshire ♈ ✝ ♀ ⚲ **?**

Ca. 10 km südwestlich von Stratford-upon-Avon an der B 4632 gelegen.

Meon Hill: Am Abend des 14. Februar 1945 fand der Farmer *Alfred Potter* den verstümmelten Leichnam des 74-jährigen, gichtgeplagten Gelegenheitsarbeiters Charles Walton auf einem seiner Felder in Lower Quinton, einer verschlafenen Ortschaft unweit der pittoresken Shakespeare-Stadt Stratford-upon-Avon. Eine Heugabel war durch den Hals des Opfers getrieben worden, und sein Körper wies Verletzungen auf, die eindeutig an die uralten Opferrituale der Druiden erinnerten: In Brust und Wangen des Toten hatte der Mörder Symbole geritzt. Walton, der mit seiner Nichte Edith ein Cottage in der **Main Street** von Lower Quinton (unmittelbar der Kirche gegenüber) bewohnte, arbeitete gelegentlich auf Alfred Potters Farm **The Firs** in Upper Quinton. Edith machte sich Sorgen, als er um 17.00 Uhr nicht zum Tee erschien, da sie ihren Onkel als einen Mann mit festen Gewohnheiten kannte. Gemeinsam mit einem Nachbarn fuhr sie zu Potters Farm hinauf, um bei dem mürrischen Bauern nach Walton zu suchen. Der gab an, er habe den alten Charles zuletzt gegen Mittag gesehen. Um diese Zeit sei Walton auf einem der Felder mit dem Stutzen der Hecken beschäftigt gewesen. Da es mittlerweile dunkel geworden war, ging Potter eine Taschenlampe holen, und das Trio machte sich auf die Suche. Schon nach wenigen Minuten stießen sie auf den blutüberströmten Leichnam. Potter hatte sie geradewegs dorthin geführt.

108

DIE MIDLANDS & WALES

Die örtliche Polizei rief Scotland Yard zu Hilfe, und umgehend wurde Inspector Bob Fabian, einer der erfolgreichsten Londoner Beamten, nach Lower Quinton entsandt. Nach vielversprechenden Anfangserfolgen gerieten die Ermittlungen ins Stocken. Die abergläubische Bevölkerung hüllte sich nach dem plötzlichen Auftauchen eines riesigen schwarzen Hundes im Ort in ängstliches Schweigen. Denn Gerüchten zufolge war Walton als junger Bursche an neun Abenden in Folge ein schwarzer Geisterhund begegnet, der sich zuletzt in eine kopflose Frau verwandelt hatte – tags darauf war Waltons Schwester gestorben. Fabian und seinen Leuten wurden bei Haus-zu-Haus-Befragungen die Türen vor der Nase zugeschlagen, und Charles Waltons Lieblingspub *The College Arms* leerte sich, sobald die Beamten eintraten. Fabian schrieb später darüber: *„Es war, als hätte man ein Gitter heruntergelassen. Als ich (...) (das) Pub in der Hoffnung betrat, mich mit den Leuten unterhalten zu können, kehrte plötzlich Stille ein. Dann stellte jeder sein Glas hin, stand auf und ging."* Wie, zum Teufel, war dieses Verhalten zu erklären? Fabian fragte sich, ob nicht in Wahrheit sämtliche Bewohner des Dorfes den Grund von Charles Waltons Tod kannten. War es möglich, dass sie jemand bestimmten deckten, oder handelte es sich gar um eine Verschwörung?

Weitere seltsame Vorgänge ereigneten sich während der Anwesenheit der Polizei im Dorf: Ein Kalb verendete in einem Graben, die Ernte begann zu verkümmern. Einer der Anwohner starb, nachdem er sich mit Inspector Fabian unterhalten hatte, und schließlich überfuhr ein Polizeiwagen einen riesigen schwarzen Hund vor der Kirche. Doch warum hatte man Walton getötet – und wer war sein Mörder? Fragen, auf die es trotz zahlloser Theorien bis heute keine wirklichen Antworten gibt. Edith Walton und Inspector Fabian, der Monate später unverrichteter Dinge nach London zurückkehren musste, waren zeitlebens davon überzeugt, Potter habe den alten Mann getötet. Doch warum? Zum einen galt Walton als wunderlicher Kerl mit Zauberkräften. Wenn er sich an jemandem rächen wollte, so spannte er manchmal eine Erdkröte vor einen Miniaturpflug und ließ sie ein Stück des Feldes umpflügen, das der betroffenen Person gehörte, um die Erde unfruchtbar zu machen. Auch Potters Felder waren schon in den Genuss dieser Prozedur gekommen. Ein glaubhafteres Motiv sind sicherlich die angeblichen Schulden, die Potter bei Walton hatte. Die Kriegsjahre waren für den Farmer keine besonders einträgliche Zeit gewesen, und er soll sich von dem sparsamen alten Mann eine beträchtliche Geldsumme geliehen haben... Reine Spekulation. Sicher ist dagegen, dass die älteren Bürger Lower Quintons auch heute noch an die Macht von Hexen glauben und sehr zurückhal-

DIE SCHWARZE INSEL

tend reagieren, wenn sie auf den mehr als 50 Jahre zurückliegenden Mordfall angesprochen werden. Wer sich weitere Informationen beschaffen möchte, sollte das Archiv der Warwickshire-Police aufsuchen. Dort werden neben den Tatortfotos auch die bei dem Mord benutzten Waffen ausgestellt.

☞ Warwickshire ist von jeher als Hexencounty bekannt. Die **Rollright Stones** beispielsweise, eine nahe Long Compton gelegene Steinformation, wurden zu Waltons Zeiten als Versammlungsort von Hexenkonventen genutzt, die dort Tier- und Menschenopfer (!) darbrachten. Der Sage nach handelt es sich bei den Megalithen um versteinerte Kämpfer. Angeblich ist niemand in der Lage, ihre exakte Anzahl zu bestimmen. Nebenbei sei erwähnt, dass drei spielende Kinder auf der Suche nach Vogelnestern im April 1943 in **Hagley Wood** die Leiche einer Frau im hohlen Stamm einer Trauerweide entdeckten. Die Identität der Toten konnte nie geklärt werden, aber auch sie wies Verstümmelungen auf, die auf einen Ritualmord hindeuteten. In seinem 1970 erschienenen Buch *The Anatomy of Crime* warnte Inspector Fabian eindringlich davor, sich mit *„Schwarzer Magie, Hexerei und Satanismus einzulassen."* Und empfahl: *„(...) sich soweit wie möglich von diesen Verbrechern mit ihren Schwertern, ihrem Zorn und ihrem Hokuspokus fernzuhalten. Es ist eine Vorsichtsmaßnahme, von der (...) Ihr Leben abhängen könnte."*

Newent, Gloucestershire 🏛 ♀ ✝

Ca. 15 km nordwestlich von Gloucester an der B 4215.

☞ **Crime-Through-Time Museum:** Großbritanniens außergewöhnlichstes Museum befindet sich in privater Hand und wird nicht ohne Grund als das *„Black Museum von Gloucestershire"* bezeichnet. Die weltweit einzigartige Sammlung kriminalhistorischer Relikte ist im Nicholson House untergebracht, dem ehemaligen Magistrats Court von Newent. Das Gebäude selbst stammt aus viktorianischer Zeit und steht auf unheiligem Grund. Denn schon

Crime-through-Time-Museum

DIE MIDLANDS & WALES

lange vor seinem Bau fanden an dieser Stelle Hinrichtungen statt. Im Jahre 1258 beispielsweise starb hier der protestantische Märtyrer Edward Horne auf dem Scheiterhaufen. Während der Regierungszeit von Charles II waren es dann der Hexerei verdächtige Frauen, die man im Peacocks Brook ertränkte, einem Bach, der nach wie vor auf der Rückseite des Museums fließt. Dies dürfte auch der Grund für zumindest zwei der hier vorkommenden Geistererscheinungen sein: der kopflose Mönch, der blindlings herumstolpert, und eine wunderschöne Hexe mit feuerrotem Haar, die kein größeres Vergnügen kennt, als Männern mit unkeuschen Gedanken die Hosen herunterzuziehen.

Im Jahre 1867 war Nicholson House Schauplatz eines berühmten Mordprozesses: Der Anwalt *Edmund Edmunds* wurde beschuldigt, seine Frau aus niederen Motiven mit Hilfe von Gift ins Jenseits befördert zu haben. Die Beweise waren jedoch dermaßen lückenhaft, dass ihn die Geschworenen in Gloucester nach nur 16-minütiger Beratungszeit freisprachen. So kam einem anderen Gentleman erst Jahrzehnte später die besonders ehrlose Rolle des ersten und letzten Anwalts zu, der je in England hingerichtet werden sollte (→ Hay-on-Wye, Midlands & Wales). Einer der zahllosen Mörder, die vorübergehend eine Zelle im Nicholson House okkupierten, war in den 1990ern der Serienkiller *Frederick West*. Seine Verbrechen waren derart scheußlich, dass sie als die *„Horror-Haus-Morde"* auch hierzulande für enormes Medieninteresse sorgten (→ Gloucester, Midlands & Wales). Diverse Gegenstände aus seinem Besitz (darunter das Messer, mit dem er seine Opfer tötete) werden hier ausgestellt. Neben Foltergeräten, einer Guillotine und jenem Stück Bürgersteig, auf dem eines der Opfer *Jack the Rippers* sein Leben aushauchte, findet man in einer Vitrine ein besonders wertvolles Stück Kriminalgeschichte: die Schlinge, mit welcher James Berry 1884 vergeblich versuchte, *John Lee* zu hängen (→ Babbacombe, Südwestengland). Das gute Stück wird auf einen Wert von 20.000 Pfund Sterling geschätzt. Darüber hinaus bietet die Sammlung seltene Einblicke in das Leben britischer Henkerdynastien, und besitzt zahlreiche Ausstellungsstücke zu amerikanischen Verbrechen – so ein Modeschmuckcollier, das der „Boston-Würger" *Albert De Salvo* kurz vor seiner Ermordung im Gefängnis anfertigte. Das Museum ist täglich von 10.00 bis 17.00 Uhr geöffnet. Tel.: 0044-(0)1531-821888

Rhyl, Clwyd, Wales 🏺 ❓

Ca. 60 lm nordwestlich von Chester an der walisischen Nordküste gelegen.

Nr. 35 Kinmel Street: *„Ein jeder hat seine Leiche im Schrank",* behauptet ein geflügeltes Wort. Doch niemand rechnet tatsächlich damit, eines Tages im eigenen Heim auf sie zu stoßen.

Leslie Harvey hatte seine ganze Kindheit in Nr. 35 Kinmel Street verbracht. Hier war er geboren und liebevoll aufgezogen worden. Die Jahre vergingen. Er zog aus, stand auf eigenen Beinen, heiratete schließlich. Sein Vater Alfred war bereits 1938 gestorben, und auch an seiner resoluten Mutter *Sarah Jane Harvey* war all

DIE SCHWARZE INSEL

die Zeit nicht spurlos vorüber gegangen. Im April 1960 musste sich die mittlerweile 65 Jahre alte Frau im Krankenhaus einer Untersuchung unterziehen. Leslie wollte diese Gelegenheit nutzen und ihr eine Freude damit machen, ihre Wohnung zu renovieren. Beim Durchstreifen des Hauses fühlte sich Leslie an seine Kindertage erinnert. Soviel Bekanntes, soviel Verbotenes ... Im ersten Stock stieß er auf einen Schrank. Schon als kleiner Junge hatte er sich für dessen Inhalt interessiert, aber Mutter hatte ihn stets verschlossen gehalten und betont, sie bewahre lediglich die Privatsachen einer ehemaligen Mieterin namens Frances Knight darin auf. Nun war Leslie allein, und die Erinnerungen kehrten zurück, und mit ihnen die kindliche Neugier. Was schadete es schon, wenn er jetzt, nach all den Jahren, einmal einen Blick hinein warf? Er griff nach den Knäufen, doch die Türen des Schrankes waren verschlossen. Leslie sprengte das Schloß mit Hilfe eines großen Schraubenziehers. Geschockt schreckte er zurück: Statt der erwarteten Koffer und Kleidungsstücke befand sich darin der mumifizierte Leichnam einer Frau. Einem ersten Impuls folgend, schlug er die Schranktüren zu, hätte am liebsten den Anblick der Leiche vergessen. Eines war sicher: Wer immer die Tote sein mochte, sie war nicht aus eigenem Antrieb in diesen Schrank gestiegen und hatte sich zum Sterben hingelegt. Aber die Vorstellung, seine Mutter habe vielleicht einen Mord begangen und die Leiche mehr als zwanzig Jahre lang in diesem Schrank versteckt, war einfach zu grauenhaft, um wahr zu sein.

Schließlich ging er zum Telefon und wählte die Nummer der Polizei. In der Folge wurde die Mumie dem Gerichtsmediziner Dr. Gerald Evans überstellt, der sie zunächst in einer Glyzerinlösung aufweichen musste, um sie genauer untersuchen zu können. Dabei entdeckte er einen um den Hals der Toten gewickelten und verknoteten Damenstrumpf. Allem Anschein nach, war das Opfer stranguliert worden. Am 9. Juni nahm die Polizei Sarah Jane Harvey unter dringendem Mordverdacht fest. Vor Gericht gab sie zu, ihre Mieterin Frances Knight irgendwann im Jahre 1940 tot aufgefunden zu haben. Deren Ableben habe sie verschwiegen, um auch weiterhin in den Genuss von Mrs. Knights kleiner Rente zu gelangen, die sie stets für die gebrechliche Frau entgegengenommen hatte. Doch getötet habe sie sie nicht. Vom Anklagevertreter gefragt, wie sie sich dann den Damenstrumpf erklären wolle, antwortete sie, Mrs. Knight sei erkältet gewesen und vermutlich auf ein altes Hausmittel gegen Halsschmerzen verfallen – ein getragener Strumpf wirke da manchmal Wunder.

Das Verfahren endete bereits nach drei Tagen. Da sich nicht mehr eindeutig feststellen ließ, ob sich das Opfer versehentlich selbst erdrosselt hatte oder von der Angeklagten vorsätzlich ermordet worden war, verurteilte das Gericht Mrs. Harvey lediglich wegen Betrugs zu einer Haftstrafe von 15 Monaten. Sie verließ den Saal erhobenen Hauptes. Ihr Sohn Leslie dagegen war ein gebrochener Mann, und dass er die Renovierungsarbeiten anschließend noch zu Ende führte, darf man bezweifeln.

DIE MIDLANDS & WALES

Sutton Coldfield, West Midlands ♀ ✝ ♀ ♥ ?

Ca. 9 km nordöstlich von Birmingham an der A 38 gelegen.

☞ **Holy Trinity Church:** Auf dem Friedhof der Holy Trinity Church befindet sich das Grab Mary Ashfords, einer jungen Frau, die in den frühen Morgenstunden des 27. Mai 1817 durch die Hand eines unbekannten Mörders starb. Die Grabsteininschrift beginnt mit den Worten: *„Als Warnung der weiblichen Tugend..."* und bis ins 20. Jh. hinein pflegten besorgte Mütter es mit ihren Töchtern zu besuchen, um den Mädchen zu zeigen, was geschah, wenn man sich nicht an elterliche Verbote hielt und sich unbeaufsichtigt mit jenem Geschlecht einließ, das angeblich immer nur das eine will...

Mary Ashford war ein naives, flachbrüstiges Mädchen von 20 Jahren, als sie sich in den raubeinigen, fünf Jahre älteren *Abraham Thornton* verliebte. Am 26. Mai begab sie sich gemeinsam mit ihm, ihrer Freundin Hannah Cox und deren Bräutigam Benjamin Carter zu einem Tanzabend, der im ***Tyburn House Inn***, einem Pub etwas außerhalb von Erdington, stattfand. Gegen 23 Uhr verließen die vier den Inn und gingen die London & Chester Road in Richtung Erdington entlang. Irgendwann verkündete Hannah, sie wolle nach Hause gehen, und man trennte sich. Es war vier Uhr am Morgen, als Mary an Hannahs Haustür klopfte und ihr mitteilte, sie habe Thornton vor einigen Stunden verlassen. Sie wolle nun zum Haus ihres Großvaters in der Bell Lane gehen, erklärte sie, und machte sich davon. Die letzte Person, die Mary noch lebend sah, war ein Mann namens Thomas Broadhurst. Vor Gericht sagte er später aus, das Mädchen sei ganz allein die Bell Lane hinaufgegangen.

Um 7.00 Uhr morgens schlenderte der Straßenarbeiter George Jackson die nordöstlich von Erdington verlaufende **Pen's Mill Lane** entlang, als er einen blutbefleckten Damenhut und ein Paar Schuhe am Straßenrand fand. Fußspuren führten zu einer mit Wasser gefüllten Mulde. Jackson benachrichtigte den örtlichen Constable, der die fragliche Mulde untersuchte und schließlich auf die Leiche Mary Ashfords stieß. (Folgt man der Straße in Richtung Langley, passiert man drei flache Mulden am rechten Fahrbahnrand. In der dritten lag die Tote.) Den Ärzten zufolge war Mary zunächst geschlagen, dann vergewaltigt und schließlich erdrosselt worden. Wie selbstverständlich fiel der Verdacht auf Abraham Thornton. Obwohl er seine Unschuld immer wieder beteuerte, stellte man ihn in Warwick vor Gericht. Doch jene, die ihn hängen sehen wollten, wurden enttäuscht. Nach nur sechsminütiger Beratungszeit kehrten die

Abraham Thornton

DIE SCHWARZE INSEL

Geschworenen mit einem Freispruch in den Gerichtssaal zurück. Heutzutage wäre Thonton damit ein freier Mann gewesen – nicht so in jenen Tagen. Denn damals hatten die Angehörigen des Opfers – nach einem uralten Gesetz – die Möglichkeit, gegen das ergangene Urteil Einspruch zu erheben und das Verfahren neu aufzurollen. Und genau dies tat Marys Bruder William. Und so wurde Thornton ein zweites Mal vor Gericht gestellt. Hatte sich der Kläger auch eines sehr alten Gesetzes erinnert, Thorntons Erinnerung reichte noch weiter zurück. Er warf William einen Fehdehandschuh vor die Füße und pochte auf das aus dem Mittelalter stammende Recht auf „Trial by Battle" – die Entscheidung über Recht und Unrecht durch einen Kampf Mann gegen Mann auf Leben und Tod! Wenn Ashford die Herausforderung annahm und gewann, würde Thornton umgehend hingerichtet. Wenn er ablehnte, oder unterlag, käme der Angeklagte augenblicklich frei. Trotz des Protests durch William Ashfords Anwälte, gab Lord Justice Ellenborough Thontons Wunsch statt. Der Kläger gab sich kampflos geschlagen und Thornton kam frei.

Dies war der letzte Fall von „Trial by Battle" in Großbritannien. Das Gesetz wurde noch im selben Jahr abgeschafft. Trotz seines Freispruchs gelang es Abraham Thornton nicht, in England ein normales Leben zu führen. Wohin er auch kam, er wurde als Mörder beschimpft, und emigrierte schließlich in die USA. Genau 157 Jahre später schienen sich die Ereignisse auf erschreckende Weise zu wiederholen: Am 27. Mai 1975 stieß ein Spaziergänger (nur 150 Meter vom Fundort Mary Ashfords entfernt) auf die Leiche der seit mehreren Tagen vermissten, 20 Jahre alten Barbara Forrest. Sie war, ebenso wie damals Mary Ashford, vergewaltigt und erdrosselt worden. Nachforschungen ergaben, dass Barbara den Abend in Begleitung eines Mannes namens Michael *Thornton* verbracht hatte! Auch er wurde des Mordes angeklagt, später aber frei gesprochen. Noch bemerkenswerter ist der Umstand, dass sich beide Mädchen kurz vor ihrem Tod ähnlich äußerten. Mary Ashford erklärte einer Freundin gegenüber, sie habe *„ein äußerst schlechtes Gefühl"*, was die kommende Woche anginge, und auch Barbara Forrest hatte dunkle Vorahnungen: *„Das wird ein unglücklicher Monat"*, sagte sie einige Tage vor ihrem Verschwinden. *„Ich weiß es einfach. Fragt mich nicht, warum."*

Twycross, Leicestershire ✝ ❓

Ca. 20 km nördlich von Coventry an der A444 gelegen.

☞ **Galgen:** Fährt man die A 444 in nördlicher Richtung, geht wenige Kilometer südlich von Twycross rechter Hand die Landstraße nach Bilstone ab. Der alte Galgen (im Ort als *Gibbet's Place* bekannt) steht – von Witterung und Souvenierjägern merklich ramponiert – an einem kleinen Bach am rechten Fahrbahnrand. Im Jahre 1800 errichtet, um den eifersüchtigen Boxer *John Massey* aufzuhängen, der seine Frau im nahen Mühlenteich ertränkte, wurde der Galgen nur dieses eine Mal benutzt. Ein Umstand, der seine zwei Geistererscheinungen erklären könnte: eine

DIE MIDLANDS & WALES

unglaublich schöne Frau in tropfnassen Kleidern und einen muskulösen Mann mit traurigem Gesicht, der überdimensionale Fausthandschuhe trägt.

Wellington, Shropshire 🏛 ⚒

Ca. 4 km nördlich von Telford an der A 442 gelegen.

☞ **Apsley Castle:** Am 11. Februar 1883 fand ein herumschnüffelnder Hund den abgetrennten Kopf eines ca. 11-jährigen Mädchens im Schlossteich von Apsley Castle. Der Schädel war in einen mit weißem und rosa Garn zugenähten Kopfkissenbezug eingewickelt und ganz offensichtlich gebraten worden, um eine Identifizierung zu erschweren. Die Beine des Kindes entdeckte die Polizei während der Spurensuche unweit des Teiches im Gras. Die Mörder waren schnell ermittelt. Von dem im Schloss als Gärtner angestellten Ehepaar *Mr. und Mrs. Mayers* war allgemein bekannt, dass es wegen mehrfacher Misshandlung seiner kleinen Tochter bereits eine Gefängnisstrafe verbüßt hatte. Und Mr. Ogle, der Verwalter des Anwesens, vermutete, dass das Mädchen auch nach der Haftentlassung weiterhin verprügelt worden war.

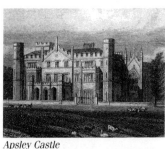

Apsley Castle

Erst Anfang Januar hatte das Kind versucht zu fliehen, war aber im 20 km entfernten Shrewsbury aufgegriffen und zu seinen Eltern zurück gebracht worden. Eine Durchsuchung der Mayers'schen Dienstwohnung brachte sowohl Reste des benutzten farbigen Garnes als auch die zerschnittenen, blutbesudelten Kleider des Mädchens zu Tage. Die Eheleute, die vor Gericht keine Reue zeigten, da sie der Meinung waren, mit ihrem eigenen Kind tun und lassen zu können, was ihnen gefiel, wurden einen Monat nach der Tat schuldig gesprochen und von William Marwood gehenkt. Wie man sieht, ist der Mörder zwar nicht immer, aber eben manchmal doch der Gärtner.

Westbury, Shropshire 🍸 ♥

Ca. 15 km westlich von Shrewsbury an der B 4386 gelegen.

The Lion: Pubs sind nicht nur beliebte Orte, um Bekanntschaften zu knüpfen. So manche Beziehung fand auch ihr trauriges Ende in diesen heimeligen Räumen. Als ein Beispiel mag der verheiratete Metzger *Richard 'Dicky' Wigley* herhalten, der sich am Abend des 30. November 1901 im Eingangsbereich des *Lion* mit aller Entschiedenheit von seiner langjährigen Geliebten Eliza Bowen trennte – allerdings tat er es seiner Profession entsprechend mit einem Fleischermesser, nachdem ihn das unvorsichtige Mädchen in aller Öffentlichkeit einen *„kleinen Niedlichen"* genannt und ihm

DIE SCHWARZE INSEL

mangelnde Potenz vorgeworfen hatte. Bowen versuchte gar nicht erst zu fliehen. Seelenruhig wartete er auf Superintendent Elcocks Eintreffen und ließ sich widerstandslos festnehmen. Vor Gericht bemühte sich Mr. Bosanquet, sein affektierter, weibischer Verteidiger, eine Umwandlung der Anklage in Todschlag zu erwirken, doch der Richter brachte keinerlei Verständnis für die Sorgen eines unzulänglichen Metzgers auf und verhängte kurzerhand das Todesurteil. 'Dicky the small One' wurde am 18. März 1902 um acht Uhr morgens von Henry Pierrepoint und seinem Assistenten John Ellis in Shrewsbury hingerichtet.

Ostengland

Die Grafschaften Norfolk, Suffolk, Cambridge, Essex und Hertfordshire bilden den östlichen Teil des Landes, während Oxfordshire, Berkshire, Buckinghamshire und Bedfordshire streng genommen zu den Home Counties gehören. Der Autor hat sich die Freiheit genommen, sie in einem Kapitel zu vereinen.

Im flachen Norfolk, wo sich Chestertons fiktiver Pater Brown so heimisch fühlte, sorgte 1849 der sehr reale Mörder James Blomfield Rush für Unruhe und zog bereits wenige Tage nach seiner Hinrichtung als Wachsfigur in Madame Tussaud's Horrorkammer ein. Leider war auch kein vorwitziger Pater in der Nähe, als William Sheward, seine Gattin Martha im Juni 1851 in handliche Stücke zerschnitt und die gekochten Leichenteile ungesehen in den verwinkelten Gassen von Norwich verstreute. Passenderweise ist die Stadt hauptsächlich für ihren *Colman's Mustard* berühmt, den schäfsten Senf Englands.

Ein angeblicher Mordfall, der sich 1902 in Suffolk ereignete, beschäftigt britische Hobbykriminologen bis heute: denn nach all den Jahren ist noch immer nicht sicher, ob die junge Rose Harsent in einer schauerlichen Gewitternacht einem schrecklichen Unfall zum Opfer fiel oder – wie gemeinhin vermutet wird – vom Vater ihres ungeborenen Kindes heimtückisch ermordet wurde.

1828 war der winzige, in der selben Gegend liegende, Dorfflecken Polstead Schauplatz eines Mordes, der bis auf den heutigen Tag als außergewöhnlich gilt. Nicht so sehr wegen der Tat an sich, sondern vielmehr wegen der Umstände, die zur Entdeckung des Mordes führten. Denn bis zu dem Zeitpunkt, da die Mutter des Opfers wiederholt träumte, ihre Tochter befände sich nicht wie angekündigt auf ihrer Hochzeitsreise, sondern läge in Wahrheit längst tot unter dem Fundament einer alten Scheune begraben, hatte niemand überhaupt an ein Verbrechen gedacht.

Beinahe harmlos muten dagegen die Gentlemen um Ronald Biggs an, denn niemand kam ums Leben, als sie im August 1963 in Buckinghamshire morgens um drei den Postzug von Glasgow nach London bei Cheddington stoppten und kräftig zur Kasse baten.

Aber auch die großen britischen Kriminalschriftstellerinnen sind in diesem Teil des Landes zu Hause.

Während Agatha Christie bis zu ihrem Tod im Jahre 1976 in Wallingford lebte und auf dem kleinen Friedhof von Cholsey, Oxfordshire begraben liegt, ersann Dorothy L. Sayers die kriminalistischen Abenteuer ihres spitzzüngigen Lord Peter Wimsey gut 120 Kilometer weiter östlich in Witham, Essex.

DIE SCHWARZE INSEL

Bury St. Edmunds, Suffolk 🏛 ▼ ⚲

Ca. 50 km nordöstlich von Cambridge an der A 14 gelegen.

☞ **Moyse's Hall:** 🏛 ⚲ Das um 1180 erbaute ehemalige County Gefängnis von Bury beherbergt heute ein Museum. Der Sage nach soll der Teufel höchstpersönlich es im Jahre 1328 besucht und die Anwohner schier zu Tode erschreckt haben. Ein Teufel im übertragenen Sinn war Ostenglands berüchtigster Mörder *William Corder*. Er wurde am Morgen des 11. August 1828 vor den Toren des Gefängnisses öffentlich hingerichtet. Seine Totenmaske, die bei dem Verbrechen benutzten Pistolen und eine in Corders Haut gebundene Zusammenfassung des Gerichtsverfahrens können im Museum besichtigt werden. (→ Polstead, Ostengland)

☞ **Guildhall Street:** ⚲ Das Haus des Arztes Dr. John Kilner liegt dem Eingang zur Churchgate Street gegenüber und wird vom Geist eines Gehenkten heimgesucht. Der Grund dafür ist einfach: Nach der Hinrichtung William Corders beauftragte man Dr. Kilner mit der Sezierung des Toten. Seine Aufgabe war es, lediglich einige Hautstücke des Mörders abzutrennen, um damit ein Buch binden zu können. Doch der Arzt hatte eigene Ideen. Er wollte Corders Kopf um jeden Preis behalten. Und so trennte er den Originalschädel vom Skelett ab und befestigte einen anderen an Corders Körper, ehe er die Leiche dem Gefängnis zurück gab. Corders Totenschädel wurde ordentlich aufpoliert und endete als makabres Ausstellungsstück in einem bleiverglasten Kabinett im Arbeitszimmer des Doktors.
Von da an war dem Arzt keine ruhige Minute mehr vergönnt. Nachts erschien ihm der Mörder im Traum und forderte mit Nachdruck seine Seele zurück. Allabendlich leutete ein Mann von Corders Aussehen an der Haustür und verschwand jedesmal, wenn der Butler nach Dr. Kilner rief. Zu guter Letzt explodierte eines Nachts die Bleiverglasung des Schrankes, in dem der Schädel stand. Vollkommen entnervt gab Kilner den skelettierten Kopf an einen befreundeten Chirurgen namens Hopkins weiter, welcher seine eigenen Erfahrungen mit dem Schädel machte. Seine Praxis hatte plötzlich weniger Zulauf, seine Frau liebäugelte mit jüngeren Männern und sein ganzes Leben wurde auf den Kopf gestellt. Hopkins kam zu dem Schluß, der Schädel müsse an alledem Schuld sein, und begrub ihn auf dem örtlichen Friedhof. Und in der Tat – die Praxis erholte sich, Hopkins Gattin gab zu, völlig von Sinnen gewesen zu sein und das Leben des Arztes normalisierte sich. Nichtsdestotrotz dauern die Spukerscheinungen in dem Haus in der Guildhall Street an. So, wie es aussieht, hofft Corder noch immer auf eine Wiedervereinigung von Körper und Schädel ...

☞ *The Nutshell*: ▼ Englands kleinstes Pub liegt in der Abbeygate Street und wird von mindestens vier Geistern heimgesucht. Sie alle sind Opfer von Gewaltverbrechen geworden. Beispielsweise erklingen im oberen Stockwerk die Schreie eines jungen

OSTENGLAND

Mädchens, welches von einem früheren Pubinhaber geschwängert und nach der Geburt mit dem Kind getötet wurde. In der finstersten Ecke des Schankraums sind an manchen Tagen die durchscheinenden Gestalten eines verliebten Paares beobachtet worden, das sich leidenschaftlich küsste. Hierbei soll es sich um einen Mönch und eine Nonne handeln, deren heimliche Liebschaft aufflog und von der Kirche mit dem Tode bestraft wurde. Außerdem gibt es den Geist eines kleinen Jungen. Er rauscht wütend durch die wenigen Gästezimmer des Pubs und versucht, seinem Mörder nachzujagen. Unterirdische Gänge verbinden das Pub mit dem am Markt gelegenen Cupola House, wo Daniel Defoe, Autor des *Robinson Crusoe*, als häufiger Besucher der Stadt so manchen Freitag verbrachte.

Caxton Gibbet, Cambridgeshire ⚡ ✝ ⚰

Ca. 15 km westlich von Cambridge an der A 428 gelegen.

☞ **Galgen:** ✝ Die allerwenigsten Ortschaften können von sich behaupten, ihren Namen einer Hinrichtungsstätte zu verdanken; Caxton Gibbet ist eine davon. Der alte Galgen steht seit gut 250 Jahren an der Kreuzung A428/B119 unweit des örtlichen Pubs. Häufig waren es zum Tode verurteilte Straßenräuber, die hier hingerichtet oder – zur Abschreckung bei lebendigem Leib in einen Eisenkäfig gesperrt – solange aufgehängt wurden, bis sie verhungert waren. Ein mildtätiger Bäcker machte den Fehler, einem Verurteilten ein

Stückchen Brot durch die Gitter zu reichen. Denn er wurde beobachtet und baumelte nur wenige Tage später selbst am Gibbet von Caxton.

☞ **Caxton Gibbet Pub:** ⚰ ⚡ (heute ein chinesisches Restaurant) Das Pub stammt aus dem 18. Jh. und hat sich im Laufe seiner Geschichte wenig verändert. Lange Zeit brachte man den jeweiligen Delinquenten in einem der unteren Räume unter, ehe man ihn zur festgesetzten Stunde von der Schankstube aus zum Hinrichtungsplatz führte. Ein Schicksal, das auch einen der ersten Inhaber des Pubs ereilte: Der Wirt hatte es sich nämlich zur Gewohnheit gemacht, wohlhabende Gäste im Schlaf zu berauben. Eines Tages trafen sehr spät drei Reisende ein, um über Nacht zu bleiben. Dem habgierigen Wirt waren die funkelnden goldenen Ringe und die teure Garderobe der Männer aufgefallen, und so schlich er sich während der Nacht in ihr gemeinsames Zimmer

119

DIE SCHWARZE INSEL

Nr. 5 (nach anderen Quellen Nr. 1) hinauf. Er war eben dabei, die Taschen der Gentlemen zu durchwühlen, als einer von ihnen erwachte. Der ertappte Dieb schnitt dem Schlaftrunkenen kurzerhand die Kehle durch und erledigte die beiden anderen auf die gleiche Weise. Die Leichen schaffte er ins Erdgeschoss hinab, wo er sie in den hauseigenen Brunnenschacht warf.

Doch der Mord kam schon zwei Wochen nach der Tat ans Licht. Den ermittelnden Polizisten, die auf der Suche nach den drei vermissten Männern auch im Pub Nachforschungen anstellten, fiel der extrem faulige Geschmack des Bieres auf, und sie ließen daraufhin den Brunnen öffnen. Nach einem kurzem Prozess wurde der Wirt strampelnd und vor lauter Entsetzen schreiend zum Galgen getragen.

Cheddington, Buckinghamshire 📍 ⚰

Ca. 25 km südlich von Milton Keynes an der B 4881 gelegen.

Sear's Crossing: Diese Eisenbahnbrücke einen Kilometer nördlich von Cheddington war Schauplatz des größten Postraubs aller Zeiten. Am Donnerstag den 8. August 1963 wurde der Postzug von Glasgow nach London um 3.00 Uhr morgens bei Sear's Crossing angehalten. Die Signale waren von grün auf rot umgefärbt worden, indem die Räuber ein Paar Lederhandschuhe über das grüne Licht gestülpt und das rote mit Hilfe handelsüblicher Batterien beleuchtet hatten. Die 15-köpfige Bande stürmte den Zug. Während zwei oder drei von ihnen den Lokführer außer Gefecht setzten, schlugen die übrigen Männer die Waggons mit Äxten auf, bildeten eine Menschenkette und verluden auf diese Weise innerhalb weniger Minuten 120 Postsäcke auf einen wartenden LKW. Mit einer Beute von 2,6 Millionen Pfund Sterling – was einem heutigen Wert von umgerechnet 49,5 Millionen Euro entspricht – rasten sie in nordwestlicher Richtung davon.

Innerhalb von 48 Stunden stellte Scotland Yard eine Spezialeinheit „Postraub" zusammen. Sie heftete sich umgehend an die Fersen der Räuber. Um London herum wurden Straßensperren errichtet, doch dies störte die Bande wenig, denn die hatte sich (womit keiner der Polizisten rechnete) einen Schlupfwinkel ausgesucht, der in einer London beinahe entgegengesetzten Richtung lag: die **Letherslade Farm** in **Oakley**. Bald musste Scotland Yard zugeben, die Spur der Eisenbahnräuber verloren zu haben. Eine amerikanische Tageszeitung kommentierte die Hilflosigkeit der englischen Polizei folgendermaßen: *„Zweifellos hat Goldfinger oder Dr. No seine Finger im Spiel"* und fügte hinzu, man hoffe jedoch, *„James Bond sei bereits auf den Fall angesetzt."* Der gut verborgene Schlupfwinkel wurde erst gefunden, als die Beute bereits geteilt und die Täubchen ausgeflogen waren. Die Mehrzahl der Posträuber wurde schließlich in London gefasst und zu langjährigen Haftstrafen verurteilt. Ihrem Anführer *Ronald Biggs* allerdings gelang nach nur 15 Monaten die Flucht aus dem Gefängnis – er setzte sich erfolgreich nach Brasilien ab, wo er heiratete und Vater eines Sohnes wurde. Seinen Unterhalt verdiente er sich jahrelang damit, Touristen und Reportern seine Lebensgeschichte zu erzählen und ihnen signierte T-Shirts mit der Aufschrift *„Das Verbrechen zahlt sich nicht aus – jedenfalls nicht besonders"* zu verkaufen. Nachdem er in den 1990ern in einigen billigen Softporno-Produktionen mitgewirkt hatte, entschloss er sich letzten Endes dazu, 71-jährig, krank und voller Verlangen nach englischem Bier, in seine Heimat zurückzukehren. Dort traf Biggs am 7. Mai 2001 (35 Jahre nach seiner Flucht) auf dem Luftwaffenstützpunkt von Northold ein. Die britische Polizei nahm ihn umgehend fest. Nun drohen ihm 30 Jahre Haft! Eine unangemessen hohe Strafe, wie die meisten Briten finden, denn immerhin wurde bei dem Überfall niemand getötet. Biggs' Sohn Michael kämpft aus verschiedenen Gründen nach wie vor für eine Aussetzung der Strafe und die Freilassung seines Vaters. Wir können nur hoffen, dass er damit Erfolg hat, und ein alter Mann, dem selbst der damals zuständige Scotland Yard Chief Superintendent Jack Slipper längst vergebend die Hand geschüttelt hat, seinen Lebensabend in Frieden verbringen kann. Sollte die (für Michael Biggs und nicht etwa den britischen Steuerzahler) äußerst kostenintensive Verteidigung des ehemaligen Posträubers bei Erscheinen dieses Buches noch immer fortdauern, möchte ich potentielle Spender auf die Internetadresse im Anhang aufmerksam machen.

Ronald Biggs

Chelmsford, Essex 🏛 ⚐

Ca. 20 km nordöstlich von London an der A 12 gelegen.

☞ **Springfield Police Headquarters:** In diesem alten Gebäude ist das 1991 gegründete *Essex Police Museum* untergebracht. Das besondere Augenmerk der mehr als 160 Jahre Polizeigeschichte umfassenden Einrichtung gilt dem Kapitalverbrechen in diesem Teil des Landes; so werden auch private Gegenstände des berüchtigten Moat-Farm-Mörders *Samuel Herbert Dougal* ausgestellt, der hier im **Springfield Prison** am 14. Juli 1903 von Henker Billy Billington und seinem Assistenten John Ellis hingerichtet wurde. Ein kostenloser Besuch des Museums ist nach telefonischer Voranmeldung für Einzelpersonen und kleine Gruppen möglich. Tel.: 0044-(0)1245-491491 (→ Quendon, Ostengland)

DIE SCHWARZE INSEL

Colnbrook, Buckinghamshire 🏛 🍷 👻

Ca. 2 km östlich von Eton am M 4 gelegen.

☞ *The Ostrich Inn:* Englands drittältester Inn liegt in der High Street von Colnbrook, wird seit 1963 von der Familie Lamont geführt und ist nicht allein für seine reichhaltige Auswahl an Biersorten berühmt.

Während des 16. Jh. sorgte das Gerichtsverfahren gegen seine damaligen Besitzer *Mr. und Mrs. Jarman* für enormes Aufsehen. Das Paar ging mehrere Jahrzehnte lang einem einfachen aber lukrativen Nebenerwerb nach, indem es reiche Gäste im Schlaf tötete und beraubte. Dazu hatte es im sogenannten „Blue Room" (einem über der Küche gelegenen Gästezimmer) eine Falltür installiert und diese mit dem Bett verschraubt. In der Nacht betätigte Mr. Jarman dann einen Hebel und der friedlich schlummernde Gast stürzte kopfüber in einen kochenden Wasserkessel hinab. Ein Opfer, der wohlhabende Reisende Mr. Thomas Cole, floh (nachdem er beim Sturz in die Küche neben dem Kessel gelandet war) zunächst erfolgreich aus dem Inn. Doch dem kräftigeren Mr. Jarman gelang es, den Gast einzuholen, ihn zu überwältigen und den glücklosen jungen Mann im nahen Bach zu ertränken. Dessen Pferd aber riß sich in den Ställen des Inns los und trabte davon. Ein Freund des Reisenden erkannte es und verständigte die Behörden, die im Ostrich Inn Nachforschungen anstellten, und schließlich das tödliche Klappbett entdeckten. Mrs. Jarman wurde umgehend verhaftet. Ihr Gatte hatte sich indessen mit der Haushaltskasse davongemacht, aber man spürte ihn wenige Tage später in den Wäldern von Windsor auf.

Vor Gericht gestanden die Jarmans freimütig 60 Morde, wurden zum Tode verurteilt und starben ohne ein Anzeichen von Reue am Galgen von Tyburn. Der Legende nach wurde der bis dahin namenlose Bach, im Gedenken an das letzte Opfer in Coles Brook (später vereinfacht Colnbrook) umbenannt. Sehr zur Freude der zahlreich auftretenden Geister hat sich der Inn in all den Jahren kaum verändert. Allerdings wird der Blue Room heute nicht mehr vermietet, sondern als Stauraum genutzt, und auch seine Falltür ist seit langer Zeit zugemauert. Doch ein funktionstüchtiges Model des mörderischen Klappbettes wird im heimeligen Schankraum ausgestellt.

Combe, Berkshire ✝ ♥

Ca. 12 km südwestlich von Newbury an der Grenze zum County Hampshire gelegen.

☞ **Combe Gibbet:** Auf Combe Down ragt in einer Höhe von 279 Metern mahnend das sehr seltene Exemplar eines „doppelten Galgenbaums" in den Himmel empor.

Wie so häufig, war es ein Verbrechen aus Leidenschaft, das hier 1676 das Leben von vier Menschen beendete. Obgleich jahrelang glücklich verheiratet und Vater eines wohlerzogenen Sohnes, ver-

OSTENGLAND

fiel der aus Combe stammende *George Broomham* schon bei der ersten Begegnung den Reizen einer jungen Frau namens *Dorothy Newman* und begann eine leidenschaftliche Affäre mit ihr. Vielleicht wären die außerehelichen Freuden niemals ans Licht gekommen, hätte sich Georges Frau Martha nicht an einem herrlichen Sonnentag dazu entschlossen, gemeinsam mit ihrem Sohn Robert eine Ausflug über die Downs zu unternehmen. Oben auf den Hügeln vernahm sie in einem raschelnden Gebüsch plötzlich das Kichern und Keuchen zweier Liebender, erkannte die Stimme ihres Mannes und stellte das hochrote Paar zur Rede. Die Antwort kam prompt: George und Dorothy stürzten sich augenblicklich auf die Gattin und das Kind und töteten sie.

Doch der Zwischenfall war nicht unbemerkt geblieben. Der als Dorftrottel bekannte „Thomas der Verrückte" hatte das Verbrechen heimlich beobachtet, eilte zur Polizei und führte die Beamten zu den entstellten Leichen. Man glaubte ihm. Dorothy und George wurden daraufhin festgenommen und in Winchester vor Gericht gestellt. Zum Tode verurteilt und hingerichtet, knüpfte man ihre toten Körper zur Abschreckung Seite an Seite am Galgen von Combe auf. Dort ließ man sie solange hängen, bis die wilden Raben der Gegend sämtliches Fleisch abgenagt hatten und ihre Knochen zu Boden fielen.

Denham, Buckinghamshire † 💰

Ca. 10 km nordöstlich von Eton am M 40 gelegen.

Denham Church: Denhams Schmied Emmanuel Marshall war ein strenggläubiger Mann, der ausnahmslos jeden Sonntag gemeinsam mit seiner Frau und den vier Töchtern in die Kirche ging. Daher machte sich der Pfarrer sogleich Sorgen, als die Familie eines Sonntags im Mai 1870 nicht zum Gottesdienst erschien und bat den örtlichen Constable, einmal in der Schmiede nach dem Rechten zu sehen. Als der Polizist – ein guter Freund der Marshalls – das Haus verschlossen vorfand und auch niemand auf sein Klopfen antwortete, ließ er kurzerhand die Tür aufbrechen. Augenblicklich wurde klar, weshalb die Familie nicht am Gottesdienst teilgenommen hatte: Die Frau des Schmieds lag mit zertrümmertem Schädel im Hausflur, zwei ihrer Kinder kopflos am Fuß der Treppe. Mrs. Marshalls alte Schwiegermutter saß im Esszimmer tot in einem Sessel, noch immer das jüngste Kind im Arm. Beiden hatte man die Kehle durchgeschnitten. Lediglich die älteste Tochter hatte überlebt, da sie seit einigen Tagen bei Freunden zu Besuch war.

Der entsetzte Constable nahm zunächst an, der Schmied selbst habe seine Familie in einem Anfall von plötzlichem Wahnsinn erschlagen, aber ein Blick in die angrenzende Werkstatt enthüllte, dass auch Mr. Marshall dem Mörder zum Opfer gefallen war. Die fieberhafte Suche nach dem Täter war bereits wenige Tage darauf zu Ende, als die Polizei in Reading einen betrunkenen Landstreicher namens *John Jones* festnahm. Bei ihm fanden die Beamten nicht nur Mr. Marshalls silberne Taschenuhr und dessen Stiefel,

DIE SCHWARZE INSEL

sondern auch den Schlüssel zur Schmiede. Jones, der daraufhin
wegen mehrfachen Mordes angeklagt wurde, stritt selbstverständlich alle Anschuldigungen ab und behauptete, ein Fremder habe
ihm die Sachen gegeben. Doch niemand war bereit ihm Glauben
zu schenken, und so trat er am Morgen des 8. August in Begleitung des Henkers William Calcraft auf das vor dem Gefängnis
Newgate errichtete Schafott hinaus. Ehe Calcraft ihm die
Schlinge um den Hals legte, wandte sich Jones dem schaulustigen Pöbel zu und rief voller Verzweiflung in die Menge: *„Ich
werde sterben für den Mord an ... wie ist sein Name? Ich hab's
vergessen. Ich bin unschuldig!"* Ein großer Gedenkstein im Kirchgarten von Denham ist alles, was heute noch an die grausige Tat
erinnert.

Ely, Cambridgeshire 🏛 ✝

Ca. 23 km nördlich von Cambridge an der A 10 gelegen.

☞ **Old Gaol:** Das äußerst sehenswerte *Crime & Punishment
Museum* von Ely ist im alten Gefängnis der Stadt in der Market
Street untergebracht. Das Gebäude datiert aus dem 13. Jh. und
ist für sein ausgeklügeltes System von Geheimtüren und -gängen
berühmt. Neben zahlreichen Originalausstellungsstücken zum
Thema Folter und Todesstrafe bietet das Museum eine faszinie-
rende Zeitreise durch die Geschichte der britischen Verbrechensbekämpfung. Es ist täglich von 10.30 Uhr bis 17.30 Uhr geöffnet,
und es wird empfohlen, sich für den Besuch mindestens eine
Stunde Zeit zu nehmen. Alle Parkplätze im Ort können kostenlos
genutzt werden.

Leighton Buzzard, Bedfordshire 🍸 ♀ ♥

Ca. 15 km südöstlich von Milton Keynes an der A 5 gelegen.

The Firs: Diese kleine Gasse – auch Lover's Lane genannt – geht
von der zwischen Leighton Buzzard und Great Brickhill verlaufen-
den Planation Road ab. Am 12. April 1937 stieß ein Bahnange-
stellter auf dem Weg zur Arbeit hier um 7.00 Uhr morgens auf die
beinahe nackte Leiche einer attraktiven jungen Frau. Scotland
Yards Chief Inspector William Barker gelang es sehr rasch, sie als
die 23 Jahre alte Ruby Keen aus Leighton Buzzard zu identifizieren. Wie der Pathologe Sir Bernard Spilsbury feststellte, war Ruby
mit ihrem eigenen Seidenschal erdrosselt, jedoch nicht, wie zunächst angenommen, vergewaltigt worden. Im feuchten Erdreich
hatte der Täter verwischte Fußspuren und die deutlichen Abdrü-
cke seiner Knie hinterlassen. Von letzteren wurden Gipsabgüsse
genommen.
Barker begann seine Ermittlungen damit, die letzten Stunden in
Ruby Keens Leben zu rekonstruieren. Den vergangenen Abend
hatte sie in Begleitung ihres ehemaligen Verlobten, Marineoffizier
Leslie George Stone, in diversen Pubs des Ortes zugebracht. Von
der Polizei befragt, sagte Stone aus, er habe sich um 22.15 Uhr

OSTENGLAND

vor dem *Stag Pub* von Ruby verabschiedet und sei eine halbe Stunde später daheim gewesen. Es fand sich kein Zeuge, der diese Aussage wiederlegen konnte. Doch noch am selben Tag meldete sich ein Ehepaar bei der Polizei. Dieses gab zu Protokoll, Ruby am fraglichen Abend gegen 22.30 in der Lover's Lane beobachtet zu haben – in inniger Umarmung mit einem Polizisten. Daraufhin nahm Barker zwei weitere Personen unter die Lupe: Miss Keens aktuellen Verlobten und einen aufdringlichen jungen Mann, der ihr in letzter Zeit wiederholt den Hof gemacht hatte. Beide Männer waren Polizisten! Doch ihre Alibis waren absolut wasserdicht, und deshalb kam der Chief Inspector erneut auf Leslie Stone zurück, denn eine Marineuniform konnte im Dunkeln leicht für die eines Polizisten gehalten werden. Barker bat Stone um Herausgabe seiner Uniformen und schickte die Kleidungsstücke an Dr. Spilsburys Labor in London. Die Hosenbeine einer kaum getragenen Ausgehuniform weckten sogleich Sir Bernards Interesse. Sie wiesen an den Knien ungewöhnliche Abnutzungserscheinungen auf. Wie unter dem Mikroskop sichtbar wurde, waren sie in der Tat dermaßen stark geschrubbt worden, dass sich der blaue Stoff beinahe auflöste. Spilsbury entdeckte außerdem in das fadenscheinige Gewebe eingebettete Spuren von Sand. Ein Vergleich mit übereinstimmenden Erdproben vom Tatort lieferte den endgültigen Beweis. Ruby Keen war ohne jeden Zweifel von ihrem ehemaligen Verlobten ermordet worden.

Mit den Laborergebnissen konfrontiert, gestand Stone die Tat, behauptete aber, Ruby sei versehentlich gestorben: *„Sie nannte mich einen dreckigen Teufel und schlug mich (...). Ich ging auf sie zu (...), bekam ihren Schal zu fassen, und ich denke, ich zog daran. Und dann verknotete ich ihn, glaube ich. (...) Sie fiel, und ich packte sie vorn an den Kleidern. (...) Die Kleider rissen, als sie stürzte."* Er habe sich neben sie gekniet, fuhr er fort, und Ruby angesehen. In dem Glauben, sie sei lediglich bewusstlos und würde wieder zu sich kommen, sei er dann wütend davon gegangen. Seinen letzten Gang trat Leslie George Stone am 13. August 1937 im Gefängnis Pentonville an, nachdem ihn die Jury nach nur 25-minütiger Beratungszeit für schuldig befunden und das Hohe Gericht die Todesstrafe verhängt hatte.

Norwich, Norfolk 🏛 ⛾ ♥ 🪔
Norfolks Hauptstadt liegt ca. 120 km nordöstlich von London an der A 140.

☞ *Key & Castle:* 🏛 ⛾ ♥ *William Sheward* übernahm das in Nr. 105 Oak Street ansässige Pub 1851 wenige Monate, nachdem er seine Frau Martha im Streit mit einer Schere erstochen hatte. Um die Leiche loszuwerden, zerstückelte und kochte er sie und verteilte die Körperteile in den Straßen von Norwich. Am 21. Juni war zunächst eine abgetrennte Hand und später ein Fuß aufgetaucht. Dass Sheward unbehelligt blieb, obwohl die Polizei nach dem Verschwinden seiner Gattin Nachforschungen anstellte, war auf einen Fehler des zuständigen Coroners zurückzuführen, der die Leichenteile für die einer wesentlich jüngeren Frau hielt.

DIE SCHWARZE INSEL

Am 1. Januar 1869 stolperte Sheward während eines kurzen Londonaufenthaltes betrunken in die Polizeiwache von Walworth und erklärte, ein Mordgeständnis ablegen zu wollen. Auf die Frage der erstaunten Beamten, wann und wo er diesen Mord denn begangen habe, entgegnete Sheward: *„Vor etwa 18 Jahren in Norwich."* Dann beschrieb er, wie er sich der Leiche entledigt hatte: *„Im Haus begann man es zu riechen. Ich legte den Kopf in eine Schüssel und kochte ihn auf dem Feuer, um den Geruch loszuwerden. Dann zerkleinerte ich den Schädel. Hände und Füße legte ich in denselben Topf, in der Hoffnung, sie mögen verkochen. Ihr langes Haar schnitt ich in kleine Stücke, ließ es auf einem Spaziergang vom Wind davontragen."* Als man Sheward am nächsten Morgen in der Ausnüchterungszelle weckte und wegen Mordes verhaftete, widerrief er sein Geständnis, doch es war zu spät. Man überführte ihn nach Norfolk, wo er, zum Tode verurteilt, am 20. April desselben Jahres im **Norwich Castle** (heute ein Museum) hingerichtet wurde.

Stanfield Hall, Wymondham: 💀 1837 erteilte der außerhalb von Norwich in Stanfield Hall residierende Großgrundbesitzer Isaak Jermy dem Auktionator *James Blomfield Rush* den Auftrag, die ertragreiche **Potash Farm** unweit von Wymondham zu ersteigern. Dies tat Rush auch, kaufte die Farm mit dem Geld seines Auftraggebers jedoch für sich, was zu einer heftigen Auseinandersetzung mit Mr. Jermy führte. Rush beschwichtigte ihn und versprach, die Summe innerhalb eines Jahres zurückzuzahlen. Der gutmütige Jermy willigte zähneknirschend ein.
Doch Rush dachte gar nicht daran, sein Versprechen zu erfüllen. Statt sich um die Belange der Farm zu kümmern, stellte er lieber den Frauen nach. Eine von ihnen war Mr. Jermys liebreizende Angestellte Emily Sandford. Von Rush geschwängert, kündigte sie in

OSTENGLAND

Stanfield Hall und zog zu ihm auf die Potash Farm. Im Mai 1848 stand Blomfield Rush schließlich kurz vor dem Bankrott. Als sein Bitten um Kredit bei Isaak Jermy und dessen Sohn Jermy Jermy auf taube Ohren stieß, griff er zu drastischeren Mitteln. Am nebligen Abend des 28. November drang er maskiert in Stanfield Hall ein, erschoss die beiden männlichen Jermys und verwundete zwei weitere Personen schwer. Rush wurde noch in derselben Nacht verhaftet. Obgleich er beteuerte, nichts mit dem Anschlag zu tun zu haben, stellte man ihn vor Gericht. Seine Behauptung, er habe ein Alibi und sei zur Tatzeit angeblich mit seiner kurvenreichen Geliebten Emily zusammengewesen, platzte, als Miss Sandford gegen ihn aussagte.

James Blomfield Rush wurde zum Tode verurteilt und erklomm am 11. April 1849 um 12.00 Uhr mittags vor dem Norwich Castle das Schafott. Als Henkersmahl hatte er Schweinebraten mit Pflaumensoße verlangt und mit großem Appetit gegessen. Unter dem Galgen versuchte er, dem Henker fachkundige Instruktionen zu erteilen: *„Geben Sie mir um Gottes willen genügend Seil"*, sagte er, als William Calcraft, ihm die Schlinge um den Hals legte. *„Beeilen Sie sich bloß nicht so! Nehmen Sie sich Zeit! Den Knoten ein wenig höher; nicht so hastig!"* Calcraft legte wütend den Hebel um, die Falltüren öffneten sich und Rush baumelte leblos am Ende des Seiles. Die alternde, aber immer noch geschäftstüchtige Madame Tussaud reiste noch vor der Hinrichtung in aller Eile gen Norden und erwarb nicht nur Kleider und Totenmaske des Mörders, sondern erstand auch die während des Verfahrens benutzten Modelle der Potash Farm und der Stanfield Hall – Relikte, die heute im Archiv des Museums in Wookey Hole, Somerset, lagern.

Peasenhall, Suffolk ✝ ⚲ ❓

Ca. 45 km nordöstlich von Ipswich an der A 1120 gelegen.

☞ **Providence House:** ⚲ ❓ 1902 wurde das große Haus mit den zwei Giebeln an der Ecke Church Street und Hackney Road von William und Georgina Crisp bewohnt, einem älteren Ehepaar, welches der Kirche des Ortes vorstand. Ihr Hausmädchen, die 23-jährige Dorfschönheit Rose Harsent, lebte in einem kleinen Zimmer unter dem Dach. Von dort führte eine schmale Holztreppe in die rückwärtige Küche hinab.

In der Nacht vom 31. Mai auf den 1. Juni fegte ein schrecklicher Gewittersturm über den östlichen Teil Englands. Mrs. Crisp sagte später aus, sie habe während der Nacht einen lauten Schlag gehört, auf den ein verhaltener Schrei gefolgt sei. Ihr Gatte habe sie jedoch davon abgehalten, nach dem Rechten zu sehen, und gemeint, vermutlich sei bloß irgendwo der Blitz eingeschlagen. Am folgenden Morgen machte sich Rose Harsents 62 Jahre alter Vater wie jeden Sonntag um 8.00 Uhr mit frisch gestärkten Laken auf den Weg zum Providence House. Die Sonne schien, als er über den Hof zur Hintertür ging und die dunkle Küche betrat. Die Vorhänge waren noch zugezogen, und es dauerte eine Weile, ehe sich seine Augen an das Zwielicht gewöhnt hatten. Dann sah er sie. Rose lag

DIE SCHWARZE INSEL

mit durchtrennter Kehle in einer riesigen Blutlache am Fuß der Küchentreppe. Der alte Mr. Harsent schlug Alarm, und wenig später erschien bereits die Polizei in Begleitung des Amtsarztes. Hals und Brustkorb der jungen Frau wiesen mehrere Stichverletzungen auf, und wie es schien, hatte ihr Mörder den erfolglosen Versuch unternommen, die Leiche nach der Tat zu verbrennen. Wie der Arzt außerdem feststellte, war Rose im sechsten Monat schwanger gewesen. In unmittelbarer Nähe der Toten fanden die ermittelnden Beamten eine zerborstene Petroleumlampe und ein zerbrochenes Medizinfläschchen mit der Aufschrift: *„Für Mr. William Gardiners Kinder."* Außerdem entdeckte man einen anonymen Brief, in welchem der Verfasser um ein nächtliches Rendezvous bat. Darin hieß es: *„Ich werde versuchen, dich (...) heute Nacht um 12 Uhr zu sehen, wenn du um 10 Uhr für ungefähr zehn Minuten ein Licht in dein Fenster stellst. Danach kannst du es wieder löschen. Mach um 12 kein Licht in deinem Zimmer, denn ich werde zum Hintereingang kommen."*

Erst wenige Monate zuvor war das Gerücht im Umlauf gebracht worden, Rose und ein verheirateter Mann aus dem Dorf hätten in den heiligen Räumen der Kirche und in einer kleinen, als **Doctor's Chapel** bekannten Scheune in der Church Street Unzucht getrieben. Sowohl das Mädchen als auch ihr vermeintlicher Liebhaber hatten dies nicht nur vehement bestritten, sondern darüberhinaus behauptet, sich nicht einmal sonderlich gut zu kennen. Doch nun erinnerte man sich dieser Gerüchte, denn der damals Beschuldigte war niemand anderer als Mr. *William Gardiner.* Damit gab es für die Polizei ein Tatmotiv. Fußspuren führten von Gardiners Cottage in **The Street** zum Providence House hinüber, das nur einen Steinwurf weit entfernt lag, und auch das vereinbarte Signal passte, denn stand man vor Gardiners Haus am Rinnstein, hatte man Rose Harsents Schlafzimmerfenster ausgezeichnet im Blick. Obwohl Mrs. Gardiner beschwor, ihr Mann sei während der Nacht, weitere Nachkommen zeugend, mit ihr zusammengewesen, wurde der sechsfache Familienvater festgenommen und trotz seines scheinbar wasserdichten Alibis in Ipswich des vorsätzlichen Mordes angeklagt.

Das Verfahren gegen ihn wurde am 7. November unter dem Vorsitz des Richters Mr. Justice Grantham eröffnet. Die Verteidigung übernahm Harry Dickens, Sohn des berühmten Schriftstellers Charles Dickens. Ihm gelang es, die Jury dermaßen zu verwirren, dass die zwölf „guten und ehrlichen" Gentlemen nach längerer Beratungszeit bekannten, kein Urteil fällen zu können, da sich einer der Geschworenen weigere, sich der Mehrheit, die für schuldig gestimmt hatte, anzuschließen. Eine filmreife Szene spielte sich im Gerichtssaal ab, als der Richter den betreffenden Juror fragte, ob dieser eventuell nach einer gewissen Bedenkzeit den anderen beipflichten könne? Doch die Antwort war negativ. *„Ich habe mir nicht vorgenommen, dagegen zu stimmen, falls ich den Angeklagten für schuldig hielte",* erklärte er. *„Aber ich habe nichts gehört, was mich von dieser Schuld überzeugt."* Der im Saal aufbrandende Applaus beendete die Verhandlung, und ein neuer Gerichtstermin mit einer neuen Jury wurde anberaumt. Als auch diese im

Januar 1903 zu derselben Schlußfolgerung gelangte, sprach man den Angeklagten frei. William Gardiner verließ mit seiner Familie Peasenhall und ließ sich in London nieder.

☞ **Kirche:** ✝ Musste Rose sterben, weil sie ein Kind von Gardiner erwartete? Oder handelte es sich bei dem vermeintlichen Verbrechen in Wahrheit um einen Unfall? Immerhin besteht die Möglichkeit, dass Rose, als sie die Treppe zur Küche hinunterstieg – die Lampe in der einen und das Medizinfläschchen in der anderen Hand – über einen Zipfel ihres Nachthemdes stolperte. Die Scherben brachten ihr die Stich- und Schnittwunden bei, und das auslaufende Petroleum fing Feuer und ließ den Eindruck entstehen, jemand habe das Mädchen verbrennen wollen... Wie dem auch sei, viele Bürger Peasenhalls machen Gardiner nach wie vor für Rose Harsents Tod verantwortlich. Noch heute beharren sie darauf, der *Graue Mann* über dem Kirchenportal stelle das wahre Antlitz des Mörders dar; und in der Tat, eine gewisse Ähnlichkeit mit William Gardiner lässt sich beim besten Willen nicht verleugnen.

William Gardiner   *Der „graue Mann"*

Rose wurde auf dem **Bruisyard Friedhof** südwestlich der Kirche beigesetzt. Ihr Grab ist erhalten geblieben und steht, gut zehn Meter vom Eingangstor entfernt, auf der linken Seite des Kiesweges. Bei unserem letzten Besuch war es mit frischen Blumen geschmückt.

Polstead, Suffolk ♀ ✝ ♀ ♥ ?

Ca. 40 km südöstlich von Bury St Edmunds zwischen der A 131 und der A 12 gelegen.

☞ ***Cock Inn:*** ♀ Polstead ist noch immer ein sehr kleiner ländlicher Ort. Weniger als 900 Menschen leben hier in nur etwa 340 Häusern. Der zentrale Punkt ist *The Green*, eine grüne Triangel um

DIE SCHWARZE INSEL

die sich die wichtigsten Einrichtungen gruppieren: der Lebensmittelladen, die Schule und das örtliche Pub. Letzteres war im Jahre 1827 Schauplatz der Totenschau für die 26-jährige Maria Marten.

☞ **Corders Haus:** ♀ ♥ Geht man die als *The Hill* bekannte Straße hinunter, gelangt man linker Hand zu einem Fachwerkhaus, welches noch heute als *„Corder's House"* bezeichnet wird. Hier lebte *William Corder*, Sohn reicher Gutsbesitzer und Marias späterer Mörder. Maria, die bereits zwei uneheliche Kinder von verschiedenen Männern hatte und einem zeitgenössischen Bericht zufolge *„nicht besser war, als sie es sein sollte"*, fand auf den ersten Blick Gefallen an dem gutaussehenden jungen Gentleman, ließ sich auf eine rein sexuelle Beziehung mit ihm ein und gebahr ein drittes Kind. Es starb im Alter von nur zwei Monaten – bösen Stimmen zufolge an Gift. Maria und Corder beerdigten es auf einem Stück Land nahe Sudbury.

☞ **Martens Cottage:** ♥ ❓ Marias Elternhaus befindet sich in der heutigen Marten's Lane und ist das vierte Gebäude auf der linken Seite des schmalen, ansteigenden Weges.
Bis zu ihrem Auszug im Mai 1827 (Corder gab vor, das Mädchen heiraten, und sich mit ihm auf Hochzeitsreise begeben zu wollen) lebte Maria hier bei Vater und Stiefmutter. In den folgenden Monaten schickte Corder Briefe von der Isle of Wight aus an die Martens, in denen er ihnen in wunderbarsten Farben das vollkommene Glück ihrer Flitterwochen schilderte. In Wahrheit dachte er gar nicht daran, Maria zu heiraten, hatte sich des Mädchens, das er nicht liebte, längst entledigt und verbrachte seine freie Zeit damit, per Zeitungsannoncen alleinstehende Damen mit Vermögen in London ausfindig zu machen. Im März 1828 hatte Marias Stiefmutter plötzlich präkognitive Träume. Dreimal in Folge sah sie William Corder und Maria in einer Scheune nahe des Ortes miteinander streiten. Der Traum endete jedesmal auf die gleiche Weise: Maria wurde, von einer Pistolenkugel getroffen, zu Boden geschleudert und ihr blutüberströmter Leichnam in aller Hast von Corder verscharrt. Am 19. April gelang es Mrs. Marten, ihren Gatten davon zu überzeugen, dass man wenigstens nachsehen solle, ob den Alpträumen nicht doch ein Fünkchen Wahrheit zugrunde lag. Und obwohl er nicht allzuviel von der vermeintlichen Hellseherei hielt, willigte Mr. Marten schließlich ein.

☞ **Red Barn:** ✝ Biegt man gegenüber der *Cherry Tree Farm* von Marten's Lane in die Felder ab und folgt dem Drahtzaun, gelangt man schließlich zu einem kleinen Feld. Überquert man dieses diagonal, so erreicht man einen hölzernen Überstieg auf der rechten Seite, dem sich ein langer schmaler Weg anschließt. Dies ist der sogenannte „Red Barn Path". Nach ca. 400 Metern gelangt man an einen weiteren Überstieg auf der linken Seite, passiert eine unheimliche, mit Gestrüpp überwucherte Brücke und findet sich auf der Rückseite einer Scheune mit roten Toren wieder. Dieses Gebäude wurde nur wenige Jahre nach dem Mord errichtet.

OSTENGLAND

Von der ursprünglichen Roten Scheune (Red Barn), in welcher Corder die Leiche der unglücklichen Maria Marten versteckte, ist lediglich das steinerne Fundament geblieben. Es liegt rechter Hand, an einem fröhlich plätschernden Bach.

Mrs. Martens Traum bestätigte sich, als Polizisten in der Scheune zu graben begannen und den verwesten Körper einer Frau freilegten. Man hatte Marias Leichnam tatsächlich an der von Mrs. Marten bezeichneten Stelle gefunden. Willam Corder wurde kurz darauf in London verhaftet, vor Gericht schuldig gesprochen und in Bury St Edmunds hingerichtet. Zuvor hatte er verkündet: *„Das Urteil ist gerecht. Ich gebe zu, schuldig des Mordes an Maria Marten zu sein, da ich sie mit meiner Pistole erschoss. „*Unter dem Galgen rief er aus: *„Auf bald, Gott schütze Euch! Gott empfange meine Seele.„* Was mit Corders Seele geschah, ist ungewiss. Seinen Körper jedenfalls nahm Dr. John Kilner zu Sektionszwecken in Empfang. Teile davon können noch immer in Bury besichtigt werden. (→ Bury St. Edmunds, Ostengland)

☞ **Polstead Church Yard:** ✝ Maria Marten wurde hier zur letzten Ruhe gebettet. Ihr Grabstein allerdings ist seit einigen Jahren verschwunden. Er wurde von skrupellosen Souvenierjägern gestohlen. Ein Holzschild ist alles, was heute noch ihre Grabstelle markiert.

Quendon, Essex ♟ ♟ 🍷 ⚔

Ca. 10 km südlich von Saffron Walden am M11 gelegen.

☞ *The Grapes:* Dieses Pub wurde einstmals von *Severin Klosowski*, alias *George Chapman*, geführt, einem gebürtigen Polen, der am 7. April 1903 wegen dreifachen Giftmordes in London hingerichtet wurde. Chapman hatte in regelmäßigen Abständen drei seiner Barmädchen geheiratet, die anschließend in ebenso regelmäßigen Abständen ihrem Schöpfer gegenübergetreten waren. 1897 war seine Frau Mary nach langer Krankheit verstorben, 1901 Chapmans zweite Gattin Bessie, geb. Taylor, verschwunden, und nur 20 Monate darauf war ihr Maude Marsh ins Grab gefolgt. Der behandelnde Arzt weigerte sich in Mauds Fall, einen Totenschein auszustellen und schaltete die Behörden ein. In der Folge wurden die drei Damen exhumiert und tödliche Giftmengen in ihren Körpern gefunden.

Scotland Yard Inspector Frederick George Abberline – im Jahre 1888 als leitender Beamter mit der Untersuchung der sogenannten Whitechapel-Morde betraut – war der Überzeugung, Chapman und Jack the Ripper seien ein und dieselbe Person. In einem Interview, das er am 24. März 1903 der *Pall Mall Gazette* gab, hieß es: *„(...) da sind jede Menge Dinge, die einen davon überzeugen, dass Chapman der Mann ist; denken Sie daran, dass wir* (die Polizei) *all diese Geschichten über den Tod des Rippers niemals geglaubt haben, oder dass er ein Irrer war, oder irgendwas dieser Art. Zum Beispiel stimmt seine Ankunft in England mit dem Beginn der Mordserie in Whitechapel überein. (...) in London hörten die Morde*

DIE SCHWARZE INSEL

auf, als Chapman nach Amerika ging, wo wiederum ähnliche Verbrechen verübt wurden, nachdem er dort eintraf. Die Tatsache, dass er in Russland Medizin und Chirurgie studierte, (...) ist gut belegt, und es ist interessant festzustellen, dass die erste Serie von Morden das Werk eines ausgebildeten Chirurgen waren, während die neuerlichen Fälle von Vergiftung nachweislich von einem Mann mit mehr als durchschnittlichen Medizinkenntnissen begangen wurden." Und Abberline fügte hinzu, man dürfe auch die Aussage Mrs. Chapmans nicht außer acht lassen, die betonte, ihr Gatte habe sie in Amerika mit einem langen Messer attackiert und gedroht, sie umzubringen ...

Ein anderer Mörder, der das Pub als Kunde besuchte, war *Samuel Herbert Dougal*. Er heiratete die alte, aber reiche Jungfer Camille Holland ihres Geldes wegen, erschoss die gutgläubige Frau und verscharrte sie in einem trocken gelegten Abwassergraben auf der **Moat House Farm**. Das berüchtigte Anwesen, welches ihm 1899 als Kulisse für den heimtückischen Mord diente, liegt nur wenige Kilometer westlich des Ortes. Das einsame und wegen des Burggrabens, der das Haupthaus umgibt, ziemlich unheimlich anmutende Grundstück ist heute wieder unter seinem ursprünglichen Namen *Coldhams Farm* bekannt und befindet sich in Privatbesitz.

Reading, Berkshire ♀ 💰

Ca. 40 km westlich von London am M 4 gelegen.

Nr. 45 Kensington Road: 1896 lebte die 57 Jahre alte *Mrs. Amelia Elizabeth Dyer* mit ihrer Tochter Mary Ann und deren Ehemann Arthur Ernest Palmer in diesem Haus. Zu einer Zeit, da es für ledige Mütter nur zwei Möglichkeiten zu geben schien – Freitod oder ein Leben in Schande – bot sie gegen Geld ihre Dienste als Adoptivmutter an. Doch statt die Kleinen, wie vereinbart, liebevoll aufzuziehen, wählte Mrs. Dyer aus Kostengründen ein weit

weniger zeitraubendes Verfahren. Schon Tage, manchmal nur Stunden nach der Übergabe, erdrosselte sie die Kinder mit einem Stück Paketband, wickelte die Leichen in Papier oder einen alten Teppich ein und versenkte sie in der nahen Themse.

Ihre Verbrechen kamen ans Licht, als ein Bootsmann den in braunes Packpapier gewickelten, stark verwesten Körper eines kleinen Mädchens im Schlamm des Ufers fand. Der Aufdruck *„Mrs Thomas, Piggot's Road, Lower Caversham"* war für Scotland Yard der entscheidende Hinweis. Bereits zwei Tage später gelang es den Polizisten, die angebliche Mrs. Thomas aus der Piggot's Road als die vorbestrafte Amelia Dyer aus Reading zu identifizieren. Bei der Durchsuchung des Hauses in der Kensington Road wurden nicht nur Rollen des für den Mord benutzten Paketbands, sondern auch verschiedene Kartons mit dem verräterischen Aufdruck *„Piggot's Road"* sicher gestellt. Daraufhin wurden alle drei Bewohner des Hauses verhaftet und in London des Mordes angeklagt. Mrs. Dyer bestand jedoch darauf, ohne das Wissen von Tochter und Schwiegersohn gehandelt zu haben. Im Gefängnis schrieb sie: *„Ich fühle, meine Tage sind gezählt. Aber ich fühle auch, dass es eine schreckliche Sache ist, unschuldige Leute da mit hineinzuziehen. (...) so wahr Gott der Allmächtige mein Zeuge ist (...), weder meine Tochter (...), noch ihr Mann (...) hatten irgendetwas damit zu tun. Sie wußten von den schlimmen Dingen, die ich tat, nichts, bis es zu spät war."* Obgleich sich die genaue Zahl ihrer Opfer niemals feststellen ließ, wurde Amelia Dyer des siebenfachen Kindermordes für schuldig befunden, zum Tod durch den Strang verurteilt und am 10. Juni 1896 im Newgate Gefangnis gehenkt. Tochter und Schwiegersohn kamen aus Mangel an Beweisen frei. (→ Willesden, London & Umgebung)

Stocking Pelham, Hertfordshire ♀ ☗ ?

Ca. 40 km nördlich von London zwischen der A 11 und dem M 11 gelegen.

Rooks Farm: Ob Sie es glauben oder nicht, Englands erster großer Entführungsfall ereignete sich erst 1969. Eigentlich galt er dem Medienmogul Rupert Murdoch. Die Kidnapper waren indes derartige Stümper, dass sie am 29. Dezember 1969 nicht, wie beabsichtigt, Murdochs Frau, sondern versehentlich Muriel Freda McKay, die 55-jährige Gattin seines Stellvertreters Alick McKay, entführten, dem zeitweise der Rolls Royce seines Chefs zur Verfügung stand.

Als die Kidnapper ihren Irrtum bemerkten, war es zu spät. Sie entschieden sich dafür, die Sache durchzuziehen, meldeten sich unter dem Mafia-Pseudonym M3

Muriel Freda McKay

DIE SCHWARZE INSEL

telefonisch bei Mr. McKay und verlangten ein Lösegeld in Höhe von einer Million Pfund Sterling. Im Laufe der nächsten Tage erhielten die McKays diverse Briefe. Darin bat Muriel ihren Mann, die Polizei aus dem Spiel zu lassen, da sie andernfalls mit Sicherheit sterben müsse. Den Schreiben waren explizite Instruktionen der Entführer für eine Geldübergabe beigefügt. Sie alle schlugen fehl.

Allerdings fiel Beamten der Metropolitan Police während eines dieser geplatzten nächtlichen Rendezvous ein verdächtiges Fahrzeug auf. Der Halter war ein in Trinidad geborener Muslime namens *Arthur Hosein*. Gemeinsam mit seiner englischen Ehefrau Elsa und seinem jüngeren Bruder *Nizamodeen* lebte er auf der abgelegenen Rooks Farm nahe Stocking Pelham. Scotland Yard entsandte umgehend Beamte dorthin, die das Farmgelände mit dem feinzinkigen Kamm durchsuchten. Zwar wurde keine Spur von Mrs. McKay gefunden, dafür aber der Schreibblock, auf den sie die Briefe an ihren Mann gekritzelt hatte. Davon überzeugt, mit den Brüdern die Täter entlarvt zu haben, nahmen die Männer des Yard sie fest. Arthur und Nizam Hosein (die bis auf den heutigen Tag ihre Unschuld beteuern) wurden in London der Entführung und anschließenden Ermordung Muriel McKays angeklagt und in einem Indizienprozess zu lebenslangen Freiheitsstrafen verurteilt. Von Muriel McKays Leiche fehlt nach wie vor jede Spur. Es geht jedoch das Gerücht, die Brüder hätten sie in den Ställen der Farm an die Schweine verfüttert ...

Nordengland

Der Norden Englands darf wohl getrost als „Hangman's Country"
bezeichnet werden. Denn in der Tat stammte von 1872 bis zur Abschaffung der Todesstrafe 1969 die Mehrzahl britischer Scharfrichter aus den Grafschaften Lincolnshire, Lancashire und Yorkshire. Allein der heute zu Bradford gehörende, Anfang des 20. Jh.
nur etwa 400 Einwohner zählende Dorfflecken Clayton hat drei
von ihnen hervorgebracht.

Und betrachtet man einmal die Abscheulichkeit der in diesem Teil
des Landes verübten Verbrechen, gewinnt man beinahe den Eindruck, als seien die Menschen jenseits von Nottingham aufgrund
einer Laune der Natur in besonderem Maße mit krimineller Ener-
gie ausgestattet worden.

So beispielsweise Mary Ann Cotton, Englands schlimmste Serienmörderin, die zwischen 1852 und 1873 mindestens 16 Menschen
mit Gift tötete und ihr eigenes Leben in Durham am Galgen beendete.

Oder der immer freundliche Dr. Ruxton aus Lancaster. 1935 ermordete und zerstückelte er sowohl seine Gattin als auch die
allzu neugierige Hausangestellte Mary Rogerson, um das menschliche Puzzle anschließend in einem schottischen Bach zu ver-
streuen.

1965 waren es dann die von dem kaltblütigen Liebespärchen Ian
Brady & Myra Hindley in Yorkshire begangenen „Moormorde", de-
ren Ausmaß und Brutalität die ganze westliche Welt erschütterten.
Noch immer wurden nicht all ihre Opfer geborgen.

Nicht ganz zwei Jahrzehnte später ging im November 1981 mit
der Festnahme des unscheinbaren LKW-Fahrers Peter Sutcliffe die
fünfjährige Schreckensherrschaft des sogenannten „Yorkshire Rippers" zu Ende. Aus Rücksicht auf die noch in der Gegend lebenden Familien seiner 20 Opfer fehlt eine Beschreibung dieser Verbrechensschauplätze im folgenden Kapitel völlig. Doch auch die
Spur seines historischen Vorbildes Jack the Ripper, führt letzten
Endes nach Norden – 1992 wurde sein angebliches Tagebuch in
einem Stadtteil von Liverpool gefunden.

Aber seien wir nicht ungerecht. Von zumindest einer Person ist
bekannt, dass sie sich unschuldigeren und erbaulicheren Dingen
widmete: die Autorin Beatrix Potter nämlich, die ihre niedlichen
Kinderbücher in der Idylle von Cumbrias naturgeschütztem Lake
Distrikt verfasste.

DIE SCHWARZE INSEL

Bolton, Greater Manchester ▼

Ca. 15 km nordwestlich von Manchester am M 61 gelegen.

☞ *The Derby Arms Hotel*: Dieses stimmungsvolle Pub wurde mehrere Jahrzehnte lang von einer berühmten Henkersfamilie, den Billingtons, geführt. *James Billington*, der Begründer der Dynastie, hatte sich bereits im zarten Alter von zehn Jahren für den Beruf des Henkers interessiert und im Garten seiner Eltern mit selbstgebauten Galgen gespielt.

Nach *William Marwoods* Tod im Jahre 1883 (→Horncastle, Nordengland) bewarb sich Billington um den Job, wurde aber abgelehnt. Stattdessen erhielt *James Berry* den Posten (→Bradford, Nordengland). Billington ließ sich indessen nicht so leicht abspeisen und bestürmte die Gefängnisverwaltungen mit Verbesserungsvorschlägen: *„Man kann sehen, dass meine Methode besser als die letzte ist. Sie verhindert jeden Fehler (...)."* Am 16. August 1884 gab man ihm die Gelegenheit, seine Behauptungen zu beweisen. An diesem Tag hängte er den fünffachen Mörder *Joseph Laycock* im Armley Gefängnis in Leeds – zur vollen Zufriedenheit der Behörden. Von da an war es Billington, den man für jede weitere Hinrichtung in Leeds und York engagierte. Doch erst als sich Berry – nervös und müde geworden – 1892 ins Privatleben zurückzog, übernahm Billington den Posten des „Chief-Executioners". Er behielt ihn bis zu seinem plötzlichen Tod neun Jahre später. Bis dahin richtete er insgesamt 174 seiner Mitmenschen hin, darunter die Kindesmörderin *Amelia Dyer* (→Reading, Ostengland) und die unglückliche *Mary Ansell*. Letztere war zur Tatzeit erst 22 und galt als geistig verwirrt. Ihr wurde zur Last gelegt, ihre Schwester Caroline 1899 mit einem mit Phosphor versetzten Keks vergiftet zu haben. Ein Justizirrtum, der erst viele Jahre später aufflog, als ihr Bruder das Verbrechen auf dem Sterbebett gestand.

Am 3. Dezember 1901 fiel Billington die schwere Aufgabe zu, *Patrick McKenna*, einen seiner eigenen Freunde, zu hängen. McKenna hatte seiner Frau Anna im Streit die Kehle aufgeschlitzt. Obwohl er die Tat augenblicklich bereut und sofort Hilfe geholt hatte, war das Opfer noch auf dem Weg ins Krankenhaus verstorben. Am Morgen der Hinrichtung wirkte Billington so gefasst wie immer, und die Exekution verlief reibungslos. In Wahrheit jedoch war er ein gebrochener Mann. Noch am Abend zuvor hatte er mit Tränen in den Augen zu seinem Assistenten *Henry Pierrepoint* (→Clayton, Nordengland) gesagt: *„Oh, Harry, ich wünschte, ich wäre niemals hergekommen."* James Billington erholte sich nicht wieder und starb nur zehn Tage später. Er wurde 54 Jahre alt.

Seine Söhne *Thomas*, *William* und *John* traten die Nachfolge an. Thomas, mit 29 der älteste, folgte seinem Vater allerdings schon am 10. Januar 1902 ins Grab. Und John überlebte ihn nur um drei Jahre. *William „Billy" Billington* hatte seine erste Hinrichtung bereits 1899 im Lincoln Castle (→Lincoln, Nordengland) durchgeführt. Es gab eine Menge Ärger, als sich im Nachhinein herausstellte, dass William noch vollkommen unerfahren war und sein Name überhaupt nicht auf der offiziellen Liste erprobter Henker stand. In Anbetracht seiner guten Arbeit sahen die Behörden letzlich von Repressalien ab und beschäftigten ihn bis 1905 weiter. Und so war es William, welcher, mit Henry Pierrepoint als Assistenten, am 30. September 1902 das erste Todesurteil im neuen Pentonville Gefängnis vollstreckte, nachdem das berüchtigte Newgate Prison abgerissen worden war, um dem *Central Criminal Court* (im Volksmund Old Bailey) zu weichen. Eine weitere Premiere war die Einweihung der Exekutionskammer des Frauengefängnisses Holloway am 3. Februar 1903. Billington und Pierrepoint richteten gleichzeitig *Annie Walters* und *Amelia Sach* hin, zwei gewissenlose Damen, die man wegen mehrfachen Kindermordes verurteilt hatte. *George Chapman* und *Samuel Herbert Dougal* (→ Quendon, Ostengland) starben im selben Jahr durch Billingtons Hand. Im Jahre 1904 endete Williams Karriere. Grund für seine Entlassung war vermutlich ein dummer Scherz, den er sich am Exekutionsmorgen mit dem chinesischen Todeskandidaten *Ping Lun* erlaubte. *„Komm her, Ping Pong"*, meinte er geringschätzig, während er dem kleinen Mann die Hände auf den Rücken band. Ping Lun brach daraufhin in hysterisches Gelächter aus, das erst verstummte, als er nach dem Fall in die Grube tot am Ende des Seiles baumelte. William Billington verfiel dem Alkohol und starb völlig verarmt im März 1934.

Man mag sich zu Recht fragen, weshalb Billington seinen Job aufgrund einer solchen Lapalie verlor. Tatsache ist, dass das Innenministerium einfach keinerlei Entgleisung duldete. Die Würde und das schmerzlose Sterben der Todeskandidaten hatten oberste Priorität. Ein Henker, der dies vergaß oder während der Hinrichtung einen Fehler machte, wurde rigoros von der Liste qualifizierter Vollstrecker gestrichen. So verlor beispielsweise Syd Dernley 1953 seinen Posten als sogenannter Assistant-Executioner, nur, weil er nach der Hinrichtung, beim Entkleiden des Delinquenten für die Pathologie, eine scherzhafte Bemerkung über dessen Geschlechtsteile gemacht hatte.

Bradford, West Yorkshire ✝

Ca. 15 km westlich von Leeds gelegen.

☞ **Nr.1 Bilton Place, City Road:** *James Berry*, von 1884 bis 1892 Britanniens Henker, bewohnte dieses Haus bis zu seinem Tod im Jahre 1913. Berry war einer von ungefähr 1400 Bewerbern, als er sich 1883 erfolgreich um den Posten des Scharfrichters bewarb und damit William Marwoods Nachfolge antrat. (Tatsächlich erhielt zunächst ein Mann namens Bartholomew Binns den Zuschlag, stellte sich aber derart ungeschickt an, dass man ihn nach nur vier Monaten feuerte.) James Berrys erste Exekution führte den ehemaligen Schuhverkäufer nach Edinburgh, wo er es am 31. März gleich mit einer Doppelhinrichtung zu tun bekam. Die Behörden waren mit dem Ergebnis außerordentlich zufrieden. Eigenen Angaben zufolge empfand Berry bald eine große Abneigung gegen das ergriffene Handwerk. Was ihn jedoch offensichtlich nicht davon abhielt, pompöse Visitenkarten mit der Aufschrift:

DIE SCHWARZE INSEL

James Berry

„*James Berry, VOLLSTRECKER*" zu drucken, oder seine Schreiben voller Stolz mit dem Briefkopf „*Executioner's Office*" zu versehen. Im Laufe seiner Karriere richtete Berry 134 Personen. Nicht immer waren seine Bemühungen von Erfolg gekrönt. So schlugen 1885 alle drei Versuche, den mutmaßlichen Mörder *John Lee* im Gefängnis von Exeter zu hängen, fehl, weil sich die Falltür nicht öffnen ließ (→ Babbacombe, Südwestengland).

Und am 30. November desselben Jahres spielte sich in der Exekutionskammer des Norwich Castle eine schreckliche Szene ab. Berry beschrieb die Ereignisse in seiner Biografie: „*Alle Vorbereitungen waren in der üblichen Weise getroffen worden, und als ich den Hebel umlegte, öffneten sich die Falltüren (...). Doch mit Entsetzen sahen wir, wie das Seil hochschnellte, und für einen Moment glaubte ich, die Schlinge sei über den Kopf des Missetäters gerutscht, oder zerrissen. Aber es war schlimmer als das; der Ruck hatte den Kopf vollständig vom Körper getrennt und beide waren zusammen auf den Grund der Grube gefallen. (...) Der Direktor* (des Gefängnisses, Anm. d. Autors)*, dessen Bemühungen, jeglichen Unfall zu vermeiden, bereits nachhaltig an seinen Nerven gezerrt hatten, brach völlig zusammen und weinte.*" Was Berry hier verschwieg, war, dass er beim Anblick der Leiche selbst in eine gnädige Ohnmacht sank und mit Hilfe von starkem Brandy ins Leben zurückgeholt werden musste. Als sich am 20. August 1891 bei der Hinrichtung des Mörders *John Conway* im Liverpooler Kirkdale Gaol ein ähnlicher Vorfall ereignete, quittierte Berry den Dienst. Aufgrund der Statur des Delinquenten hatte der Henker entschieden, Conway für den Fall in die Grube gut 135 cm Seil zu geben. Der zuständige Gefängnisarzt Dr. Barr hielt dies für zu wenig und ordnete eine Seillänge von knapp 2,30 m an. Berry protestierte erfolglos dagegen und zischte schließlich wütend: „*In Ordnung, ich werde tun, was Sie wollen, aber wenn es ihm den Kopf abreißt, werde ich nie wieder jemanden hängen.*" Als sich die Falltüren donnernd öffneten, erscholl ein Laut, als würde man Stoff zerreißen. Eine Handvoll anwesender Reporter wollte die Grube stürmen, doch Berry verscheuchte sie und stieg selbst hinunter. Ein Blick genügte, um zu sehen, dass nur noch ein dünner Hautfetzen Conways Schädel mit dem Körper verband.

James Berry hielt sein Versprechen und zog sich – des vielen Blutes überdrüssig geworden – in den Ruhestand zurück. Seine Biografie, in der er sich entschieden gegen die Todesstrafe aussprach, erschien 1892. Am 21. Oktober 1913 verschied James Berry im Alter von 61 Jahren und fand letzte Ruhe auf dem Friedhof von **Lidget Green**. Kurz zuvor hatte er all seine Habseligkeiten Madame Tussaud's Wachsfigurenkabinett vermacht.

Clayton, West Yorkshire 🍸 ✝

Südwestlicher Teil Bradfords, der sich trotz Eingemeinung seinen ländlichen Charme bewahrt hat.

☞ **Nr. 5 Green End:** Der Henker *Henry Albert Pierrepoint* lebte in diesem Haus, ehe er mit seiner Familie nach Huddersfield umzog. Sein Sohn *Albert Pierrepoint* (→ Much Hoole, Nordengland), der später Britanniens berühmtester Henker werden sollte, wurde hier geboren. Gleich nebenan steht das **Black Bull Pub**, in dem Henry und sein Bruder Thomas so manche Nacht durchzechten. Henry bewarb sich 1901 im Alter von 24 Jahren um den Posten des „Assistant-Executioner" und arbeitete als Assistent unter den Billingtons. 1905 wurde er zur „Nummer Eins", wie man den Obersten Henker innerhalb der Profession nannte. Nur wenig später überredete er seinen Bruder Thomas, ebenfalls Henker zu werden.

Im Gegensatz zu vielen seiner Kollegen beherrschte Henry Pierrepoint sein Handwerk perfekt, erfand sogar eine Handfessel für einarmige Todeskandidaten. Niemals verpatzte er eine Exekution. Er liebte seinen Beruf und sonnte sich ein wenig in dessen unheimlichen Abglanz. In seinen Erinnerungen bemerkte er: *„Das Wort Henker verursacht beinahe immer ein Schaudern bei überempfindlichen Personen. Sie stellen sich ihn als einen mürrischen, blutrünstigen Bösewicht vor, der einem anderen Menschen kaltblütig das Leben nimmt, und sie denken von ihm, er würde von den Geistern seiner Opfer*

H. A. Pierrepoint

heimgesucht. Nun, ich habe über hundert Personen hingerichtet. Aber bis jetzt habe ich noch keinen Geist gesehen. Und was das Stigma der „Blutrünstigkeit" betrifft – nun ja, ich habe eine bezaubernde Ehefrau und eine Schar junger Kinder; und ich würde vorschlagen, Sie fragen die, ob ich so etwas wie ein brutaler Schurke bin." Doch Henrys Karriere war trotz aller Perfektion 1910 plötzlich zu Ende. Bis vor wenigen Jahren wusste niemand, weshalb das Innenministerium seinen Namen von der offiziellen Liste erprobter Scharfrichter strich.

Erst im Jahre 2000 kam heraus, dass sein Assistent *John Ellis* (→ Rochdale, Nordengland) gegen ihn intrigiert hatte. Im Juli

DIE SCHWARZE INSEL

1910 war Henry am Tage vor einer Hinrichtung angeblich betrunken im Gefängnis von Chelmsford erschienen. Hier der Bericht eines ehemaligen Wärters: *„Der Henker Pierrepoint kam in diesem Gefängnis um 15.45 Uhr an. Er war stark betrunken. Der Assistent bekam dies in besonderem Maße zu spüren, als Pierrepoint ihn beschimpfte und versuchte, ihn zu verprügeln. Man hinderte ihn daran, doch fuhr er mit seinen Schimpftiraden fort.“* Ellis gab später an, Pierrepoint habe ihn viermal geschlagen. Er schrieb. *„Er sprang mich an und prügelte mich von dem Stuhl, auf dem ich saß. Ich habe ihn immer wieder ermahnt, weniger zu trinken. Er machte den Eindruck, als müsse er sich betrinken, um seine Arbeit zu tun.“* Als Folge davon wurde sein Name, mit der Empfehlung, ihn nie wieder als Scharfrichter einzusetzen, von der „Liste“ gestrichen. Nichtsdestotrotz versuchte Henry Pierrepoint seinen alten Status zurückzuerlangen und schrieb an den damaligen Innenminister Winston Churchill, John Ellis habe seit langem versucht, ihm den Posten als Nummer Eins streitig zu machen: *„Ich beschuldigte ihn dessen, und er bestritt es. Eine klare Lüge, wie ich wusste. Und natürlich verlor ich die Fassung. Ich verteidigte nur meine Position. Ich habe den starken Verdacht, dass er mich seit langem schlecht zu machen versuchte. Ich hoffe, Sie ziehen Ihre Schlüsse daraus.“* Es half alles nichts, Ellis erhielt den Posten. Jahre später veröffentlichte Henry Pierrepoint seine Memoiren in *Thomson's Weekly News* und starb im Dezember 1922. Er wurde, nur 48-jährig, auf dem Friedhof der **Holy Trinity Church** in Failsworth beigesetzt. Kurz zuvor hatte er ausgerufen: *„Wenn ich Ellis begegne, bringe ich ihn um. Und sei es auch in einer Kirche.“*

☞ **Nr. 2 Town End:** Das Wohnhaus *Thomas Pierrepoints*, der 1910 Henrys Nachfolger wurde, steht unweit des *Black Bull*. Über einem der Fenster ist die in Stein gemeißelte Jahreszahl 1752 zu erkennen. In diesem Zimmer schlief für gewöhnlich Neffe Albert, wenn er Onkel und Tante in Clayton besuchte. Thomas behielt den Posten des Chief-Executioners bis 1943. Das Innenministerium hatte ihn nach mehr als 300 Hinrichtungen schließlich gebeten, in aller Stille seinen Hut zu nehmen, doch die Pensionierung war nicht unbemerkt geblieben. Von der Presse befragt, äußerte er sich folgendermaßen: *„Ich darf Ihnen nicht sagen, ob ich mich nun zurückziehe oder nicht. Man erlaubt mir nicht, zu reden – das Innenministerium, Sie wissen schon. Ich darf Ihnen nicht mal meinen Namen nennen. Ich weiß selber nicht, ob er Thomas, William, Henry oder sonstwie lautet.“* Onkel Tom starb 1954 halbblind, aber glücklich, im gesegneten Alter von 83 Jahren.

Elsdon, Northumberland ✝ ⚰

Ca. 40 km nordwestlich von Newcastle upon Tyne an der A696 gelegen.

☞ **Steng Cross:** Dieser auch *Winter's Gibbet* genannte Galgen steht östlich von Elsdon an der Straße nach Morpeth. Seinen Namen verdankt er dem Mörder *William „Billy“ Winter*. Der hatte an einem Abend im Sommer 1791 gemeinsam mit seinen beiden Komplizinnen *Jane* und *Eleanor Clark* die gebrechliche, außerhalb des Ortes allein lebende Margaret Crozier brutal erdrosselt und beraubt. Das mörderische Trio wurde erst ein Jahr nach der Tat aufgespürt und am 10. August in Newcastle hingerichtet. (Ihr Henker William Gardner war wegen Diebstahls ursprünglich selbst zum Tode verurteilt, aber unter der Bedingung, seinem Land fortan als Scharfrichter zu dienen, begnadigt worden.) Nach der Exekution hängte man die Leichen der drei hier in Eisenkäfigen auf. Niemand weiß, was mit den Gebeinen der Clark-Schwestern geschah; William Winters Überreste sollen dagegen unweit des Galgens begraben liegen. Nebenbei bemerkt: In diesem Teil Englands galten die Holzspäne eines Galgens als heilkräftig. Um beispielsweise Hals- und Zahnschmerzen zu lindern, lutschte man sie entweder, oder rieb seinen Gaumen damit ein.

Grange, Cumbria ✝ ♥ ❓

Ca. 7 km südlich von Keswick an der A 66 gelegen.

☞ *The Borrowdale Gates Hotel:* 🍸 ♥ Mordmotive können sehr unterschiedlich ausfallen. Der eine mordet, um sich eines unliebsamen Menschen zu entledigen, der andere wiederum lässt sich des Geldes wegen dazu hinreißen. Mr. *Chung Yi Miao* tat es aus einem vollkommen anderen, uns sicherlich schlicht absurd erscheinenden, Grund. Er tötete, weil ihm die frisch angetraute Ehefrau Wai-Sheung Siu keine Kinder gebären konnte. Das Paar hatte am 12. Mai 1928 in den USA geheiratet, die Hochzeitsnacht mit vergeblichen Bemühungen, ein Kind zu zeugen, zugebracht und war ein wenig enttäuscht (und in der Hoffnung, die Klimaveränderung sei sicherlich hilfreich) zur Hochzeitsreise nach England aufgebrochen. Nach einem kurzen Aufenthalt in Edinburgh mieteten sich die Miaos im Juni 1828 unweit von Grange im *Borrowdale Gates Hotel* ein. Aber die Klimaveränderung bescherte der jungen Braut nichts weiter als Migräneanfälle und Mr. Miao (der sich deswegen allabendlich betrank) wachte jeden Morgen mit einem schlimmeren Kater auf. Um sich von den Zeugungsstrapazen zu erholen, begab sich das Paar am 19. Juni auf einen Spaziergang, von dem Mr. Miao um 16.00 Uhr allein zurückkehrte. Dem Hotelpersonal teilte er mit, seine Frau sei nach Keswick weitergegangen, um dort ein paar Einkäufe zu erledigen. Als die attraktive Asiatin um 18.00 Uhr immer noch nicht zurückgekehrt war, erkundigte sich Miao, ob es nicht vielleicht besser wäre, bei der Polizei eine Vermisstenanzeige aufzugeben. Das weibliche Hotelpersonal beruhigte ihn – bei den Damen sei es nichts Ungewöhnliches, wenn ihr Einkauf ein paar Stunden länger dauere.

So zog sich Miao nach dem Abendessen scheinbar beruhigt auf sein Zimmer zurück. Dort wurde er um 23.00 Uhr durch Inspector Graham von der Cumbria Constabulary geweckt und des Mordes an seiner frisch vermählten Gattin beschuldigt. Warum? Wie es der Zufall wollte, war William Pendlebury, ein Polizist, der im Lake District seinen Urlaub verbrachte, um 20.45 Uhr auf die Leiche

Die schwarze Insel

Wai-Sheung Sius gestoßen. Sie hatte am **Kidham Dub** (einem kleinen Teich, weniger als anderthalb Kilometer vom Hotel entfernt) im Gras gelegen – die Beine gespreizt, die Kleider in Unordnung und die Kordel, mit der sie erdrosselt worden war, noch immer fest um den Hals geschlungen. Schürfwunden an ihren Händen deuteten darauf hin, dass der Mörder ihr mit Gewalt die Ringe von den Fingern gerissen haben musste. Karma, Fügung oder Schicksal: derselbe Polizist hatte Stunden zuvor einen Mann mit asiatischem Aussehen in der Nähe des Tatortes beobachtet. So war man Miao auf die Spur gekommen.
Bei der Durchsuchung seines Hotelzimmers entdeckte die Polizei nicht nur eine Kordel, vom gleichen Material wie jene, mit der Mrs. Miao getötet worden war, sondern außerdem die vermissten

NORDENGLAND

Ringe der Toten. Letztere fand Inspector Graham in Miaos Foto-
ausrüstung – sie waren in einem Filmdöschen versteckt gewesen.
Vor Gericht beteuerte Miao seine Unschuld, behauptete, ein orien-
talischer Geheimbund verfolge ihn seit langer Zeit und wolle ihm
nun dies schreckliche Verbrechen anhängen. Niemand schenkte
seinen verzweifelten Worten Glauben. Die Jury erkannte auf
„schuldig" und Mr. Justice Humphreys verkündete das Todesurteil.
Man vollstreckte es noch im selben Jahr am 6. Dezember in Man-
chesters Strangeways Gefängnis. Der Mord hatte Chung Yi Miao
rein gar nichts eingebracht – letztlich war er trotzdem kinderlos
gestorben.

Wast Water Lake: ♥ ? (25 km weiter südlich gelegen) Das
Verbrechen zahlt sich nicht aus, sagt man. Zumindest kommt es
früher oder später ans Licht.
Am 29. Februar 1984 erkundete ein Freizeittaucher die eisigen
Fluten dieses Sees, als er in etwa 30 Metern Tiefe auf ein ver-
schnürtes Bündel stieß. Ein Jahr zuvor war Veronique Marre
spurlos verschwunden, eine 21 Jahre alte Französin, die in der
Jugendherberge von Wasdale wohnte. Der Taucher Mr. Prith erinnerte sich an die wochenlangen Suchaktionen und meldete seinen Fund der Polizei. Diese ließ das Bündel von erfahrenen
Kampftauchern bergen. Das vermisste Mädchen schien gefunden.
Doch weit gefehlt. Die in mehrere Plastiksäcke gehüllte Leiche war
die, einer wesentlich älteren Frau. Der einzige Hinweis zur Identifizierung des Opfers war ein Ehering mit folgender Gravur: *„Margaret 11.11.63 Peter".* Die Behörden beschlossen, die Inschrift in
allen Zeitungen des Landes zu veröffentlichen.
Mrs. Gillian Seddon aus Guildford las die Beschreibung des gefundenen Ringes in der Tageszeitung und nahm mit der Polizei von
Cumbria Kontakt auf. Wie sie aussagte, war sie in Cranleigh mehrere Jahre lang die Zugehfrau eines zerstrittenen Ehepaars namens Hogg gewesen, hatte die Wohnung sauber gehalten, das Ta-
felsilber geputzt, den Klatsch weitergetragen. Mr. und Mrs Hogg
hatten am 11. November 1963 geheiratet. Und Mr. Hogg hieß Peter... Die Polizei reagierte prompt. Noch am selben Tag sprachen
sie in der Mead Road bei *Peter Hogg* vor. Der Mann, ein gutausse-
hender Flugkapitän, gab vor, seine Frau Margaret habe ihn vor
Jahren wegen eines anderen Mannes verlassen und sei vermutlich
längst unter einem anderen Namen verheiratet. Nachbarn und
Freunde bestätigten Hoggs Behauptungen, die Gattin habe das
Wort Treue nicht einmal buchstabieren können und sei eines Tages einfach verschwunden. Allein der zuständige Inspector hegte
Zweifel an der Geschichte und nahm Peter Hogg unter Mordverdacht fest.
Vor Gericht gestand der Beschuldigte schließlich, seine untreue
Frau 1976 im Streit erwürgt und sich ihrer Leiche anschließend in
Cumbria entledigt zu haben. Den Geschworenen erklärte er, Mar-
garet sei ständig mit anderen Männern ausgegangen, habe nicht
einmal Freunden gegenüber ein Geheimnis daraus gemacht, dass
sie ihren Mann für unzulänglich hielt und ihn deshalb betrog.
Die Jury – in der Hauptsache Männer – war ungemein verständ-

nisvoll. Sie befand Hogg lediglich des einfachen Totschlags für schuldig und verurteilte ihn zu vier Jahren Gefängnis. Veronique Marres' Leiche wurde bis heute nicht gefunden.

Hattersley, Hyde, Greater Manchester ✝ ♀ ⚰ ?
Ca. 15 km östlich von Manchester am M 67 gelegen.

☞ **Saddleworth Moor:** Dort, wo sich die A 635 zwischen Greenfield und Holmfirth durch ein Gebiet trister Moorlandschaft schlängelt, findet man etwas abseits der Straße eine von Mauern umgebene Gedenkstätte. Sie markiert jene Stelle, an der Suchmannschaften der Polizei im Oktober 1965 in einer mit Erde bedeckten Mulde auf die Leiche des 12-jährigen John Kilbride stießen. Zwei Tage zuvor hatte man keine 250 Meter von hier den verwesten Körper der 10 Jahre alten Lesley Ann Downey entdeckt. Beide waren sie dem sadistischen Liebespaar *Ian Brady & Myra Hindley* zum Opfer gefallen.

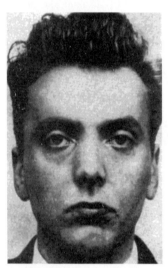 

Ian Bradley *Myra Hindley*

Die sogenannten „Moormorde" ereigneten sich in einem Zeitraum von vier Jahren und nahmen ihren Anfang am 12. Juli 1963 mit dem plötzlichen Verschwinden der 16-jährigen Pauline Reade. Am 23. November desselben Jahres kehrte der 12 Jahre alte John Kilbride aus Ashton-under-Lyne von einem Kinobesuch nicht mehr zurück. Der gleichaltrige Keith Bennett verschwand am 16. Juni 1964, und fünf Monate darauf verlor sich die Spur der 10-jährigen Lesley Ann Downey auf einem Jahrmarkt in Ancoats, Manchester. Das Mörderpaar war stets nach der gleichen Methode vorgegangen. Myra hatte sich das Vertrauen der Kinder erschlichen, sie in ihren Wagen gelockt und sie zu einem Picknick im Grünen eingeladen. Dass man den Kindern eingebläut hatte, nie-

NORDENGLAND

mals mit fremden Männern mitzugehen, zählte hier nicht, denn Myra war eine Frau. Und in der Gesellschaft von Frauen geschah einem nichts – das wusste doch jeder ... Die Fahrt endete jedesmal in der Einöde der Moore, wo Brady die Kinder vergewaltigte, ihnen die Kehle durchschnitt und sie dort verscharrte. Wer hinter den Entführungsfällen steckte, kam erst heraus, als Brady und Hindley es nicht länger ertragen konnten, ohne Publikum zu morden, und versuchten, Myras Schwager David Smith (einen Kleinkriminellen) zu ihrem Komplizen zu machen. Am 6. Oktober 1965 erschien Myra im Haus ihrer Schwester und bat David, sie in ihre eigene Wohnung in Nr. 16 **Wardle Brook Avenue** (stand nach der Verurteilung des Paares lange Zeit leer und wurde mittlerweile abgerissen) zu begleiten, sie habe eine Überraschung für ihn. Dort wurde Smith Zeuge eines entsetzlichen Mordes. Bei seinem Eintreffen dort war Ian Brady eben damit beschäftigt, einen jungen Mann namens Edward Evans mit einer Axt zu erschlagen. Smith floh in Panik und alarmierte die Polizei.

Brady und Hindley wurden am folgenden Morgen festgenommen und dem Haftrichter vorgeführt. Ihre Versuche, Smith den Mord anzuhängen, scheiterten kläglich. Darüber hinaus wurde bei der Durchsuchung ihrer Wohnung ein Fotoalbum gefunden. In der Hauptsache enthielt es Aufnahmen, die im Saddleworth Moor entstanden waren. Unter einem Bild, welches Myra zeigte, die auf einen schlammigen Hügel kniete und einen bestimmten Punkt im Morast anstarrte, stand in Bradys zackiger Handschrift der Name John Kilbride! An eben dieser Stelle wurde auch sein Leichnam gefunden. Außerdem stellten die Beamten ein Tonband sicher. Es gab die letzten Minuten im Leben der kleinen Lesley Ann Downey wieder und wurde im Gericht den Geschworenen vorgespielt. Brady und Hindley plädierten auf „nicht schuldig". In Anbetracht der Beweislage benötigte die Jury indessen nicht lange, um zu einem einmütigen Urteil zu gelangen. Der Richter verhängte die einzig mögliche Strafe: „lebenslängliche Haft". So mancher mochte sich allerdings insgeheim gewünscht haben, die Morde wären ein halbes Jahr früher und somit vor der Abschaffung der Todesstrafe entdeckt worden. Nun befanden sich die Mörder hinter Gittern, aber Pauline Reade und Keith Bennett blieben weiterhin unauffindbar.

Erst 21 Jahre später erklärte sich Myra Hindley bereit, den Behörden bei der Suche zu helfen. Eine bewaffnete Spezialeinheit flog die Mörderin, die bereits einen Fluchtversuch hinter sich hatte, per Helikopter ins Moor hinaus. Doch die vergangenen Jahre hatten die Vegetation merklich verändert und Myras Erinnerungen nachhaltig getrübt. Pauline Reades sterbliche Überreste konnten am 1. Juli 1987 schließlich lokalisiert und geborgen werden. Der Leichnam Keith Bennetts blieb bis heute unauffindbar. Glaubt man den Aussagen seiner Mörder, muss er irgendwo in der Nähe eines Baches begraben liegen.

Anfang 2002: Myra Hindley sehnt sich nach einem Leben in Freiheit, doch bislang sind all ihre Gnadengesuche abgelehnt worden. Das Innenministerium ist jedoch, wie auch die Mehrzahl der Briten, der Meinung, sie habe es aufgrund der Abscheulichkeit ihrer

DIE SCHWARZE INSEL

Verbrechen verdient, im Gefängnis zu sterben. Brady hat in der Haft eine Abhandlung über das Seelenleben von Serienkillern verfasst. Das Manuskript liegt im Safe seiner Anwälte und soll auf Bradys Wunsch erst nach seinem Tode veröffentlicht werden. Er will sterben, ist in einen Hungerstreik getreten und wird gegenwärtig künstlich ernährt.

Horncastle, Lincolnshire 🏛 🍸 ⚰ ?

Ca. 40 km östlich von Lincoln an der A 158 gelegen.

☞ **Nr. 64 Foundry Street**: (noch heute als Marwood's House bekannt) *William Marwood*, der wohl berühmteste Büger der Stadt, wurde am 8. November 1818 – drei Jahre nach Waterloo – als Sohn einer armen Schuhmacherfamilie in Goulceby geboren. Von Kindesbeinen an hatte sich Marwood für die Vollstreckung der Todesstrafe interessiert. In seinen Augen war Calcraft, der offizielle Henker, ein vollkommener Barbar, um keinen Deut besser, als die Menschen, die er hinrichtete.

Zu jener Zeit erdrosselte man einen Delinquenten noch. Er erstickte jämmerlich, benötigte bis zu 15 Minuten, um am Ende des Henkerseiles sein Leben auszuhauchen. Marwood war davon überzeugt, das Leiden verkürzen zu können, indem er unter Berücksichtigung von Körpergröße, Statur und Gewicht des Verurteilten die Länge des Seiles variierte. Beim sogenannten „langen Fall" (Long Drop) in eine unter dem Galgen liegende Grube wurden die Halswirbel ruckartig getrennt und der Tod trat sofort ein. 1872 erlaubte man Marwood, seine Theorie im Lincoln Castle unter Beweis zu stellen. Die Behörden waren von dem Ergebnis äußerst beeindruckt, und noch imselben Jahr löste er Calcraft als offiziellen Henker ab. Später sagte er über seinen Vorgänger: *„Calcraft hängte die Leute auf – ich exekutiere sie."*

Sein würdevoller Umgang mit den Todeskandidaten trug ihm den Beinamen „Gentleman Executioner" ein. Wenn er dienstlich in London zu tun hatte, suchte er regelmäßig Madame Tussaud's Wachsfigurenkabinett auf. John Theodore Tussaud schrieb 1920 in seinen Erinnerungen: *„Dann ging er in die Horrorkammer hinunter, um einige seiner alten Bekannten zu sehen, um deren Hälse er so sorgfältig die Schlinge gelegt hatte. (...) 'Stellen Sie mich hier her', sagte er einmal, nach dem er (für seine eigene Figur) Modell gestanden hatte. Ganz wie ein Mann, der sich sein eigenes Grab aussucht."* Nie sah man ihn dort ohne seinen kleinen, zottligen Terrier. Doch eines Tages kam Marwood allein. *„Mein armer alter Hund stirbt"*, erklärte er traurig. *„Ein Hund (...), der jedes Gefängnis Englands von innen gesehen hat, der mit meinen Seilen spielte, der die Ratten in meinen Reisetaschen fing."* Gefragt, warum er ihn dann nicht gnadenhalber auch hinrichte, gab Marwood barsch zurück: *„Nein, nein! Einen Menschen hängen, schön und gut, aber meinen lieben alten Hund – niemals!"*

☞ **Nr. 7 Churchlane**: Marwood eröffnete hier seine erste Schuhmacherwerkstatt, die er auch nach seiner Anstellung als

NORDENGLAND

Henker des Königshauses weiterführte. Er war ein äußerst geselliger Mann und auf Anfrage jeder Zeit bereit, interessierten Besuchern die Relikte seiner Profession wie Henkersschlingen, Fotos, Haarlocken und persönliche Gegenstände aus dem Besitz der von ihm Gehenkten zu zeigen. Auf die häufige Frage von Fremden, ob sie sich nicht schon einmal begegnet seien, pflegte Marwood scherzhaft zu erwidern: *„Jedenfalls nicht um acht Uhr morgens."* – um diese Zeit fanden für gewöhnlich Hinrichtungen statt. Ein

Schild mit der Aufschrift: *„Wm. Marwood, Scharfrichter für das Vereinigte Königreich und Stiefel- & Schuhmacher"* zierte lange Jahre sein Schaufenster. Eine blaue Gedenkplakette des English Heritage weist das Gebäude aus.

☞ **Lindsey Court:** Über der kopfsteingepflasterten Gasse zwischen High Street und Wharf Road befand sich einst ein Kornspeicher, der über eine Falltür verfügte. Hier, in unmittelbarer Nachbarschaft der örtlichen Bücherei, soll Willam Marwood seinen „langen Fall" an Dummies ausprobiert haben, ehe er sich in Lincoln um den Posten des Henkers bewarb.

☞ **Hangman's Cottage:** ❓ Am St. Mary's Square, zwischen dem Friedhof der St. Mary's Church und dem Jubilee Way steht nach wie vor Marwoods zweites Geschäftshaus. Über der Tür ist noch heute ein Stein zu sehen, der seine Initialen trägt. Den Bürgern Horncastles zufolge soll der durchscheinende, bärtige Geist des verblichenen Henkers noch immer auf dem Square umgehen. Er erscheint besonders den Damen als freundlicher Passant und lüftet stets höflich den Hut, ehe er sich in einiger Entfernung in glitzerndem Nebel auflöst...

☞ **Holy Trinity Church:** 🏛 (gegenwärtig Sitz der Touristen-Information) William Marwood starb in seinem Haus in der Foundry Street am 4. September 1883 im Alter von 65 Jahren an Lungenentzündung und wurde zwei Tage darauf auf diesem Friedhof an der Spilsby Road zu Grabe getragen. Kniehohes Gras und Gestrüpp überwuchern mehr als 100 Jahre nach seinem Tod die alten Grabplatten. Vergangenheit bedeutet Vergessen. Und so muss man es wohl als gegeben hinnehmen, dass sich heutzutage niemand mehr an Marwoods genaue Grabstelle erinnert.

☞ *The Ship Inn:* 🍸 ❓ Der am Bull Ring gelegene Inn war lange Jahre William Marwoods Lieblingspub. Der Henker stiftete

DIE SCHWARZE INSEL

dem ehemaligen Besitzer sogar ein Portrait und die bei einer Exekution benutzte Schlinge. Leider wurden beide Stücke 1997 von Unbekannten gestohlen. Nichtsdestotrotz verfügt der *Ship Inn* über eine eigentümliche Atmosphäre. Dies mag an *Queenie*, dem stinkenden Hausgeist liegen, der die Wohnräume der Gaststätte unsicher macht und in seiner menschlichen Gestalt ausschließlich Kindern erscheint. Erwachsene nehmen in seiner Gegenwart lediglich den Geruch verbrannter Tapeten war.

Wie mir der Inhaber, Andrew Sheperdson, erzählte, trat der seltsame Geruch zum ersten Mal kurz nach dem Einzug der Familie im Hausflur auf. *„Es war ein aufdringlicher, starker Geruch, als ob die Tapeten Feuer gefangen hätten. Wir ließen die Wände aufstemmen, die Stromkabel überprüfen – doch alles schien in Ordnung zu sein. Die Kinder sahen den Geist – oder was immer es war – zuerst, freundeten sich sogar mit ihm an. Manchmal glaube ich es selber nicht, aber er bewegte tatsächlich die Zapfhähne. Unsere Kinder sahen seine durchscheinenden schwarzen Hände damit herumhantieren. Nur meine Frau und ich konnten sie nicht sehen, wir bemerkten nur diesen merkwürdigen Geruch."* Später stellte sich heraus, dass der Inn seit seiner Gründung mehrmals abgebrannt war. Ist *Queenie* vielleicht ein ehemaliger Wirt, ein Opfer der Flammen, das vor drohendem Unheil warnt?

☞ **Nr. 30 South Street:** ⚰ Eingelassen in das Tympanon über dem Türsturz dieses Hauses ist das seltene Exemplar einer Totenmaske in Privatbesitz zu sehen. Sie stellt den Einbrecher *Ugly Tiger Tim* dar, hingerichtet wegen Mordes an einer reichen Dame, die in Halstead Hall in Syxtwould residierte.

Kirklees, West Yorkshire ✝

Ca. 10 km südöstlich von Huddersfield nahe Kirkburton gelegen.

☞ **Robin Hood's Grave:** Die Legende von *Robin Hood* und seinen gesetzlosen Gesellen, die von ihrem geheimen Schlupfwinkel im Sherwood Forest aus gegen die Machenschaften des tyrannischen Sheriffs von Nottingham kämpften, ist nur allzu bekannt – ebenso Robins Liebesheirat mit der Jungfer Marian oder der Standort seines Abbildes am Fuße des Nottingham Castle. Nur wenige dagegen wissen, dass Robin Hood in der kleinen Ortschaft Kirklees (leider auf Privatgelände) begraben liegt. Gleich nebenan ruht *Little John*, dessen Grab erstaunlicherweise ein zweites Mal auf dem gut 45 Kilometer weiter südlich gelegenen Friedhof von **Hathersage** in Derbyshire zu finden ist.

Lancaster, Lancashire 🏛 ♀ ⚒ ❓

Ca. 75 km nordwestlich von Manchester am M 6 gelegen.

☞ **Lancaster Castle:** 🏛 ⚒ ❓ Zwischen 1910 und 1911 war die alte Normannenburg Schauplatz einer Reihe mysteriöser Todesfälle. Der Verwalter und Touristenführer William Bingham, der

NORDENGLAND

mit seiner Familie seit mehr als 30 Jahren im Lincoln Castle lebte, brach im Januar 1911 während einer Führung plötzlich mit Magenkrämpfen zusammen. Der 73-jährige starb nur wenige Stunden später. Am 12. November des Vorjahres war Williams 30 Jahre alte Tochter Annie unter ganz ähnlichen Umständen verschieden. Nach Williams Tod übernahm sein Sohn James den Verwalterposten und stellte seine Stiefschwester Margaret als Haushälterin ein. Doch sie blieb nicht lange, denn am 23. Juli wurde auch sie von dieser Welt abberufen. James bat daraufhin seine Schwester *Edith Agnes Bingham*, den Haushalt zu führen. Aber die leicht verwirrte Frau war ihm keinerlei Hilfe, ließ die Wäsche liegen und die Sonntagsbraten verschmoren. Als er sich nach Wochen endlich dazu durchgerungen hatte, Edith durch eine Frau aus dem Ort zu ersetzen, befiel auch ihn die rätselhafte Krankheit. Er starb am 15. August – vier Tage, nachdem die ersten Symptome auftreten waren. Bei der Leichenschau wurden tödliche Arsenmengen in James Binghams Organen gefunden. In Ermangelung anderer Verdächtiger machte die Polizei Edith Bingham für die Morde verantwortlich und stellte sie im **Crown Court** des Castles vor Gericht. Doch was fehlte, war ein überzeugendes Motiv. Und so kehrte die Jury nach nur zwanzigminütiger Beratungszeit mit einem Freispruch in den Gerichtssaal zurück. Weite Teile der Burg sind noch heute ein Museum. So können neben dem Crown Court und der „*Hanging Corner*" auch die unterirdischen, erst 1931 wiederentdeckten Zellen besichtigt werden. Dort wird übrigens eine Henkerschlinge ausgestellt, die *William Calcraft* 1857 benutzte, um den Mörder Richard Pedder hinzurichten.

☞ **Nr. 2 Dalton Square:** ♀ ⚔ Im Jahre 1935 residierte hier der Arzt *Dr. Buck Ruxton*. Um sich seiner Frau Isabella zu entledigen kam er auf die Idee, sie zunächst in der hauseigenen Badewanne zu zerstückeln und all jene Körperteile zu entfernen, anhand derer man die Leiche identifizieren könnte. Die Überreste wollte er dann in einen schottischen Bach werfen, wo Fische und Würmer den Rest erledigen sollten. Leider platzte die Haushaltshilfe Mary Jane Rogerson zu einem für sie sehr ungünstigen Zeitpunkt ins Badezimmer, und Ruxton hatte die doppelte Arbeit am Hals ...

Am 29. September spazierte Miss Susan Johnson, eine junge Frau aus Edinburgh, zu der malerischen, drei Kilometer nördlich von Moffat gelegenen Bruchsteinbrücke über den **Gardenholme Linn** und machte eine grausige Entdeckung: Am Ufer des Baches fand sie mehrere in Zeitungspapier und Leinen eingewickelte Leichenteile. Mittels schwieriger forensischer Untersuchungen und ein wenig Glück (bei einer der gefundenen Zeitungen handelte es sich um eine Lokalausgabe, die ausschließlich in Lancaster erschienen war) gelang es der Polizei, die Leichenteile als die sterblichen Überreste von Isabella Ruxton und Mary Rogerson zu identifizieren. Ruxton, der seine Beteiligung an den Morden vehement bestritt, behauptete, Mary und Isabella seien gemeinsam nach Schottland in die Ferien gefahren – dort waren sie dann ganz offensichtlich von einem Wahnsinnigen getötet worden.

DIE SCHWARZE INSEL

Gegen den Doktor sprachen allerdings die Blutspuren, die man in seiner Badewanne, an den Tapeten und Teppichen im Treppenhaus und auf einem seiner Anzüge nachwies. Da Ruxton vor Gericht auf „nicht schuldig" plädierte und sogar die Identität der Opfer in Zweifel zog, führte die Anklagevertretung eindeutige Beweise vor: von namhaften Pathologen angefertigte Aufnahmen, die, doppelt belichtet, den Totenschädel und das Portrait des vermeintlichen Opfers in einem Bild vereinten und vollkommene Übereinstimmung zeigten. Buck Ruxton wurde schuldig gesprochen und am 12. Mai 1936 in Manchester gehenkt. Seiner Hinrichtung war ein Proteststurm der Bevölkerung von Lancashire vorausgegangen. Mehr als 10.000 Bürger hatten die Aussagekraft der Indizien lautstark angezweifelt und ein Gnadengesuch unterschrieben. Sie verstummten schlagartig, als fünf Tage nach der Exekution ein Faksimile des von Ruxton unterschriebenen Geständnisses in den *News of the World* erschien.

☞ **Longton:** ⚥ ⚔ In der Nähe von Preston liegt (ca. 55 km südwestlich von Lancaster) der kleine Ort Longton. In den dortigen Polizeiställen diente die Badewanne, in der Ruxton seine Opfer zerlegte, viele Jahre lang als Pferdetränke. Ein an der Wanne angebrachtes Messingschild trug die gravierte Aufschrift: *„Dr. Buck Ruxton benutzte diese Badewanne, um die Körper seiner Frau und seiner Hausangestellten an einem unbekannten Datum zwischen dem 14. und dem 29. Sept. 1935 am Dalton Square Nr. 2 zu zerstückeln."*

Lincoln, Lincolnshire 🏛 🍸 ✝

Ca. 45 km nordöstlich von Nottingham an der A 46 gelegen.

☞ **Lincoln Castle:** 🏛 Die Domstadt Lincoln, die, genaugenommen, noch zu den östlichen Midlands gehört, wurde vor gut 2000 Jahren von sandalbewehrten Römern gegründet. Dort, wo sich heute die Burg von Lincoln befindet, erhob sich einst eine römische Festung. Mit dem Bau des Lincoln Castle, wie wir es heute kennen, wurde im Jahre 1068 begonnen.
Architektonisch wie kriminalhistorisch besonders interessant sind der als *Lucy Tower* bekannte Burgfried und die **Cobb Hall**, jener Turm, auf welchem von 1816 bis 1859 die öffentlichen Hinrichtungen stattfanden. Letzterer verfügt noch immer über die Haltevorrichtung für das Schafott, auf welchem insgesamt 35 Männer und drei Frauen ihr Leben verloren. Das viktorianische Gefängnis der Burg besitzt außer seiner düsteren Todeszelle eine einzigartige Gefängniskapelle, deren separate Kirchenstühle wie aufrecht stehende Särge wirken. In einem anderen Teil des Gebäudes wird eines der Originale der berühmten Magna Carta ausgestellt.

☞ **Lucy Tower:** ✝ Das Hauptgebäude der alten Burg (The Keep) wurde im 12. Jh. von der Countess Lucy erbaut, um ein früheres Gebäude zu ersetzen. Ursprünglich war der Turm doppelt so hoch, nur über eine Zugbrücke zu erreichen und von einem tiefen

NORDENGLAND

Wassergraben umgeben. Doch im 17. Jh. wurden die Gebäude durch die Truppen Oliver Cromwells stark beschädigt.
Von 1824 an diente der kleine Innenhof des Turms als Begräbnisstätte für in der Haft verstorbene oder im Castle exekutierte Insassen. So findet sich hier auch das Grab von Henker *William Marwoods* (→ Horncastle, Nordengland) erstem Opfer *William Frederick Horry*. Ehe das Innenministerium Marwood als neuen britischen Chief Executioner einstellte, gab man ihm hier die Gelegenheit, seine Theorie vom „langen Fall" an Horry auszuprobieren. Mit Erfolg, wie sich zeigte. Horrys Grabstein trägt die Inschrift: *„W.F.H. April 1872"*. Fünf Jahre später fand die letzte Hinrichtung im Castle statt. Wen es nach einem schweißtreibenden Sommertag in den kopfsteingepflasterten Straßen der Stadt nach ein wenig Abkühlung gelüstet, dem sei der Lincoln Ghost Walk ans Herz gelegt – eine gruselige Führung, die jeden Mittwoch, Freitag und Samstag um 19.00 Uhr stattfindet und an der Touristen-Information beginnt – Gänsehaut garantiert.

☞ **The Portland Arms:** 🏛 ♀ In diesem in der Portland Street gelegenen Gasthaus stieg Marwood für gewöhnlich ab, wenn es eine Hinrichtung erforderlich machte, über Nacht in Lincoln zu bleiben. Gegenstände aus Marwoods Privatbesitz werden im Schankraum ausgestellt, darunter sein Tagebuch und eine Schlinge, die er im Castle benutzte.

Liverpool, Merseyside ♀ ♥ ⚷ ?

Ca. 40 km westlich von Manchester an der A 580 gelegen.

☞ **Nr. 7 Riversdale Road, Battlecrease House:** ♀ ⚷ ?
Der Mythos *Jack the Ripper* verfolgt die Briten scheinbar überall hin. So streifte sein wehendes schwarzes Cape mit der Veröffentlichung seines angeblichen Tagebuchs im Jahre 1992 auch dieses Anwesen.
1889 wurde *Florence Maybrick, geb. Chandler*, die junge Gattin des wohlhabenden und drogensüchtigen Baumwollhändlers *James Maybrick*, des vorsätzlichen Giftmordes an ihrem Gatten angeklagt und aufgrund einer fadenscheinigen Beweiskette von dem ältlichen Richter Sir James Stephen, den man wenig später in eine Anstalt für unheilbar Geisteskranke einwies, zum Tode verurteilt. Die Strafe wurde jedoch später in lebenslange Haft umgewandelt. Mrs. Maybrick verbüßte immerhin 15 Jahre davon und wanderte anschließend in die Vereinigten Staaten aus, wo sie am 23. Oktober 1941 zahn- und mittellos in einer schmutzigen Holzhütte starb.
Im Juni 1992 suchte der arbeitslose Lumpenhändler Michael Barrett einen Literaturagenten auf und behauptete, im Besitz eines

DIE SCHWARZE INSEL

einzigartigen Dokumentes zu sein – des Tagebuchs von Jack the Ripper! Barretts Angaben zufolge war es ihm von einem seither verstorbenen Kollegen übergeben worden ... Ein millionenschwerer Deal wurde abgeschlossen. Doch bereits einen Tag nach der Veröffentlichung wandte sich Barrett erneut an die Presse. Diesmal mit der Enthüllung, er habe das Tagebuch gefälscht. Forensische Untersuchungen waren bislang nicht in der Lage, dies zu bestätigen. Im Gegenteil – Alles deutet auf die Echtheit des Dokumentes hin. Gegenwärtig befindet sich das handschriftliche, in Leder gebundene Buch im Besitz von Anne E. Graham, Barretts geschiedener Frau. Sie gibt an, das vergilbte Buch in den 1960ern von ihrem Vater erhalten und es ihrem ehemaligen Gatten, einem ambitionierten Nachwuchsschriftsteller, lediglich als Inspiration für einen fiktiven Roman zur Verfügung gestellt zu haben.

Wie dem auch sei: Die Kontroverse wird fortgeführt. Und mit ihr das Rätselraten um die Identität des nebulösen Jack the Ripper.

☞ **Nr. 29 Wolverton Street:** ♀ ⚲ **?** Als *William Herbert Wallace*, ein in die Jahre gekommener Versicherungsvertreter, der 1931 in diesem Haus im Stadtteil Anfield lebte, am Abend des 19. Januar in seinem Schachclub eintraf, teilte man ihm mit, ein Mann namens *R.M. Qualtrough* habe eine halbe Stunde zuvor eine telefonische Nachricht für ihn hinterlassen. Darin hieß es, er würde Wallace am folgenden Tag um 19.30 Uhr gern in einer geschäftlichen Angelegenheit sprechen. Seine Adresse hatte Qualtrough mit Nr. 25 **Menlove Gardens** East angegeben. (Später stellte sich heraus, dass der Anruf von einer Telefonzelle, nur wenige Meter von Wallaces Haus entfernt, getätigt worden war.)

Obwohl Wallace den Mann nicht kannte, machte er sich am Abend des 20. pflichtbewusst auf den Weg zu seinem Kunden, musste indessen feststellen, dass die angegebene Adresse überhaupt nicht existierte – lediglich die Menlove Gardens North, South und West. Genervt kehrte er gegen 20.45 Uhr in die Wolverton Street zurück, wo er seine Gattin Julia erschlagen im Wohnzimmer vorfand. Hatte ein mutmaßlicher Killer die Tat geplant und Wallaces Abwesenheit genutzt, oder war der Versicherungsvertreter selbst der Mörder? Die letzte Möglichkeit gefiel der Polizei am besten. William Wallace wurde am 22. April vor Gericht gestellt und in einem drei Tage während Indizienprozess zum Tode verurteilt. Ins Londoner Pentonville Gefängnis gebracht, erwartete er seine Hinrichtung.

Im Mai wurde sein Fall vor dem *Court of Criminal Appeal*, dem erst 1907 eingesetzten Berufungsgericht, gehört. Die im Volksmund „*Court of Hope*" genannte Einrichtung ermöglichte es den Anwälten, gegen ein ergangenes Todesurteil anzugehen und dieses, sofern berechtigte Zweifel an der korrekten Durchführung des Verfahrens vorlagen, aufheben zu lassen. Seit seiner Gründung war dies allerdings erst in zwei Fällen geschehen. Doch Wallace hatte Glück: Zum ersten Mal in der britischen Kriminalgeschichte warfen die Berufungsrichter einem ihrer Kollegen vor, die Geschworenen mit falschen Schlüssen in die Irre geführt zu haben und sprachen den Angeklagten frei.

152

NORDENGLAND

William Herbert Wallace war trotz allem ein gebrochener Mann. Von Nachbarn gemieden und Fremden verspottet, starb er am 26. Februar 1932. Wie James Maybrick, liegt auch er auf dem Friedhof von Anfield begraben.

☞ **New Brighton Leuchtturm: ♥ ?** (Besuch möglich) Der knapp 30 Meter hohe Leuchtturm steht auf den roten Sandsteinfelsen des Perch Rock an der Mündung des Mersey River und wurde im März 1830 eingeweiht. Nach dem plötzlichen Ableben des ersten Leuchtturmwärters trat einen Monat später der als *„etwas seltsam"* geltende 65 Jahre alte, ehemalige Seemann *Jack Maudley* seinen Dienst auf dem Perch Rock an. Er war ein Einzelgänger. Allein seine schwarze Katze begleitete ihn auf Schritt und Tritt. Bereits nach wenigen Tagen auf dem Turm schrieb er seinem Bruder merkwürdige Briefe. Darin berichtete er von erotischen Träumen, die ihn selbst bei Tage überfielen. Er äußerte gar den Wunsch, jede Woche ein anderes junges Mädchen in der Einsamkeit des Felsens *„besitzen"* zu können. Wünsche, an die man sich erinnerte, als im April 1830 die 17-jährige Molly Jenkins scheinbar spurlos verschwand. Ihren Eltern hatte sie gesagt, sie wolle bei Ebbe zum Leuchtturm gehen, um Krebse zu fangen.

Die Polizei erkundigte sich bei Maudley, ob er das Mädchen eventuell gesehen hätte. Er verneinte. Erst viel später – nach seinem eigenen rätselhaften Tod – fand man sein Tagebuch und darin die Bleistiftskizze eines Mädchengesichts. *„Molly, es tut mir so leid",* stand in linkischen Buchstaben darunter. Am späten Abend des 30. Juli tauchte Maudleys 16 Jahre alter Neffe Richard unangekündigt bei ihm auf dem Felsen auf. Wie er seinem Onkel mitteilte, sei er von zu Hause fortgelaufen und wolle nun bei ihm bleiben. Maudley beköstigte den Neffen, zeigte ihm das Signalfeuer und brachte ihn in den unteren Räumen unter, als gegen Mitternacht ein schwerer Sturm aufkam. Mit dem Sturm kamen die Schreie. Sie schienen von etwas herzurühren, das sich außerhalb des Leuchtturms befand. Dann schlug ein heftiger Windstoß die Tür auf und ein hautloses dunkles Gerippe taumelte wehklagend herein. Es trug die zerrissenen Kleider einer Frau. Maudley sank beim Anblick der Erscheinung zu Boden, sprang jedoch augenblicklich auf und ergriff eine Axt, als er seinen Neffen rufen hörte: *„Du hast sie umgebracht. Du hast Molly Jenkins getötet."* Richard floh in Panik, sprang blindlings in die Fluten des Mersey und schwamm die gut drei Kilometer nach Liverpool zurück.

Als Beamte der Polizei am folgenden Morgen Perch Rock betraten, fanden sie die Tür des Leuchtturms nur angelehnt vor. Im Eingangsbereich lag Jack Maudley – die Augen weit aufgerissen, das Gesicht schwarz, die Zunge angeschwollen. Außergewöhnlich war allerdings, dass man den Leuchtturmwärter mit Seetang erdrosselt hatte. Mit der rechten Hand hielt er eine Halskette umschlossen; ein zierlicher goldener Anker baumelte daran. Seine schwarze Katze hockte fauchend daneben.

Noch am selben Tag wurde Molly Jenkins' Leichnam angespült. Ihre Mutter weigerte sich zunächst, sie als ihre Tochter zu identifizieren: *„Sie trug immer ihren Glücksbringer",* sagte sie bei der

153

Die schwarze Insel

gerichtlichen Totenschau. *„Einen goldenen Anker an einer Kette. Hier kann ich keinen solchen Glücksbringer sehen."* Die Frage bleibt: Wer hatte Mollys Tod letztendlich gerächt? Neffe Richard oder der Geist des Mädchens selbst?

Much Hoole, Lancashire ☥

Ca. 12 km südwestlich von Preston an der A 59 gelegen.

☞ **Rose & Crown Pub**: Dieses, an der Liverpool Road, der Hauptstraße zwischen Ormskirk und Preston, gelegene, Pub wurde einstmals von Englands berühmtestem Henker *Albert Pierrepoint* (1905-1992) geführt. Pierrepoint, der sich für den „Nebenberuf" des Henkers zu interessieren begann, als er im Alter von 12 Jahren herausfand, weshalb sich sein Vater *Henry* und dessen Bruder *Thomas* (→Clayton, Nordengland) so häufig auf Geschäftsreise begaben, erhielt den Posten eines *Assistant-Executioner* im Jahre 1932. Ein Status, den er beinahe 10 Jahre lang beibehielt. Erst 1940 wurde er zum *Chief-Executioner* (oder der Nummer Eins, wie man ihn innerhalb der Profession titulierte) ernannt.

Anfang des Jahres 1946 übernahm Pierrepoint das Pub *Help the Poor Struggler* in Nr. 303 Manchester Road, Hollinwood in Manchester (leider abgerissen). Hier musste er eine äußerst leidvolle Erfahrung machen, als man ihn damit beauftragte, *James Henry Corbitt*, einen seiner Stammgäste, zu hängen. Corbitt hatte das Pub immer samstags und stets in Begleitung derselben Dame aufgesucht. Jedesmal, wenn die Sperrstunde nahte, hatte er sich ans Klavier gesetzt und gemeinsam mit Pierrepoint den alten irischen Song „Oh, Danny Boy" gesungen. Albert kannte den Gast nicht unter seinem richtigen Namen (tatsächlich erfuhr er ihn erst am Tag der Exekution). Corbitt und er hatten sich – nach einer damaligen Redensart – stets als „Tish" und „Tosh" begrüßt. „Tish" hatte das Pub eines Abends angetrunken verlassen, seine Begleiterin erdrosselt, und das Wort *„Hure"* auf ihre Stirn geschrieben.

Als Pierrepoint wie üblich am Vortag der anberaumten Hinrichtung um 16.00 Uhr im Stangeways Gefängnis eintraf, erklärte ihm ein Wärter, der Delinquent behaupte, ein Freund von ihm zu sein und frage sich nun, ob Pierrepoint ihn wiedererkennen würde. Pierrepoint erkannte ihn wieder. Am Morgen der Hinrichtung begrüßte er Corbitt mit dem Worten: *„Hallo Tish"*, und der Verurteilte gab *„Hallo Tosh"* zurück. Die Vertrautheit schien Corbitt zu helfen. Pierrepoints Aussage zufolge ging er gefasst und ohne Angst in den Tod. Der Henker selbst musste fortan jedesmal weinen, wenn er irgend jemanden „Oh Danny Boy" singen hörte.

Albert Pierrepoint, Britanniens erfahrenster Scharfrichter (er hatte insgesamt 433 Männer und 17 Frauen gehenkt), reichte

NORDENGLAND

seine Kündigung am 23. Februar 1956 aus fadenscheinigen Gründen ein. Angeblich war er mit der zu geringen Aufwandsentschädigung für seine Anreise nach Strangeways unzufrieden, als eine Hinrichtung nicht stattfand, da der Verurteilte im letzten Moment begnadigt worden war. Wahrscheinlicher ist, dass Pierrepoint nach all den Jahren genug vom staatlich verordneten Tod hatte. Gerüchten zufolge zog er sich dagegen zurück, um die verlockende Summe von 500.000 Pfund Sterling zu kassieren, die ihm für seine Biographie geboten wurde. Die Regierung bat ihn, seine Entscheidung zu überdenken, doch der Mann aus Yorkshire blieb fest.

Pierrepoint war die letzte uneingeschränkte Nummer Eins dieses finsteren Berufsstandes, denn seine Nachfolger – die Gentlemen *Harry Allan* und *Robert Stewart* – übernahmen die Aufgabe als gleichberechtigtes Team. Allerdings gebührt ihnen die zweifelhafte Ehre, am 13. August 1964 mit der Hinrichtung von *Gwynne Owen Evans* und *Peter Anthony Allan* die beiden letzten Todesurteile in der britischen Kriminalgeschichte vollstreckt zu haben. Einmal im Ruhestand, sprach sich Albert Pierrepoint entschieden gegen die Todesstrafe aus. Er starb im Juli 1992 im Alter von 87 Jahren.

Nebenbei sei bemerkt, dass die amerikanische Kimiautorin Martha Grimes Pierrepoints erstes Pub *Help the Poor Struggler* als Vorbild für ihren gleichnamigen Roman benutzte.

Ripon, North Yorkshire 🏛

Ca. 40 km nördlich von Leeds an der A 61 gelegen.

☞ **Prison & Police Museum:** Das im alten Countygefängnis untergebrachte Museum befindet sich am St. Marygate. Dieses finstere Gebäude stammt aus der viktorianischen Ära. Mit seinen kargen Zellen, zahlreichen Folterinstrumenten und Exekutionsvorrichtungen, bietet es einen ebenso faszinierenden wie erschreckenden Einblick in die oftmals leidvolle Geschichte britischer Gerichtsbarkeit.

Öffnungszeiten: April und Oktober 13.00-16.00 Uhr; Mai und September 13.00-17.00 Uhr; Juli und August 11.00-17.00 Uhr.

Rochdale, Lancashire ✝

Ca. 20 km nordöstlich von Manchester am M 62 gelegen.

☞ **Nr. 398 Oldham Road:** Von 1901 bis 1924 war *John Ellis*, ein kleiner, introvertierter Mann mit sandfarbenem Schnauzbart, Herr über Britanniens Galgen. 1874 als Sohn eines Barbiers in Nr. 18 (jetzt **Nr. 26) Broad Street** im Stadtteil Balderstone geboren, wuchs Ellis in bescheidenem Wohlstand auf und verließ die Schule zum Ärger seiner Eltern ohne Abschluss. Er begann in verschiedenen Fabriken zu arbeiten, wurde der täglichen Tristesse jedoch bald überdrüssig. 1895 heiratete er und bezog das Haus Nr. 398 in der Oldham Road. Um dem Arbeitsalltag zu entfliehen, eröffnete er fünf Jahre später einen Friseursalon in **Nr. 413**

DIE SCHWARZE INSEL

Exekutionskammer   *John Ellis*

(gegenwärtig ein Blumengeschäft) und bewarb sich beim Innenministerium erfolgreich um den Posten des Scharfrichters.
Man lud Ellis zu einem Trainingsprogramm nach London ein, wo er sich im Newgate Gefängnis acht Tage lang in der Kunst des staatlichen Tötens übte. Und im Mai 1901 wurde sein Name in die kurze Liste ausgebildeter Henker aufgenommen. Im Laufe seiner 23 Jahre währenden Karriere richtete Ellis 203 Personen hin, darunter 1910 den Londoner Arzt und Mörder *Hawley Harvey Crippen* und am 9. Januar 1923 die 29-jährige Edith Thompson.
Ellis, der der Überzeugung war, es sei Unrecht Frauen hinzurichten, hatte bis zuletzt mit Mrs. Thompsons Begnadigung gerechnet, insbesondere, da die wegen Beihilfe zum Mord an ihrem Gatten Percy angeklagte junge Dame die eigentliche Tat nicht selbst begangen hatte. Nach der Hinrichtung war Ellis am Boden zerstört. Er ging davon aus, man würde in Großbritannien nie wieder ein weibliches Wesen exekutieren. Reines Wunschdenken, denn bereits am 10. Oktober desselben Jahres wurden seine Dienste in Schottland benötigt. Delinquent *S. Newell* war wieder eine Frau. Nach der Hinrichtung wurde der Henker von Albträumen geplagt und nahm im März 1924 schließlich seinen Abschied. Im Ruhestand schrieb er seine Memoiren. Darin bekräftigte er, sein Ausscheiden als Henker habe rein gar nichts mit den letzten Exekutionen zu tun ...
Am 24. August hallte gegen ein Uhr nachts ein lauter Knall durch das Haus des Henkers. Seine Frau fand Ellis, eine rauchende Pistole in der Hand und aus einer Kopfwunde blutend, besinnungslos im Wohnzimmer auf. Doch sein Selbstmordversuch war gescheitert – die Kugel hatte lediglich den Kiefer durchschlagen. Als *Thomas Pierrepoint* (→ Clayton, Nordengland) am folgenden Tag die Zeitungsmeldung las, soll er ausgerufen haben: *„Verdammte Hölle, Ellis hat versucht, sich umzubringen! Das hätte er schon vor Jahren tun sollen. Es war unmöglich mit ihm zu arbeiten."* John Ellis erholte sich, tourte sogar mit einer Theatertruppe durch England, ehe er sich gänzlich ins Privatleben zurückzog. Am 20. September 1932 kehrte der einstige Scharfrichter später als gewöhnlich in sein neues Heim in Nr. 3 Kitchen Lane, Balderstone

Fold, zurück. Nach dem Abendessen riss er unvermittelt seinen Hemdkragen auf, schnappte sich ein Rasiermesser und schrie seiner Frau und der verschreckten Tochter ins Gesicht: *„Ich bring mich um! Aber zuerst schneide ich euch die Köpfe ab!"* Beide Frauen flohen entsetzt auf die Straße. Ellis folgte ihnen mit rollenden Augen. Vor der Haustür schnitt er sich schließlich selbst die Kehle durch und brach blutüberstömt zusammen. Eintreffende Ärzte konnten nur noch seinen Tod feststellen. Hunderte von Gästen nahmen am Trauergottesdienst in der **St. Mary's Church** teil. Weitere 400 Personen folgten dem Sarg des Henkers bis ans Grab auf dem **Balderstone Friedhof**. Allein das Innenministerium schickte weder Blumen noch Karten.

Todmorden, West Yorkshire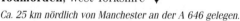

Ca. 25 km nördlich von Manchester an der A 646 gelegen.

Altes Vikariat: *„Man soll die Dinge nicht so tragisch nehmen, wie sie sind"*, empfiehlt Karl Valentin. Ein Rat, der bei dem jungen *Miles Weatherill* – hätte er ihn hören können – mit Sicherheit auf taube Ohren gestoßen wäre. Denn nachdem die Frau seines Herzens ihre gutbezahlte Anstellung im Hause des Pfarrers Anthony Plow verloren hatte – der Gottesdiener war der leiblichen Liebe wenig zugeneigt und duldete kein Techtelmechtel zwischen den Geschlechtern –, sah er rot. In seiner Wut bewaffnete sich Weatherill an einem späten Abend im Jahre 1868 mit vier Pistolen und einer kleinen Axt und war entschlossen, bei Pfarrer Plow „vorzusprechen". Bereits in der Eingangstür allerdings schoss er den Pfarrer nieder und prügelte mit der Axt auf ihn ein. Dem hilflosen Hausmädchen Jane Smith, das sich ihm als nächstes in den Weg stellte, schlug er am Fuß der Treppe kurzerhand den Kopf ab, ehe er ins Obergeschoss stürmte, wo Mrs. Plow friedlich schlummernd im Ehebett lag. Der erste Schuss traf lediglich ein Kissen. Auch der zweite ging fehl. Die Munition verbraucht, zertrümmerte er der Gattin des Pfarrers mit Hilfe der Axt den Schädel. Atemlos und entkräftet verließ er das Haus, suchte umgehend die nächste Polizeistation auf und stellte sich den Beamten. Als Motiv für die Morde gab er Hass an, unbändigen Hass auf eine angeblich christliche Familie, in deren Herzen es seiner Meinung nach keinen Platz für wirkliche Gefühle gab.

Miles Weatherills Geschichte stieß vor Gericht auf wenig Verständnis. Zum Tod durch den Strang verurteilt, hörte sein eigenes Herz erst zwanzig Minuten nach Beginn der Hinrichtung zu schlagen auf, als ihn der Henker endlich dadurch erlöste, dass er sich an die Beine des im Todeskampf zappelnden Delinquenten hängte.

West Auckland, Durham

Ca. 25 km südwestlich von Durham an der A 68 gelegen.

Front Street: *Mary Ann Cotton*, 41, die bis dahin wohl schlimmste Serienmörderin Englands, wurde am 5. März 1873 in Durham

DIE SCHWARZE INSEL

des mehrfachen Mordes angeklagt und nach drei Tagen schuldig gesprochen. Ihrer Verhaftung war eine Reihe rätselhafter Todesfälle vorausgegangen. Innerhalb eines Jahres hatten ihr Ehemann Frederick, ihr nur 14 Monate alter Sohn Robert, der Untermieter Joseph Nattrass und die beiden Stiefsöhne Fred, 10, und Charles Edward, 7 Jahre, jeweils nach kurzer Krankheit das Zeitliche gesegnet.

Nach Edwards Tod wollte der behandelnde Arzt nicht länger an Magengrippe glauben und wandte sich an die Polizei. Diese ließ sämtliche Gräber öffnen und die Leichen von Dr. Thomas Scattergood, dem Leiter der toxikologischen Abteilung an der Medizinischen Hochschule von Durham, untersuchen. Nach wenigen Tagen stand fest: Alle Mitglieder des Haushalts waren einer akuten Arsenvergiftung zum Opfer gefallen. Als sich die Polizei von Durham mit Mrs. Cottons Vergangenheit beschäftigte, fiel auf, dass Mary zwischen 1852 und jenem Tag im Jahre 1870, als sie Frederick Cotton das Jawort gegeben hatte, bereits dreimal verheiratet gewesen war. Und weitere mutmaßliche Morde kamen ans Licht: Ihr erster Gatte William Mowbray war an Magenverstimmung erkrankt und sehr bald seinen acht kleinen Kindern ins Grab gefolgt. George Ward, Gatte Nummer zwei, war nach nur 14 Ehemonaten an Durchfall gestorben. Und obgleich John Robinson, ihr dritter Mann, gegen Arsen immun gewesen zu sein schien, hatte die unheimliche Magengrippe das Leben seiner vier Kinder gefordert, ehe Mary ihn 1867 verlassen hatte und erneut auf Männerfang gegangen war.

Mary Ann Cotton wurde am 24. März 1873 im **Durham Castle** von William Calcraft hingerichtet. Sie starb um 8.00 Uhr morgens, ohne auch nur einen der ihr zur Last gelegten Morde gestanden zu haben. Mrs. Cottons Geschichte ist in West Auckland nach wie vor sehr bekannt. Das dreigeschossige Haus an der A 68 ist zartrosa gestrichen und wird regelmäßig vom Geist der Giftmörderin heimgesucht. Anwohnern zufolge erscheint am Jahrestag ihrer Hinrichtung Marys trauriges Gesicht im oberen Fenster. Singt man den folgenden Kinderreim zu Halloween an ihrem Grab auf dem alten Gefängnisfriedhof, so soll man das herzzerreißende Wimmern von Kindern vernehmen können. *„Mary Ann Cotton, She's dead and she's rotten – She lies in her bed With her eyes wide open – Sing, sing, oh, what can I sing, Mary Ann Cotton is tied up with string – Where, where? Up in the air, Sellin' black puddens a penny a pair."*

York, North Yorkshire 🏛 ✝ ♀ ☗

Yorkshires Hauptstadt liegt ca. 25 km nordöstlich von Leeds an der A 64.

☞ **York Castle Museum:** Im ehemaligen Gefängnistrakt des Schlosses untergebracht, zählt dieses Museum zu den besten der Welt.

Von 1802 bis 1896 fungierte das Castle als Countygefängnis und gesetzliche Hinrichtungsstätte. Bis zum Jahre 1868 fanden sämtliche Exekutionen in aller Öffentlichkeit auf dem Knavesmire (jetzt

NORDENGLAND

Teil des York Racecourse) und später hinter den Mauern des Gefängnisses statt. Auch Englands berühmtester Straßenräuber *Richard „Dick" Turpin* (1705-1739) saß hier ein. Turpin gehörte jahrelang der Gregory Gang an, einer 17-köpfigen Räuberbande, von der er sich 1735 trennte, um sich mit seinem Kumpel *Matthew Thomas King* in der Gegend von London selbständig zu machen. Nach Kings tragischem Tod 1737 versteckte sich Turpin (auf dessen Kopf die Behörden unterdessen eine Belohnung von 200 Pfund Sterling ausgesetzt hatten) eine Weile im Epping Forest und ritt schließlich unter dem Namen John Palmer nach York. Dort wurde er am 2. Oktober 1738 wegen einer nicht bezahlten Rechnung ins Schuldnergefängnis (Debtor's Prison) geworfen, wo man ihn durch einen dummen Zufall als den gesuchten Straßenräuber identifizierte und zum Tode verurteilte. Jene finstere Zelle, in der er seine letzte Nacht auf Erden verbrachte (und von der aus man ihn am 7. April auf einem Holzkarren zum Galgen fuhr), kann ebenso besichtigt werden wie sein Grab auf dem nahen **St. George's Friedhof** (→ Enfield, London & Umgebung).

Darüber hinaus ist das Museum für „Kirkgate" berühmt, die originalgetreue Nachbildung einer viktorianischen Straße – komplett mit Polizeistation und zeitgenössischen Geschäften. Öffnungszeiten: April bis Oktober 9.30–17.00 Uhr; November bis März 9.30–16.30 Uhr.

Schottland

Obgleich sie einst zwischen 1715 und 1746 mehrere – wenn auch kläglich gescheiterte – Versuche unternahmen, England zu unterwerfen und noch heute mit Hochgenuss so fürchterliche Dinge wie *Haggis* oder *Black Pudding* verzehren, sind die Schotten doch ein eher friedfertiges Volk.

Zahlreiche Erfindungen gehen auf ihr Konto, einige davon wurden aus reiner Not geboren. So war es ein Highlander namens Mackintosh, der den ersten Regenmantel trug – entweder um das allgegenwärtige Unwetter abzuhalten, oder um mit dem im Wind flatternden Ölzeug bowlerbewehrte *Sassenachs* zu erschrecken, deren steife, nadelbestreifte Beine sie zu weit gen Norden getragen hatten. Auch die beliebteste Medizin der Welt (von Klosterfrau Melissengeist abgesehen) wurde hier gebrannt: der Whisky. Er gilt als Wundermittel, soll der Legende nach den Alterungsprozess aufhalten und das Leben um Jahrzehnte verlängern können. Allerdings geht das Gerücht, die Unfähigkeit der Schotten, Hosenbeine zu nähen, sei Vater des Gedankens gewesen, und sie hätten das nach Torf schmeckende Gebräu nur aus einem Grund erfunden, nämlich, um ihrer Volkskrankheit Nummer eins, der Blasenentzündung, vorzubeugen ...

Eine weitere, sehr positive Einzigartigkeit hat dagegen die schottische Juresprudenz zu bieten: das in England undenkbare Gerichtsurteil *„Not Proven"*. Es bedeutet soviel wie: *„Trotz eines starken Verdachts gegen den Angeklagten überzeugen die Argumente der Staatsanwaltschaft die Geschworenen nicht besonders."* Etwas, das im Jahre 2001 zumindest einem der mutmaßlichen Lockerbie-Attentäter zu Gute kam. Und im Jahre 1893 endete in Argyllshire ein als *„Das Rätsel von Ardlamont"* bekannter Mordfall mit demselben Urteil.

Doch nicht jeder Angeklagte kam so glimpflich davon. Zwei der bekanntesten Verbrechen in der britischen Kriminalgeschichte wurden jenseits des *Hadrian's Wall* begangen und mit dem Tode bestraft.

In der Hauptstadt Edinburgh waren es die arbeitsscheuen Grabräuber Burke & Hare. Sie belieferten den Arzt Dr. Knox zu Forschungszwecken mit Leichen vom Friedhof, gingen jedoch später dazu über, sich die schweißtreibende nächtliche Buddelei zu sparen ...

In Glasgow bezahlte der sexbesessene Dr. Pritchard für die von ihm begangenen Morde mit dem Leben. Zu oft hatte er sich seiner Probleme mit Hilfe von Gift entledigt.

Doch außerhalb der Großstädte, wo an idyllischen Bächen friedlich Schafherden weiden, ist das Verbrechen ebenso vertreten. Selbst die strenggläubige Pfarrerstochter und Krimiautorin Dorothy Leigh Sayers machte sich in ländlicher Umgebung eines Verbrechens schuldig, als sie in Galloway eine heimliche Abtreibung durchführen ließ und sich anschließend im Anwoth Hotel des Örtchens Gatehouse of Fleet von den damit verbundenen Strapazen erholte. Während ihres mehrwöchigen Aufenthaltes dort, verfasste sie den gefeierten Lord-Peter-Wimsey-Roman „Fünf falsche Fährten".

SCHOTTLAND

Aberdeen, Grampian ♥

Die „Blume Schottlands" liegt, von den Flüssen Dee und Don eingerahmt, an der Nordseeküste und ist von Süden über die A92 zu erreichen.

Nr. 61 Urquart Road: Der Beruf der Hausfrau birgt einige Gefahren. Abgesehen davon, dass mehr als zwei Drittel aller tödlichen Unfälle im Haushalt geschehen, scheint dieser Berufsstand – mit dem Auge des Statistikers betrachtet – auch für Nervenzusammenbrüche äußerst prädestiniert zu sein. Ob Mrs. *Jeannie Donalds* Tat die direkte Folge eines Nervenzusammenbruchs war, oder ihr Verbrechen eher der Vorbeugung diente, sei dahin gestellt. Tatsache ist, dass sie am 20. April 1934 die achtjährige Tochter ihrer Nachbarn, Helen Priestley, ermordete, weil das Mädchen wiederholt grundlos an Mrs. Donalds Tür geklingelt und die Hausfrau einen *„alten Kürbis"* genannt hatte.
Der Hausmeister fand die in einen Kartoffelsack eingewickelte Leiche des kleinen Mädchens am folgenden Tag in einem Verschlag unter der Treppe. Helens Körper wies Verletzungen auf, die eine Vergewaltigung nahelegten. Bei der gerichtlichen Totenschau stellte sich hingegen heraus, dass diese Verletzungen nach Eintritt des Erstickungstodes mit einem Stock verursacht worden waren – mit der Absicht, die Spur auf einen vermeintlichen Triebtäter zu lenken! Im Sack befindliche Haare und Aschereste konnten der Nachbarwohnung zugeordnet werden und überführten schließlich Jeannie Donald der Tat.
Vor Gericht zog sie es vor, keinerlei Aussage zu machen, folgte dem Prozess unbeteiligt, fast gelangweilt und akzeptierte das Urteil *„Lebenslänglich"* mit stoischer Miene.

Ardlamont, Argyllshire 👤 ?

Ca. 60 km westlich von Glasgow an der Südspitze der Cowall-Halbinsel gelegen.

☞ **Ardlamont House:** Dieses weitläufige Anwesen war im August 1893 Schauplatz eines ungelösten Verbrechens, das seinerzeit als *„Das Rätsel von Ardlamont"* von sich reden machte. Im Jahre 1890 entschied der auf der Isle of Wight im Ruhestand lebende Major Dudley Hambrough, seinen 18-jährigen Sohn Cecil zur Ausbildung nach Yorkshire in die Obhut eines scheinbar gutsituierten Privatlehrers namens *Alfred John Monson* zu geben. Dieser war dem finanziell etwas angeschlagenen Major von einem Geschäftsfreund als *„nicht sonderlich teuer"* empfohlen worden. Doch Monson steckte, was niemand

A. J. Monson

161

DIE SCHWARZE INSEL

wusste, selbst in beträchtlichen Geldschwierigkeiten und willigte daher dankbar ein, Cecil gegen eine jährliche Summe von umgerechnet 20.000 Euro in seine Familie aufzunehmen und sich um dessen Ausbildung zu kümmern. Nebenher lenkte er als Finanzberater zusätzlich die Geschäfte des Majors. Doch das Verprechen, er könne Hambrough mit ein paar geschickten Transaktionen aus der Klemme helfen, erwies sich als hohl. Im Gegenteil: Die Vermögensverhältnisse des Majors verschlechterten sich drastisch, worüber es zu einem Zerwürfnis zwischen den beiden Männern kam. Hambrough schrieb an seinen Sohn, er möge das ehrlose Haus seines Erziehers umgehend verlassen und zur Familie heimkehren. Cecil aber weigerte sich, schrieb zurück, er betrachte sein jetziges Heim als sein Zuhause und die Monsons als seine Familie. Erbost stellte der Major die Zahlung des Erziehungsgeldes ein und Monson war daraufhin bald gezwungen, Konkurs anzumelden. Falls Hambrough gehofft haben mochte, auf diese Weise seinen Sohn zurückzubekommen, hatte er sich getäuscht. Als die Monsons 1893 nach Schottland zogen und mittels gefälschter Referenzen *Ardlamont House* anmieteten, ging Cecil mit ihnen. Das Grundstück lag am Ufer des Kyles of Bute, war einige Hektar groß und von prächtigem Wald umgeben. Vollkommene Idylle – allein das nötige Kleingeld fehlte. Und Alfred Monson war nicht bereit, sehr lange darauf zu verzichten. Innerhalb weniger Tage hatte er einen teuflischen Plan ausgeheckt. Er brachte Cecil am 7. August dazu, eine Lebensversicherung über 50.000 Pfund Sterling (nach heutigem Wert gut 570.000 Euro) abzuschließen, die im Todesfalle Mrs. Monson zufiele.

Bereits am folgenden Morgen traf ein geheimnisvoller Mr. Edward Scott in Ardlamont ein. Wer dieser Mann war oder woher er stammte, ist unklar. Sicher ist, dass er sich noch am selben Tag mit Cecil und Monson auf eine Boottour in der Ardlamont Bay begab, bei welcher das Ruderboot Leck schlug, voll Wasser lief und Cecil um ein Haar ertrunken wäre. Am nächsten Tag wanderte das Trio zur Hasenjagd in die Wälder des Anwesens. Cecil trug eine Schrotflinte Kaliber 20 und die beiden anderen Männer jeweils eine Waffe Kaliber 12 bei sich. Am Ende dieses Tages lag Cecil erschossen in einem Graben, während Scott und Monson zum Haus zurückeilten, um Hilfe zu holen. Glaubt man ihrer Version der Geschichte, so war der Junge beim Übersteigen eines Zaunes gestolpert und hatte sich dabei selbst erschossen. Als der Arzt und die Polizei eintrafen, lag der tote Cecil bereits auf einem Tisch in der Küche und die drei Schrotgewehre standen wieder geputzt und eingeölt im Waffenschrank. Scott bestätigte Monsons Aussage und reiste mit der nächsten Fähre ab. Die sterblichen Überreste Cecil Hambroughs wurden schließlich zur Isle of Wight überführt, wo der Major seinen Sohn auf dem Friedhof von **Ventnor** bestattete. Der Fall wäre vermutlich nie vor einem Gericht verhandelt worden, hätte Alfred Monson nicht schon eine Woche nach dem vermeintlichen Jagdunfall einen Antrag auf Auszahlung der Lebensversicherung gestellt. Doch so wurde die Polizei hellhörig. Als sie den Leichnam Cecils exhumieren ließ, stellte sich heraus, dass seine Kopfhaut keinerlei Schmauchspuren zeigte – ein Anhaltspunkt dafür, dass sich der Schuss nicht von selbst gelöst haben konnte, sondern aus einiger Entfernung auf ihn abgefeuert worden war. Auch stammten die in der Kopfwunde gefundenen Bleikugeln nachweislich aus einer Schrotmunitionshülse vom Kaliber 12. Monson wurde daraufhin verhaftet und ins Gefängnis von Inveraray gebracht. Da auch der seltsame Mr. Scott unter Verdacht stand, an dem Mordanschlag beteiligt gewesen zu sein, wurde eine Großfahndung nach ihm eingeleitet. Sie blieb allerdings ohne Erfolg. Scott tauchte nie wieder auf. Das Verfahren gegen Alfred John Monson wurde am 12. Dezember 1893 in Edinburgh eröffnet und dauerte zehn Tage. Die Anklagevertretung legte den Geschworenen unter anderem die durchlöcherte Planke aus dem Ruderboot vor. Monsons Behauptung, das Boot sei auf ein Riff gelaufen, konnte als Lüge enttarnt werden, als Sachverständige bestätigten, dass es überhaupt keine Riffe in der Ardlamont Bay gab. Außerdem war das fragliche Loch ganz augenscheinlich absichtlich hinein*gebohrt* worden. Am Schluss war es Monsons eigene Dummheit, die ihn vor dem Galgen rettete: Cecil war bei Unterzeichnung der Versicherungspolice noch nicht volljährig gewesen, und der Vertrag damit ungültig!

Präsentation der Planke des Ruderbootes im Gerichtssaal

Unfall oder Mord, die Versicherungssumme wäre nie zur Auszahlung gekommen. Somit fehlte das Motiv. Trotz der Überzeugung der Jury, Monson habe den Mord verübt, reichten ihr die Beweise der Staatsanwaltschaft nicht aus. Und so fällte sie das nur in Schottland mögliche Urteil „Not Proven". Alfred John Monson verließ den Gerichtssaal als freier Mann.

Um trotzdem an Geld zu gelangen, verklagte er Madame Tussaud's. Das Wachsfigurenkabinett hatte sein Konterfei angefertigt und (da er nicht hingerichtet worden war) *außerhalb* der sogenannten Horrorkammer ausgestellt. Laut Monson entstand dadurch trotz allem der Eindruck, er sei ein Verbrecher – ein klarer Fall von Rufmord also. Da es dem Hohen Gericht nicht erlaubt war, ihn auszulachen, gab es Monson Recht und verurteilte Madame Tussaud's zu einer Entschädigungszahlung von einem Viertel Penny!

Im Jahre 1898 stand Monson wegen eines anderen Vergehens erneut vor Gericht. Er hatte ein, zwei Unterschriften zu schlecht gefälscht, und man verurteilte ihn zu fünf Jahren schwerer Strafarbeit. In der Haft reichte er die Scheidung ein. Hier seine Begründung: *„Mrs. Monson machte sich 1891 des Ehebruchs mit einer mir unbekannten Person schuldig und betrog mich im selben Jahr mit einer weiteren. Diese andere Person ist der verstorbene Cecil Hambrough."*

DIE SCHWARZE INSEL

Biggar, Strathclyde ♥

Ca. 65 km südöstlich von Glasgow an der A 702 gelegen.

Friedhof: Ein Toter auf dem Friedhof ist an sich nichts Ungewöhnliches – solange er ordentlich betrauert und bestattet unter
der Erde liegt. So war ein früher Besucher äußerst schockiert, als
er am Morgen des 17. August 1967 zwischen den Grabsteinen auf
die halbbekleidete Leiche eines jungen Mädchens stieß. Der Polizei gelang es innerhalb von 24 Stunden, sie als die der 15 Jahre
alten Linda Peacock zu identifizieren. Dem Amtsarzt zufolge war
sie brutal misshandelt und erdrosselt worden. Bissspuren auf der
rechten Brust der Toten gaben den entscheidenden Hinweis, und
der Pathologe wies die Polizisten an, nach einem Mann mit ausgeprägten Schneidezähnen und einer herausgefallenen Füllung zu
suchen. Als die Beamten eine nahe gelegene Schule unter die
Lupe nahmen, stießen sie auf den Namen eines verdächtigen
Schülers: *Gordon Hay*. Der als gewalttätig geltende 17-jährige
war dem Unterricht am Mordtag unentschuldigt ferngeblieben.
Hay bestritt selbstverständlich, sich auch nur in der Nähe des
Friedhofs aufgehalten zu haben und ließ nur unter größtem Protest einen Abdruck seiner Zähne nehmen. Protest hin oder her, die
Bissmale waren dem Opfer, nach einhelliger Meinung der hinzuge-
zogenen Dentisten, eindeutig von ihm beigebracht worden. Zu
jung für die Höchststrafe, verurteilte man ihn zu 10 Jahren Haft.

Dundee, Tayside ♀ ⚒ **?**

Ca. 90 km nordöstlich von Edinburgh an der A 90 gelegen.

Nr. 113 Princes Street: Glaubt man einer 1988 veröffentlichten
Theorie, so lebte und tötete hier in diesem Haus der berüchtigte
Jack the Ripper sein definitiv letztes Opfer. *William Henry Bury*
und seine Gattin Ellen waren Anfang 1889 – ohne Angabe von
Gründen – überstürzt aus dem Londoner East End nach Dundee
gezogen. Am späten Nachmittag des 10. Februar marschierte
Bury in die Polizeiwache Bell Street und verlangte den ranghöchs-
ten Beamten zu sprechen. Dies war Lieutenant Parr. Von ihm gefragt, um was es sich handle, soll Bury entweder: *„Ich bin Jack the
Ripper"* oder *„Ich bin **ein** Jack the Ripper"* entgegnet haben. Doch
unglücklicherweise protokollierte Parr das Gespräch nicht gleich,
sondern schrieb seinen Bericht Tage später aus der Erinnerung
heraus. Burys Aussage zufolge war er vor sechs Tagen von einem
Besuch im Pub nach Hause gekommen und hatte seine Frau mit
einem Strick um den Hals tot aufgefunden. Aus Angst, für ihren
Mörder gehalten zu werden, habe er sie dann in handliche Stücke
geschnitten und die Leiche in einen Schrankkoffer gelegt.
Man nahm Bury in Haft und schickte Lieutenant David Lamp zum
vermeintlichen Tatort, um den Wahrheitsgehalt der Geschichte zu
überprüfen. Den fraglichen Koffer fand der Lieutenant im Hinter-
zimmer der Kellerwohnung. Entgegen Burys Aussage war die Tote
nicht wirklich zerstückelt. Zwar hatte er ihr die Beine auf Höhe

SCHOTTLAND

der Knie gebrochen und diagonal über den Körper gelegt, so dass die Zehenspitzen das Schlüsselbein berührten, doch dies war nur geschehen, um den Deckel schließen zu können. Als Lamp allerdings den Leichnam der Frau im Beisein des Polizeiarztes Dr. Templeman heraushob, wurden fürchterliche Verstümmelungen sichtbar. Darmschlingen und Innereien quollen aus mehreren gezackten Schnitten im Unterleib und fielen schließlich aus der Bauchhöhle heraus auf den Steinfußboden. Die Strangulationsmarken an Mrs. Burys Hals waren dagegen nicht sonderlich stark ausgeprägt. Dr. Templeman konnte William Burys Selbstmordversion widerlegen, als er feststellte, dass der Frau die Schnitte ohne Zweifel vor Eintritt des Todes beigebracht worden waren. Lieutenant Lamp war unterdessen bei seiner Suche nach Spuren auf die Tatwaffe, ein langes Amputationsmesser, gestoßen, und hatte eine weitere interessante Entdeckung gemacht: Quer über die hintere Kellertür und an die Hauswand daneben hatte jemand mit Kreide die Worte, *„Jack Ripper ist hinter dieser Tür"* und *„Jack Ripper ist in diesem Keller"* gekritzelt. Dundees Kriminalabteilung nahm daraufhin umgehend Kontakt mit Scotland Yard auf, aber London zeigte zu Lieutenant Lamps Überraschung keinerlei Interesse an dem Fall. Aus England kam niemand, um Bury zu vernehmen. Vor Gericht beharrte der Angeklagte darauf, seine Frau habe Selbstmord verübt und plädierte auf *„Nicht schuldig"*. Die Jury entschied nach nur 20-minütiger Beratungszeit dagegen, und William Henry Bury wurde am 23. April 1889 im Hof des Dundee Prison von *James Berry* (→ Bolton, Nordengland) gehenkt. Aber starb mit ihm auch Jack the Ripper? Was hatten die Kreidebotschaften zu bedeuten? Waren sie ein Geständnis oder nur ein dummer Scherz? Scotland Yard schien Bury jedenfalls nicht für den Whitechapel-Mörder gehalten zu haben. Belassen wir es dabei.

Edinburgh, Lothian 🏛 🍸 ✝ ♀ 🍺 ?

Ca. 70 km nordöstlich von Glasgow am Firth of Forth gelegen.

☞ **Universität:** 🏛 ✝ ♀ 🍺 Die Universität von Edinburgh ist eine der ältesten der Welt. In ihrem Museum für Anatomie befindet sich in einem Glasschrank das Skelett des berüchtigten Mörders *William Burke*. Öffentlich hingerichtet am Morgen des 28. Januar 1829, und dazu verdammt, seziert und bis in alle Ewigkeit ausgestellt zu werden.

William Burke und *William Hare* trafen 1826 in einem Armenhotel im Tanner's Close im ältesten Teil der Stadt aufeinander. Als der Besitzer des Hotels verschied, gelang es Hare, das Haus zu übernehmen. Als im Jahr darauf einer der Mieter namens Donald plötz-

William Burke

DIE SCHWARZE INSEL

William Hare

lich über Nacht verstarb, ohne seine Rechnung beglichen zu haben, kamen Burke & Hare auf einen gewinnbringenden Gedanken: Sie würden versuchen, den Toten an eine der zahlreichen Schulen für Anatomie am **Surgeon's Square** zu verkaufen. Wie sie wussten, waren Leichen Mangelware, aber unerlässlich, wollten die Professoren Vorlesungen über den Aufbau des menschlichen Körpers halten. Also kümmerten sich Burke & Hare um die Bestattung des Mieters auf dem alten **Grayfriars Friedhof**, gruben Mr. Donald noch in derselben Nacht wieder aus und verkauften ihn an den Arzt Dr. Robert Knox. Der gute Doktor, der aus lauter Dankbarkeit keine überflüssigen Fragen stellte, zahlte ihnen dafür umgerechnet 1500 Euro. Die Gentlemen waren auf den Geschmack gekommen. Der Handel mit Leichen konnte ihnen leicht ein Vermögen einbringen, hätten sie nur genügend frisch Verstorbene zur Hand. Also ging man rasch dazu über, selbst Leichen zu produzieren. Ihr Armenhotel bot ihnen reichlich Gelegenheit dazu. Niemand würde einen alten Landstreicher vermissen, niemand nach ihm fragen.

Ihr erstes Opfer war Joseph, ein Mann ohne Nachnamen. Sie erstickten ihn im Schlaf mit einem Kissen und wurden abermals handelseinig mit Dr. Knox. Von da an durchkämmten sie die Absteigen der Stadt Abend für Abend nach passenden Opfern. Bis zum Sommer 1828 transportierten sie insgesamt 15 Leichname zum Haus Nr. 10 Surgeon's Square. Nur einmal wurde der Doktor nervös, als nämlich Burke & Hare mit ihrem Vorsatz brachen, lediglich unbekannte Landstreicher zu töten und Knox einen stadtbekannten Bettlerjungen zum Kauf anboten. Die Fleischlieferanten gelobten, fortan vorsichtiger zu sein. Aber ihr Niedergang ließ nicht mehr lange auf sich warten. Nachdem sie eine weitere Frau ermordet hatten, ließen sie sie unbeaufsichtigt in einem Zimmer ihres Hotels liegen, wo zwei andere Nachtgäste die Leiche fanden und die Obrigkeit benachrichtigten. William Hare bot sich nach der Verhaftung sogleich als Kronzeuge an und entging somit einer Verurteilung. Auch Dr. Knox kam ohne größere Blessuren davon. Allein William Burke erhielt die Todesstrafe. Sein Name wurde zum Synonym für heimtückisch begangenen Mord. Die Vokabel *„to burke"* (etwas vertuschen) ist nach wie vor im englischen Sprachgebrauch zu finden.

☞ ***The Deacon Brodie's Pub:*** ♈ ♉ ♊ Dieses Haus am Lawnmarket verdankt seinen Namen dem Verbrecher und Ehrenmann *William Brodie* (1741-1788). Als Kunsttischler und Schlosser für sein handwerkliches Geschick berühmt und als Mitglied der Stadtverwaltung geachtet, war Brodie einer der angesehensten Bürger Edinburghs. Denn kaum jemand wusste, dass

SCHOTTLAND

er sich des Nachts in eine völlig andere Persönlichkeit verwandelte, in Privathäuser und Büros einbrach und so für Verbrechen verantwortlich zeichnete, die er tagsüber vorgab, mit aufklären zu wollen. Selbst komplizierteste Schlösser waren kein Hindernis für ihn, hatte er die meisten doch selbst angefertigt oder repariert.

Hätte er weiter allein gearbeitet, wäre Brodie sicherlich eines natürlichen Todes gestorben. Doch er lernte den Schlachter *George Smith* und einen Gelegenheitsdieb namens *Ainslie* an. Letzterer wurde beim verpatzten Einbruch im März 1788 in das Königliche Büro im Chessel's Court geschnappt und stellte sich aus lauter Angst vor dem Galgen (auf Einbruch stand die Todesstrafe) als Kronzeuge zur Verfügung. Smith wurde unverzüglich in Haft genommen, während sich Brodie zunächst erfolgreich in die Niederlande absetzen konnte. Man erkannte ihn jedoch wenig später in Amsterdam und schaffte ihn nach Schottland zurück.

Das Verfahren gegen Brodie und Smith begann am 27. August und endete in beiden Fällen mit einem Todesurteil. Es wurde am 1. Oktober desselben Jahres vollstreckt. Deacon William Brodie, der bei seiner Exekution einen verborgenen Stahlkragen trug und den Henker bestochen hatte, damit er diesen ignorierte, wurde nach der Hinrichtung von Freunden in ein Pub geschleppt, wo man sofort hektische Wiederbelebungsversuche unternahm – leider vergebens. Ironie des Schicksals: Brodie hatte den Galgen in seiner Funktion als Tischler kurz zuvor umgestaltet, um Hinrichtungen leichter vonstatten gehen zu lassen. Man begrub ihn in einem unmarkierten Grab auf dem Buccleuch Friedhof.

☞ **Holyroodhouse:** 🏛 ⚲ **?** Der am östlichen Ende der Royal Mile gelegene Palast war am 9. März 1566 Schauplatz eines Mordes, als Maria Stuarts zweiter Ehemann *Lord Darnley* und dessen Gefolgsmann *Patrick Lord Ruthven* gemeinsam Marias Vertrauten David Riccio vor den Augen der schönen Königin ermordeten. Wenn Darnley, der seine Gattin hasste, bei der schwangeren Maria dadurch eine Fehlgeburt auslösen wollte (die vermutlich auch mit dem Tod der Königin einhergegangen wäre), so ging die Rechnung nicht auf. Maria gebar einen gesunden Jungen, den späteren James I. von England. Darnley selbst starb nur ein knappes Jahr darauf. Er fiel in der Nacht vom 9. auf den 10. Februar 1567 im selben Gebäude einem Mordanschlag zum Opfer. Einer weitverbreiteten Theorie zufolge soll es Maria gewesen sein, die die Killer bezahlte ...

☞ **Tollbooth Prison:** 🏛 🔒 **?** Nur noch ein kleiner Teil des alten Gefängnisses ist erhalten geblieben und beherbergt heute ein Museum. Der Legende nach soll in seinen Räumen der Menschenfresser *Sawney Bean* mit seiner 48-köpfigen Familie eingesessen haben, ehe man sie allesamt in Leith ohne Prozess hinrichtete. Vater Bean soll während der Regierungszeit James I. mit seinen Nachkommen eine Höhle an der schönen Küste von Galloway bewohnt und 25 Jahre lang einsame Reisende verschleppt, beraubt und verspeist haben. Da die Sage tatsächlich in allen

DIE SCHWARZE INSEL

Details mit der älteren Geschichte der englischen Familie *Gregg* übereinstimmt und lediglich die Namen variieren, fragt sich, ob die Schotten sie nicht einfach übernommen haben. (→ Clovelly, Südwestengland)

Eilean Mor, Flannan Isles ✝ ❓
Ca. 40 Seemeilen westlich von Lewis im Atlantik gelegen.

☞ **Leuchtturm:** Die Flannan Inseln – auch unter dem Namen *Die Sieben Jäger* bekannt – liegen weitab von jeglicher Zivilisation im Atlantik. Nach verschiedenen schweren Schiffsunglücken entschlossen sich die schottischen Behörden gegen Ende des 19. Jh. dazu, dort draußen einen Leuchtturm zu errichten. Man wählte die größte und mit 200 Fuß höchste der Inseln aus – Eilean Mor (die Toteninsel). Mit dem Bau des Leuchtturms wurde 1895 begonnen, und die erste Crew nahm ihre Arbeit auf dem *„einsamsten Posten zwischen Britannien und den USA"* am 7. Dezember des Jahres 1899 auf.

Die vier speziell dafür ausgewählten Männer waren James Ducat, Thomas Marshall, Donald McArthur und Joseph Moore. Sie arbeiteten in einem Schichtsystem: Alle 14 Tage, wenn das von der Isle of Lewis kommende Verpflegungsschiff anlegte um Proviant zu bringen, nahm es einen der Wärter mit. Auf diese Weise erhielt jeder nach sechs Wochen Arbeit auf der Insel einen zweiwöchigen Landurlaub. Bei seiner Rückkehr löste er den nächsten ab, und so war der Leuchtturm stets mit drei Mann besetzt.

Am 7. Dezember 1900 verabschiedete sich Joseph Moore von seinen Kollegen und bestieg die *Hesperus*, die Kurs auf den heimischen Hafen nahm. In der Nacht vom 15. auf den 16. Dezember bemerkte der Ausguck des auf der Route Philadelphia – Leith fahrenden Dampfers *SS Archtor* in einer Entfernung von sechs Seemeilen die dunkle Silhouette des Leuchtturmes auf Eilean Mor. Was ihn indessen äußerst beunruhigte, war das Ausbleiben des taghellen Signalfeuers, das für gewöhnlich alle 30 Sekunden aufblitzte. Es war offensichtlich erloschen. Dafür konnte es nur einen Grund geben: der mächtige Parabolspiegel musste im Sturm beschädigt worden sein. Der Ausguck meldete seine Beobachtungen der Brücke, und Kapitän Holman verständigte beim Einlaufen der *Archtor* am 18. in Schottland die Behörden. Verschiedene andere Schiffe hatten die Toteninsel ebenfalls passiert. Einige der Seeleute gaben an, sie hätten am 15. ein kleines Boot bei stürmischer See auf die Insel zurudern sehen, bemannt sei es mit drei Skeletten gewesen ...

Seemannsgarn oder nicht – auf Lewis begann man sich ernste Sorgen zu machen. Aufgrund anhaltender Stürme war es der *Hesperus* bis zum Morgen des 26. Dezember unmöglich gewesen, auszulaufen und nach dem Rechten zu sehen. Das Versorgungsschiff – mit Leuchtturmwärter Joseph Moore an Bord – erreichte Eilean Mor gegen Mittag. Der gesamten Schiffscrew war augenblicklich klar, dass hier ganz sicher etwas nicht stimmte. Zum einen war keine Willkommensfahne gehisst, zum anderen standen die leeren

SCHOTTLAND

Proviantkisten und Parafinfässer (Brennstoff des Signalfeuers) nicht am Kai bereit.

Moore ging auf Anweisung als erster an Land. Er erklomm die steilen Treppen und Pfade, die vom Landungssteg hinauf zum Leuchtturm führten, und erreichte ihn nach ca. 10 Minuten. Das Eingangstor des von einer Bruchsteinmauer umgebenen Komplexes war geschlossen, aber nicht versperrt; ebenso verhielt es sich mit der Tür zum Leuchtturm selbst. Während er unablässig die Namen seiner drei Kollegen rief, durchquerte er die Küche. Hier war alles ordentlich verstaut und aufgeräumt. Entgegen anderslautenden Berichten stand kein unberührtes Abendessen auf dem Tisch. Lediglich einer der Stühle war umgekippt und lag auf der Seite. Die Uhr über dem Kamin war stehengeblieben. Mit dem Schlafquartier war es nicht anders – niemand war dort, die Betten ungemacht. Die Stille um ihn herum legte sich wie ein Zentnergewicht auf seine Brust. Moore blickte zur Wendeltreppe des Turmes und konnte sich nicht überwinden, sie hinaufzugehen. Wer hätte schon sagen können, was dort oben auf ihn warten mochte. Drei Leichen vielleicht? Immer noch herrschte Totenstille. Moore stieß einen Schrei aus, stürzte hinaus ins Freie und rannte, so schnell er konnte, zum Landungssteg zurück. Erst als sich zwei weitere Männer bereit erklärten, mit ihm hinaufzugehen, beruhigte er sich wieder. Doch auch das verglaste Lichthaus war menschenleer. Das Parafinbecken war aufgefüllt, nur auf dem Parabolspiegel lag eine dünne Staubschicht. Unten in den Wohnräumen verriet ein Blick in die Spinte, dass Ducats und Marshalls Ölzeug fehlte, McArthurs hingegen hing ordentlich an seinem Platz. Moore durchsuchte den Dienstraum und warf einen Blick in das Logbuch. Die letzten Einträge lauteten folgendermaßen: *„12. Dezember: Die See wild aufgepeitscht. Wellen sehr hoch. Reißen am Leuchtturm. Später selbe Nacht: Sturm immer noch rauh, können nicht hinaus gehen. Ducat schweigsam. McArthur weint.“* Der Tag danach: *„13. Dezember: Sturm hielt während der Nacht an. Ducat schweigsam. McArthur betet. Später in der Nacht: Ich, Ducat und McArthur beten.“* Es enthielt keinerlei Eintrag für den folgenden Tag. Am 15. hatte Thomas Marshall eine letzte Bemerkung notiert: *„13.00 Uhr. Sturm hat sich gelegt, ruhige See. Gott ist über allem ...“* Ducat als Senior Wärter wäre eigentlich für das Führen des Logbuches zuständig gewesen, daher erschien es merkwürdig, dass die Notizen Marshalls Handschrift aufwiesen. Außerdem waren heftige Unwetter keine Seltenheit in dieser Region, und in Anbetracht dessen war Moore das weinerliche und ängstliche Verhalten solch hartgesottener Seemänner vollkommen unverständlich. Irgend etwas musste die Mannschaft schier zu Tode erschreckt haben. Doch war es sicherlich nicht das Unwetter gewesen, dessen war Moore sich sicher. Was war an jenem schicksalhaften 15. Dezember geschehen?

Möglicherweise waren Ducat und Marshall nach Abflauen des Sturmes hinausgegangen, um am Landungspier eventuelle Schäden zu beheben, als plötzlich eine riesenhafte Welle auf die Insel zurollte und die Männer mit sich riss. Sah McArthur die nahende Gefahr vielleicht vom höher gelegenen Leuchtturm aus? Eilte er

169

DIE SCHWARZE INSEL

noch die Wendeltreppe des Turmes hinab (wobei er beim Durchqueren der Küche versehentlich den Stuhl umstieß), rannte hinaus, um die beiden zu warnen und wurde gleichfalls fortgespült?
Eine recht plausible Erklärung. Möglicherweise verlor aber auch
einer der drei Männer in der Einsamkeit der Toteninsel den Ver-
stand, gaukelte seinen Kollegen Schrecken vor, die es nicht gab,
lockte sie schließlich in die Falle und tötete sie. Oder hatte ein uralter Fluch das Leben der Wärter gefordert? Immerhin gibt es auf
der Insel fünf nebeneinanderliegende Gräber unbestimmten Da-
tums und niemand weiß, wessen Gebeine darin liegen. Die mittlere
Grabplatte trägt das Bildnis eines bewaffneten Mannes. Man geht
davon aus, dass er als einziger Überlebender eines an den steilen
Klippen zerschellten Schiffes einsam auf der Insel starb. Vor dem
Verschwinden der Männer Ducat, McArthur und Marshall hatte
bereits ein Bauarbeiter Selbstmord begangen. Sollte dies eine Erklärung für die vier übrigen Grabsteinplatten sein?

Glasgow, Strathclyde ♀ ♥ ⚲ **?**
Schottlands größte Stadt liegt ca. 70 km südwestlich von Edinburgh.

☞ **Nr. 7. Blythswood Square:** ♀ ♥ **?** Während der 1850er
gehörte dieses eindrucksvolle Gebäude an der Ecke Mains Street
und Blythswood Square dem wohlhabenden Architekten James
Smith. Mit seiner 21-jährigen Tochter *Madelaine Smith* stand im
Juni und Juli des Jahres 1857 eine der damals schönsten Frauen
Britanniens wegen Mordes vor Gericht. Man warf ihr vor, ihren
ehemaligen Geliebten, den von der Insel Jersey stammenden
Pierre Emile L'Angelier, vorsätzlich mit Arsen vergiftet zu haben.
Emile und Madeleine waren einander 1855 vorgestellt worden
und hatten sich auf den ersten Blick verliebt. Trotz der gesell-
schaftlichen Barriere, die ihnen eine Heirat verbot (L'Angelier war
der Sohn einfacher Arbeiter) schrieben sie sich heimlich glühende
Liebesbriefe, in denen sie sich wortreich ausmalten, was sie miteinander zu tun beabsichtigten, sollte sich dereinst die Gelegenheit zu trauter Zweisamkeit ergeben.
Die Gelegenheit ergab sich schließlich, und den Worten folgten Taten, die Madeleine sehr bald bereute. Sie verbrannte die Briefe ihres Geliebten und schrieb ihm, sie könne die unschickliche Liebesbeziehung nicht länger aufrechterhalten. Der Mann aus Jersey
war da anderer Ansicht und drohte, jene Briefe, die sie ihm geschrieben hatte, an ihren Vater zu schicken, sollte sie die Beziehung einschlafen lassen. Madeleine schrieb ihm daraufhin einen
besonders lieben Brief und bat ihn um Mitternacht zum Haus am
Blythswood Square zu kommen, wo sie sich mit ihm an einem der
unteren Fenster unterhielt und L'Angelier zur Stärkung einen Becher Kakao hinausreichte. Am folgenden Tag klagte Emile über
Magenbeschwerden und übergab sich. Nach einem zweiten nächtlichen Besuch mit Umtrunk kehrte er sterbenskrank in seine Wohnung am **Franklin Place** zurück, klagte über die gleiche Art von
Schmerzen, übergab sich wieder und verschied.
Eine Obduktion wurde durchgeführt und akute Arsenvergiftung

als Todesursache festgestellt. Nachdem die Polizei Madeleines Briefe in Emiles Wohnung gefunden hatte, wurde das Mädchen festgenommen und in Edinburgh vor Gericht gestellt. Doch sie hatte Glück: Die Geschworenen fällten das unbequeme Urteil *„Not Proven"*. Madeleine Smith verließ Schottland als freie Frau und ging nach London, wo sie einen Künstler heiratete. Wie auch Miss McLachlan (im folgenden Fall) wanderte sie in die Vereinigten Staaten aus, wo sie im gesegneten Alter von 93 Jahren starb.

☞ **Nr. 17 Sandyford Place:** ♀ ♥ ? Als sich der erfolgreiche Glasgower Geschäftsmann John Fleming am 4. Juli 1862 mit seiner Familie auf einen erholsamen Wochenendtrip an die See begab, überließ er sein respektables Haus am Sandyford Place der Obhut seines 78-jährigen Vaters James und einer einzelnen jungen Hausangestellten namens Jessie McPherson. Bei der Rückkehr der Familie am Montagabend war Fleming Senior sehr zum Erstaunen seines Sohnes mit der Hausarbeit beschäftigt und beschwerte sich darüber, Miss McPherson schon seit Tagen nicht mehr gesehen zu haben.

James Fleming

Wie sich allerdings herausstellte, war das als äußerst zuverlässig geltende Mädchen nicht einfach verschwunden. Eindeutige Blutspuren führten John Fleming nach wenigen Augenblicken zum von innen verschlossenen Schlafzimmer der Angestellten. Die Tür wurde mit einem Nachschlüssel geöffnet und Jessies nackte und verstümmelte Leiche neben dem Bett gefunden. Polizisten stellten wenig später fest, dass sowohl die Leiche gewaschen als auch der Fußboden von Küche, Wohn- und Schlafzimmer gewischt worden war, um verräterische Blutspuren zu entfernen. Zumindest eine Spur hatte der reinliche Mörder jedoch übersehen – den blutigen Abdruck eines nackten menschlichen Fußes, der weder vom Opfer noch von Fleming Senior verursacht worden sein konnte. Wie die Polizei feststellte, fehlten verschiedene Kleidungsstücke der Toten und ein Teil des Familiensilbers. Da es den Beamten jedoch äußerst merkwürdig vorkam, dass der alte Fleming nichts von dem Verbrechen bemerkt haben wollte, und sich außerdem Blutspritzer auf einem seiner Unterhemden befanden, nahmen sie zunächst ihn unter Mordverdacht fest.

Sowohl das Silber, als auch die Kleider wurden tags darauf in einer Pfandleihe entdeckt und sichergestellt. Eine gewisse Miss *Jessie McLachlan* hatte sie dort abgegeben. Im Polizeiverhör gab diese an, Fleming Senior habe ihr die Gegenstände gegeben, was der alte Herr selbstredend bestritt. Und so wurde Miss McLachlan, deren Fuß den blutigen Abruck auf dem Zimmerboden hinterlas-

DIE SCHWARZE INSEL

Jessie McLachlan

sen hatte, schließlich statt seiner wegen Mordes vor Gericht gestellt. Im Laufe der Verhandlung sagte sie aus, sie sei am Mordabend im Haus der Flemings bei ihrer Freundin Miss McPherson zu Besuch gewesen, als der alte Mann (der wiederholt versucht hatte, beide Frauen unsittlich zu berühren) sie gebeten habe, eine Flasche Whisky zu besorgen. Sie sei der Bitte nachgekommen und habe bei ihrer Rückkehr die Freundin erschlagen aufgefunden. Fleming habe sie gezwungen, das Blut aufzuwischen und ihr letztlich das Silber als Schweigegeld angeboten. Um nicht selbst in Mordverdacht zu geraten, habe sie daher Stillschweigen bewahrt.

Die Jury glaubte ihr nicht und verhängte die Höchststrafe. Da man jedoch auch eine Beteiligung James Flemings nicht ausschließen konnte, wurde das Urteil im Nachhinein in lebenslange Haft umgewandelt. Jessie McLachlan verbüßte 15 Jahre davon und emigrierte anschließend in die USA, wo sie ein paar Jahre später verstarb. Da Fleming Senior zeitlebens zu den Anschuldigungen schwieg, konnten die genauen Umstände des Verbrechens niemals vollständig aufgeklärt werden.

☞ **Nr. 249-251 Sauchiehall Street:** ♀ ♥ (ehemals Nr. 131)
Dr. *Edward William Pritchard*, ein Mann, der sein Leben auf Betrügereien aufgebaut hatte und selbst seinen Doktortitel einer käuflichen deutschen Universität verdankte, kam 1860 aus England nach Glasgow. Zunächst ließ er sich mit seiner Frau Mary Jane und einer Handvoll weiblicher Hausangestellter in **Nr. 22 Royal Crescent** nieder und zog dann nach **Nr. 11 Berkeley Terrace** um. Pritchard hatte England verlassen, weil seine Praxis, die er in Yorkshire unterhalten hatte, allmählich vor die Hunde gegangen war. Grund dafür war sein Verhalten den weiblichen Patienten gegenüber gewesen. Der gute Doktor hatte einfach zu viele von ihnen mit seiner ausgeprägten Schwäche für Doktorspiele verschreckt. In Glasgow blieben zwar die Patientinnen verschont, dafür kümmerte er sich dort nun um so intensiver um die körperliche Ausgeglichenheit seiner Hausmädchen. Als im Jahre 1863 ein Feuer in Nr. 11 ausbrach und eines der Mädchen qualvoll verbrannte, machte das Gerücht die Runde, Pritchard habe das Mädchen geschwängert und das Feuer selbst gelegt, um das arme Ding, das einer Abtreibung nicht zugestimmt hatte, zu töten. Dafür sprach, dass die junge Hausangestellte nicht einmal den Versuch unternommen hatte, sich zu retten und bei Ausbruch des Feuers aller Wahrscheinlichkeit nach bewusstlos oder bereits tot gewesen war. Doch die Beweise reichten für eine Anklage nicht aus.

SCHOTTLAND

Nach dem Umzug in die Sauchiehall Street wurde es auch nicht besser mit Pritchards Schwäche für das schöne Geschlecht. Er begann eine Affäre mit seiner 15 Jahre jungen Hilfe Mary McLeod, der er versprach, sie zu heiraten, sollte Mrs. Pritchard eines Tages das Zeitliche segnen. Die Gelegenheit schien bald gekommen. Denn nur wenige Wochen, nachdem Jane Pritchard ihren Gatten in flagranti mit der kleinen Mary ertappt hatte, befiel die Hausherrin eine seltsame Krankheit, die sie ans Bett fesselte. Jane Taylor, Mrs. Pritchards Mutter, reiste umgehend aus Edinburgh an, um ihrer Tochter beizustehen. Aber auch ihr Gesundheitszustand verschlechterte sich im Haus des Doktors rapide. Um sich nicht nachsagen lassen zu müssen, er habe die Frauen einfach ohne Hilfe von außen sterben lassen, zog Pritchard zwei unabhängige Ärzte hinzu: Dr. Cowan aus Edinburgh (einen entfernten Verwandten der Taylors) und Dr. Gairdner aus Glasgow. Cowan hielt die beiden Damen nicht für ernstlich krank und reiste nach wenigen Stunden in die Heimat zurück. Gairdner dagegen war überzeugt, sowohl Mrs. Pritchard als auch deren Mutter würden langsam vergiftet. In Pritchards Augen eine Ungeheuerlichkeit, und er jagte den Verdacht schöpfenden Kollegen davon. Jane Taylor starb am 25. Februar 1865 unter schrecklichen Qualen, ihre Tochter folgte ihr am 18. des folgenden Monats. In beiden Fällen bat Pritchard einen weiteren Mediziner, Dr. James Paterson, darum, den Totenschein auszustellen. Doch in beiden Fällen weigerte sich dieser, und Pritchard griff kurzerhand selbst zur Feder ...

Am 20. März flatterte ein anonymer Brief auf den Schreibtisch der Staatsanwaltschaft. Darin hieß es, die Todesfälle im Hause Pritchard seien mit keiner natürlichen Ursache zu erklären, und der Staatsanwalt täte gut daran, sie umgehend zu untersuchen. Pritchard? Der Name kam dem Staatsanwalt bekannt vor. Es waren nur wenige Stunden intensiven Aktenstudiums notwendig, und er war bald auf den Hausbrand im Jahr zuvor gestoßen. Die Exhumierung der verstorbenen Frauen wurde angeordnet und bei der anschließenden Obduktion wurden in beiden Leichen tödliche Mengen des Giftes Antimon gefunden. Der Fall war eindeutig. Edward William Pritchard wurde vor Gericht des zweifachen Giftmordes schuldig gesprochen, zum Tode verurteilt und am Morgen des 28. Juli 1865 um kurz nach acht Uhr von Henker William Calcraft öffentlich hingerichtet.

☞ **High Court Of Justice:** ♀ ❓ Glasgows altes Gerichtsgebäude befindet sich am südlichen Ende des Saltmarket, dem Glasgow Green (im Volksmund auch Jail Gardens genannt) gegenüber und damit unweit des River Clyde. Hier stand der Giftmörder William Pritchard vor Gericht und wurde – vor den Toren des Gebäudes und mit dem Gesicht zum Park – dort hingerichtet, wo noch heute die Nelson-Säule aufragt. Ein geflügeltes Wort jener Tage, welches auf eine bevorstehende Hinrichtung anspielte, lautete daher: „Sterben im Angesicht des Monuments". Ein weitverzweigtes und kompliziertes Tunnelsystem hat seinen Ausgangspunkt unter dem *Court of Justice*. Einer dieser Tunnel diente nach den Hinrichtungen für gewöhnlich vorübergehend als Lagerungsort für

173

DIE SCHWARZE INSEL

exekutierte Häftlinge. Im Jahre 1985 wurde das Gerichtsgebäude renoviert. Im Zuge dieser Arbeiten wurde darüber nachgedacht, den seit 120 Jahren ungenutzten Tunnel zuzuschütten und den Eingang zu vermauern. Dabei wurde in einer Wandnische ein Geheimversteck gefunden. Es enthielt ein Paar braune Lederstiefel und ein zusammengefaltetes Stück Papier, in welchem sich ein beachtliches Büschel schwarzer Haare befand. Man geht heute davon aus, dass beides einst Dr. Pritchard gehörte.

Wie in jenen Tagen üblich, hatte Henker Calcraft dem Delinquenten nach der Hinrichtung Bart und Haupthaar abgenommen, um die Leiche für den Phrenologen bereit zu machen, der für gewöhnlich einen Gipsabdruck des Kopfes anfertigte. Kleider und Haare des Hingerichteten gingen als Teil seiner Entlohnung automatisch in den Besitz des Henkers über. Doch in Pritchards Fall war dies anders. Die Angehörigen des Doktors beanspruchten die Erinnerungsstücke für sich, und Calcraft wurde angewiesen, sie auszuhändigen. Er weigerte sich und behauptete, er habe sie bereits verbrannt. In Wahrheit – so scheint es – versteckte er sie in jener Nische, um sie bei der nächsten Hinrichtung unbemerkt mitnehmen zu können. Was er nicht wusste, war, dass Pritchards Exekution die letzte öffentliche in Glasgow sein sollte und man ihn, Calcraft, dort nie wieder als Henker beschäftigen würde. So waren Haare und Stiefel mehr als 100 Jahre unentdeckt geblieben. Was nach 1985 mit ihnen geschah, ist unbekannt.

Nr. 27 Carmichael Place, Langside: Während der 1960er versetzte ein Serienmörder die Stadt in Angst und Schrecken. Zwischen Januar 1968 und Oktober 1969 fielen ihm drei junge Frauen zum Opfer. Sie alle waren brutal geschlagen und anschließend erdrosselt worden. Opfer Nr. 1 war die 25-jährige Patricia Docker. Ein Anwohner des Hauses Nr. 27 Carmichael Place, Langside, fand ihre nackte Leiche am 23. Februar im Eingangsbereich. Die junge Frau hatte am Abend zuvor eine Tanzveranstaltung im *Barrowland Ballroom* besucht, war aber nicht nach Hause gekommen. Wie der Polizeiarzt feststellte, hatte Patricia zum Zeitpunkt ihres Todes menstruiert und war nicht vergewaltigt worden. Am 16. August 1969 fanden spielende Kinder die fast vollständig entkleidete Leiche der 32 Jahre alten Jemima McDonald im Erdgeschoss des verlassenen Hauses **Nr. 23 Mackeith Street**. Wie Patricia Docker im Jahr zuvor, hatte auch Jemima den vorangegangenen Abend im *Barrowland Ballroom* verbracht, war nicht vergewaltigt worden und hatte am Tag ihres Todes menstruiert. Der Polizei gelang es, die letzten Stunden im Leben der Frau zu rekonstruieren. Sie war beobachtet worden, als sie die Tanzveranstaltung gegen 23.00 Uhr in Begleitung eines ca. 25 bis 35-jährigen Mannes mit braunem Haar verlassen hatte. Das Paar war später auch vor dem Haus Nr. 23 Mackeith Street gesehen worden. Das dritte und letzte Opfer des unheimlichen Würgers wurde schließlich am Morgen des 31. Oktober 1969 im Hof des Hauses **Nr. 95 Earl Street** entdeckt und als die 29 Jahre alte Helen Puttock identifiziert. Auch sie hatte einem Tanzabend im *Barrowland Ballroom* beigewohnt, war nicht vergewaltigt worden und hatte bei ihrer Ermordung menstruiert. Helen, die zusammen mit ihrem Mann in **Nr. 129 Earl Street** lebte, war weniger als 100 Meter von ihrer Wohnung entfernt gestorben. In ihrem Fall hoffte die Polizei auf die Aussage ihrer Schwägerin Jeannie Williams, denn Helen hatte den Ballroom an jenem Tag in Jeannies Begleitung besucht. Jeannies Aussage zufolge hatte Helen den ganzen Abend mit einem braunhaarigen Mann getanzt, der sich John genannt und ständig aus der Bibel zitiert hatte. Die Presse nahm diese Neuigkeit bereitwillig auf und der unbekannte Täter erhielt einen Namen: *Bibel John*. Doch obwohl die Schwägerin bei der Erstellung eines Phantombildes half und man ihr später mehr als 70 Verdächtige vorführte, gelang es nicht, „Bibel John" dingfest zu machen. Der Fall musste ungelöst zu den Akten gelegt werden.

Im Jahre 1985 machte die Polizei noch einmal den Versuch, den Mörder zu finden. Das bereits existierende Phantombild der gesuchten Person wurde dafür einem künstlichen Alterungsprozess unterzogen und über sämtliche Medien verbreitet. Doch auch diesmal blieb der erhoffte Erfolg aus. Niemand weiß bis heute, weshalb „Bibel John" plötzlich zu morden aufhörte. Vielleicht hatte man ihn wegen eines anderen Vergehens zu einer langjährigen Haftstrafe verurteilt. Vielleicht war er gestorben. Halten Sie die Augen auf, wenn Sie Glasgow besuchen. Möglicherweise ist er der freundliche Mann, der den Hot Dog serviert oder Ihnen am Bahnhof die Tageszeitung verkauft.

Bibel John

Inveraray, Strathclyde

Ca. 70 km nordwestlich von Glasgow an der A 83 gelegen.

☞ **Gefängnis:** Eines der eindrucksvollsten und populärsten Museen Schottlands ist sicherlich das 1989 für die Öffentlichkeit zugänglich gemachte und seither mehrfach preisgekrönte *Inveraray Jail*. Im 19. Jh. noch wegen seiner kalten, feuchten Zellen und harten Strafen gefürchtet und (wenn möglich) weithin gemieden, stehen Besucher heutzutage Schlange, um hinein zu gelangen. Die in den zeitgenössischen Uniformen von Wärtern und Häftlingen gekleideten Touristenführer geleiten durch karge Verliese und zwingerähnliche Exerzierhöfe, die sich in all den Jahren nicht wesentlich verändert haben. So kann man unter anderem den ältesten Teil des burgartigen Gemäuers besichtigen und

DIE SCHWARZE INSEL

Zeuge jener dramatischen Szenen werden, die sich hier vor mehr als 170 Jahren abspielten, als über 20 Männer, Frauen und Kinder unter unzulänglichen sanitären Verhältnissen in acht winzigen Zellen zusammengepfercht waren. Im alten *Court Room* hat man Gelegenheit, auf den Zuschauerbänken Platz zu nehmen und Auszügen aus dramatischen Gerichtverhandlungen zu lauschen, die in genau diesem Saal abgehalten wurden.

Kaum ein Aspekt britischen Gefängnislebens bleibt unberücksichtigt. Die Ausstellung: *Folter, Todesstrafe & Verdammung* wird so manchem Besucher das Blut in den Adern gefrieren lassen, denn Auspeitschungen, oder das Annageln der Ohren eines Delinquenten (ehe der Scharfrichter sie gnädig abschnitt) waren zur damaligen Zeit gang und gäbe. Und wer schon immer erfahren wollte, wie es ist, als ein zu schwerer Zwangsarbeit verurteilter Gesetzesbrecher eine funktionstüchtige Tretmühle zu bedienen, hat hier die einzigartige Möglichkeit dazu. Das Museum liegt am malerischen Ufer des Loch Fyne und ist in den Monaten April bis Oktober von 9.30–18.00 Uhr und von November bis März zwischen 10.00–17.00 Uhr geöffnet. Tel.: 0044-(0)1499-302381

Isle of Iona, Strathclyde ✝ ?

An der südwestlichsten Spitze der Island of Mull gelegen.

☞ **Reilig Odhrain Friedhof:** *Aleister Crowley* wurde schon einiger unschöner Dinge bezichtigt. So soll er beispielsweise den Dichter und Hellseher Victor Neuburg in ein Kamel verwandelt haben – ein Zauber, der fatale Nebenwirkungen hatte, denn Neuburg starb. Ein merkwürdiger Todesfall, der sich im Jahre 1929 auf dieser Insel ereignete, wird gleichfalls Crowleys dunklen Machenschaften zugeschrieben. Auf diesem Friedhof (wo der Legende nach auch Macbeth begraben liegt) findet sich ein schlichter weißer Marmorgrabstein. Er trägt folgende Inschrift: *„N.E.F. gestorben am 19. November 1929 im Alter von 33 Jahren".*

Es ist das Grab Miss Nora Emily Farnarios, einer Frau aus Crowleys Umfeld. Von Magie und Okkultismus begeistert, kam sie im Herbst 1929 auf der Insel an, um sich hier niederzulassen und mit den uralten Geistern des Eilandes Kontakt aufzunehmen. Zunächst war alles in bester Ordnung, doch schon nach wenigen Wochen schien irgend etwas sie zu ängstigen. Immer häufiger kehrte Miss Farnario nervös und bleich von ihren ausgedehnten Spaziergängen über die Moore zurück. Ihrer Vermieterin gegenüber sprach sie von Alpträumen und einer ihr drohenden, unbestimmten Gefahr. Am Sonntag, den 17. November, hielt Nora es schließlich nicht mehr länger aus. Sie packte ihre Koffer und ließ sich zum Hafen hinunter fahren. Dort musste sie indessen feststellen, dass die Fähre erst am Montag wieder verkehren würde und sie noch eine weitere Nacht auf der kleinen Insel verbringen musste. Zeugen zufolge zitterte sie am ganzen Leib, als man sie zu ihrer Unterkunft zurückbrachte. Dort schloss sie sich in ihrem Zimmer ein. Als die Vermieterin am folgenden Morgen das Frühstück servieren wollte, fand sie Miss Farnarios Zimmer unverschlossen und verlassen vor. Die gepackten Reisekoffer standen nach wie vor neben dem Bett. Kaum jemandem auf der Insel war der überreizte Gemütszustand der jungen Frau entgangen, und so trommelten die besorgten Bürger gegen Nachmittag einen Suchtrupp zusammen, der die Insel systematisch durchkämmte. Doch bei Einbruch der Dunkelheit kam Nebel auf, und die Suche musste vorerst abgebrochen werden. Man fand Noras Leiche erst einen Tag später. Sie lag, den nackten Körper in ein buntes, mit den vorgeschriebenen Symbolen ihres Hexenordens besticktes Zeremoniengewand gehüllt, ausgestreckt im Moor. In der rechten Hand hielt sie noch immer den verzierten Dolch, mit welchem sie kurz vor ihrem Tode ein großes Kreuzzeichen in den weichen Untergrund geritzt hatte. Der örtliche Arzt stellte Herzversagen als Folge eines Schocks als Todesursache fest. So, wie es aussah, war Nora Farnario vor Angst gestorben. Doch warum war sie nicht auf ihrem Zimmer geblieben? Was hatte sie dazu veranlasst, mitten in der Nacht ins Moor hinauszugehen?

Fragen, die unbeantwortet bleiben müssen. Es hält sich allerdings das hartnäckige Gerücht, Crowley, dessen Geliebte sie gewesen sein soll, und den sie angeblich im Streit verlassen hatte, habe ihr aus lauter Rachsucht einen Todeszauber gesandt – diesem sei sie in jener Nacht im Moor zum Opfer gefallen ... Crowley, der weltbekannte Autor okkulter Schriften, beschloss sein eigenes Leben weit unspektakulärer. *Mr. 666*, der *„böseste Mann der Welt"*, wie er sich selbst nannte, starb am 1.12.1947 im Alter von 72 Jahren an einer verschleppten Lungenentzündung. Entgegen seiner eigenen Weissagung, man würde seinen einbalsamierten Körper mit Pomp und Ehren in der Westminster Abbey bestatten, endete er in einem billigen Holzsarg im Krematorium von Brighton.

Kenmore, Tayside ♀ ☥

Ca. 45 km nordwestlich von Perth an der B 827 gelegen.

☞ **The Towers:** Der pittoreske Ortsflecken Kenmore liegt sehr idyllisch am nördlichen Ufer des Loch Tay. Das kleine Cottage, welches mit seinem zinnenbewehrten Türmchen an eine kleine Trutzburg erinnert, steht auf einer Anhöhe außerhalb des Dorfes und ist in der Gegend wohlbekannt. 1947 war dieses bemerkenswerte Gebäude Schauplatz eines brutalen Raubmordes.

Als Mr. McIntyre an einem warmen Septemberabend das Haus seiner Mutter Catherine besuchte, fand er zu seiner Überraschung die Eingangstür unverschlossen vor, und seine Rufe hallten unbeantwortet von den mächtigen Bruchsteinwänden wider. Er entdeckte Mrs. McIntyre schließlich in ihrem Schlafzimmer – voll-

DIE SCHWARZE INSEL

ständig bekleidet auf dem Bett liegend, und mit eingeschlagenem Schädel. Die Polizei traf innerhalb einer halben Stunde ein. Da verschiedene Wertgegenstände fehlten, war sehr bald klar, dass es sich um einen Raubmord handelte. Ganz in der Nähe des Hauses fanden die Beamten jene Stelle, an der der Einbrecher auf seine Gelegenheit gewartet haben musste – Gräser und Farne waren dort niedergetrampelt worden. Und ganz offensichtlich war der Mörder nach der Tat sogar zunächst dorthin zurückgekehrt, denn neben einem erst kürzlich benutzten Rasiermesser wurden in der ausgetretenen Mulde blutbefleckte Kleidungsstücke und ein abgesägtes Gewehr gefunden. Durch Frauenhaar, welches dem blutverschmierten Gewehrkolben anhaftete, ließ sich die Schusswaffe als das benutzte Mordinstrument identifizieren. Nachforschungen ergaben, dass das Gewehr einem örtlichen Farmer gehörte. Dieser gab an, es sei einige Tage vor dem Verbrechen gestohlen worden. Mit der Waffe sei auch ein polnischer Farmarbeiter namens *Stanislaw Myszka* verschwunden. Man verhaftete den Polen nur wenige Tage später.

Der angesehene Pathologe Professor John Glaister wurde mit der Aufgabe betraut, Myszkas Barthaare zu untersuchen, und diese mit jenen zu vergleichen, die von dem am Tatort sichergestellten Rasiermesser stammten. Glaisters Mikroskop enthüllte die nackte Wahrheit: sowohl auf dem Rasiermesser, als auch am Schaft der Tatwaffe fand er Barthaare des Verdächtigen. Myszkas Schuld war bewiesen. *„Jedes Haar ist einzigartig"*, verkündete der Professor später vor Gericht. Zu jener Zeit eine bahnbrechende Erkenntnis, der die Jury überraschend Glauben schenkte. Der Pole gestand und wurde noch im selben Jahr im berüchtigten Barlinnie Prison gehenkt.

Portmahomack, Highlands ♀ ♥

Ca. 45 km (Luftlinie) nördlich von Inverness gelegen.

In diesem winzigen Dorf im Norden Schottlands lebt die erfolgreiche Kriminalschriftstellerin *Anne Perry*, deren Bücher auch in Deutschland erscheinen, mit ihren zwei Katzen und drei Hunden in einem Haus an der Küste. Dass aus ehemaligen Mördern auch anständige Menschen werden können, zeigte sich, als man 1994 enthüllte, wer Anne Perry in Wirklichkeit war: Im Jahre 1954 wurde das verschlafene neuseeländische Städtchen Christchurch durch einen brutalen Mord weltweit bekannt, als das lesbische Pärchen *Pauline Parker* und *Juliet Hulme* Paulines Mutter Honora Mary Parker im Victoria Park mit einem Backstein erschlug. Pauline Yvonne Parker war 16, als sie die ein Jahr jüngere Juliet – Tochter wohlhabender Eltern – in der Schule kennenlernte. Beide Mädchen verband die Liebe zur Musik und Poesie. Doch sie drifteten bald in eine Art von Scheinwelt ab. Ein Eintrag aus Paulines Tagebuch lautete: *„Heute fanden Juliet und ich den Schlüssel zur Vierten Welt. Wir sahen ein Tor in den Wolken. (...) Dann erkannten wir, dass wir den Schlüssel besaßen. (...) Wir haben einen zusätzlichen Teil des Gehirns, der die Vierte Welt erkennen kann."*

SCHOTTLAND

Gemeinsam begannen sie nun ihren versponnenen Tagträumen nachzuhängen, verfassten (unter Juliets Federführung) Liebesromane und beschlossen, zusammen das Land zu verlassen um die Manuskripte in den USA zu verkaufen.

Als sich Mrs. Parker, die die enge Beziehung der Mädchen als krankhaft und unnatürlich ansah, gegen diese Pläne aussprach, beschlossen Pauline und Juliet den Tod der Frau. Unter dem Vorwand, einen Ausflug machen zu wollen, lockten sie Honora Parker am 22. Juni 1954 zu einem abgelegenen Pfad im Park und schlugen dort abwechselnd auf ihr Opfer ein. Anschließend liefen sie, um Hilfe schreiend, zu einem nahegelegenen Café und gaben an, Mrs. Parker habe sich bei einem Sturz verletzt. *„Es ist Mami!"*, schrie Pauline. *„Ich glaube, sie ist tot!"* Sie deutete in die grobe Richtung des Tatortes und sagte: *„Lassen Sie uns nicht wieder dort hinuntergehen! Wir gingen den Weg zurück. Mami rutschte aus und schlug mit dem Kopf auf, als sie fiel."* *„Ich werde mich immer daran erinnern, wie ihr Kopf aufschlug!"* rief Juliet. Dann rannten die Mädchen zu einer Wasserpumpe außerhalb des Cafés, wuschen sich das Blut von den Armen und aus dem Gesicht und brachen in hysterisches Gelächter aus. Die Polizei und ein Arzt wurden gerufen. Der Doktor stellte 45 verschiedene Verletzungen an Mrs. Parkers Schädel fest. Und nachdem die Beamten den in einen Strumpf gewickelten Backstein ausfindig gemacht hatten, nahmen sie Pauline und Juliet in Haft. Dort legten beide ein Geständnis ab.

Vor Gericht sagte Juliet aus: *„Ich wusste nicht genau, was passieren würde, als wir zum Victoria Park gingen. Ich dachte, wir könnten Mrs. Rieper* (Mrs. Parker) *mit dem Stein ängstigen, und sie würde uns ihr Einverständnis geben, damit ich und Pauline zusammenbleiben könnten. Ich sah Pauline mit dem Stein im Strumpf auf ihre Mutter einschlagen. Dann nahm ich ihn und schlug auch zu. Nach dem ersten Schlag wusste ich, dass wir sie umbringen mussten."* Pauline gab zu Protokoll: *„Ich ermordete meine Mutter. Ich hatte mich schon einige Tage vorher darauf eingestellt, es zu tun. Ich weiß nicht mehr, wie oft ich auf sie einschlug; sehr oft, denke ich mir."* Pauline und Juliet wurden des Mordes für schuldig befunden und in verschiedenen Gefängnissen untergebracht.

Als man beide 1959 unter der Bedingung, sich niemals wieder zu sehen, aus der Haft entließ, ging Juliet Hulme in die USA und versuchte sich erfolglos als Schriftstellerin. Dort änderte sie auch ihren Namen in Anne Perry. 1979 akzeptierte der New Yorker Verlag St. Martins Press ihren ersten Kriminalroman *The Carter Street Hangman* (unter dem Titel *Der Würger von der Carter Street* auch in deutscher Sprache erhältlich), und Anne Perry zog nach Schottland. Mittlerweile ist sie eine etablierte Autorin, hat mehr als 20 Kriminalromane veröffentlicht und arbeitet an weiteren.

Bereits 1957, drei Jahre nach dem Verbrechen, für das man sie verurteilte, schrieb das Autorenteam Tom Gurr & H.H. Cox, welches während des Prozesses Einsicht in die von Miss Hulme verfassten Manuskripte hatte, in einer Zusammenfassung des Falles die prophetischen Worte: *„... es wäre nicht überraschend, falls von*

DIE SCHWARZE INSEL

den Christchurch-Mädchen Juliet Hulme diejenige wäre, die eine kurze Strafe verbüßte. Und es ist möglich, dass die Welt sie eines Tages – unter einem anderen Namen – als eine Schriftstellerin mit Talent wiedererkennen wird."

Salen, Island of Mull, Strathclyde ⚑ ✝ ❓

Vom Festland am leichtesten mit der Fähre von Oban aus zu erreichen.

☞ **Glenforsa Hotel & Flugplatz:** Am 20. Dezember 1975 buchte sich der wohlhabende, 55 Jahre alte Londoner Imobilienhändler Peter Gibbs gemeinsam mit seiner 32-jährigen Partnerin Felicity Grainger im *Glenforsa Hotel* ein. Gibbs trug sich mit dem Gedanken, ein Hotel im Nachbarort zu kaufen und den Tourismus auf der Insel ein wenig anzukurbeln. Da Mull zwar über einen kleinen Flugplatz verfügte, dieser aber aufgrund fehlender Landebahnbefeuerung lediglich bei Tage angeflogen werden konnte, waren späte Besucher auf den mehr oder weniger regelmäßigen Verkehr der Autofähren von Oban und Lochaline angewiesen. Eine Tatsache, die der Geschäftsmann Gibbs als Manko betrachtete. Seine Gäste sollten zu jeder Tages- und Nachtzeit anreisen können. Aus diesem Grund mietete der passionierte Hobbypilot bereits am Tag nach seiner Ankunft eine Cessna, mit deren Hilfe er feststellen wollte, ob Nachtlandungen auf dem kleinen Flugplatz neben dem Hotel nicht doch möglich seien.

Am Abend des 24. war es schließlich so weit. Peter Gibbs und Miss Grainger verließen das Hotel gegen 21.15 Uhr, um die Cessna F150H startklar zu machen. Gibbs drückte seiner Partnerin zwei starke Taschenlampen in die Hand und gab Anweisung, sie senkrecht in den Nachthimmel zu halten. Er hatte vor, nach dem Start eine Rechtskurve zu fliegen und wenige Minuten später wieder sicher zu landen. Er war recht zuversichtlich, dass ihm die Lichter der Taschenlampen dabei helfen würden. Das ganze Vorhaben wurde von verschiedenen Zeugen vom Hotel aus beobachtet. Diese versicherten später glaubhaft, sie hätten nach dem Start der Maschine zwei Personen auf dem Rollfeld gesehen, denn die beiden Lichter seien viel zu weit von einander entfernt gewesen... Wie dem auch sei, die Cessna hob sicher ab und nahm nördlichen Kurs auf Salen, beschrieb eine Rechtskurve über dem Sound of Mull und flog in südöstlicher Richtung auf Craignure zu. Dann verschwand das Flugzeug hinter den Wipfeln der Bäume. Innerhalb von drei, vier Minuten hätte es erneut über dem Flugplatz auftauchen und zur Landung ansetzen müssen, doch nichts geschah.

SCHOTTLAND

Miss Grainger kehrte um 22.00 Uhr völlig aufgelöst ins Hotel zurück und schlug Alarm. Man beruhigte sie, Gibbs sei wegen der schlechten Sicht vermutlich weiter nach Glasgow oder Prestwick geflogen, doch auf Anfrage erhielt man von dort einen negativen Bescheid. Und um 23.20 Uhr verständigte der Besitzer des Hotels die Polizei. Sergeant Tobermory von der Salen-Police übernahm die Ermittlungen. Er ließ sämtliche Flugplätze auf dem Festland überprüfen, aber nirgends war die rot-weiße Cessna mit dem Kennzeichen G-AVTN gelandet. Am Weihnachtsmorgen schwärmten mehrere Suchtrupps aus. Zusätzlich wurden Helfer von der Royal Airforce eingeflogen. Die Insel wurde selbst von der Luft aus mit Sonargeräten gründlich abgesucht, jedoch ohne Erfolg. Am 29. Dezember stellte die Army ihre Bemühungen ein. Lediglich eine Handvoll örtlicher Polizisten gab erst Ende Januar auf. Ihr einziger Fund nach Wochen der Suche: ein an Land gespültes Rad vom Fahrwerk der Cessna. Es war April, als der Schäfer Donald MacKinnon auf einem Hügel nahe des Hotels auf einen stark verwesten Leichnam stieß, der quer über einem umgestürzten Baumstamm auf dem Rücken lag. Bis auf eine Schnittwunde am linken Bein, wies der Tote keinerlei Verletzungen auf. Anhand seines Gebisses konnte der Leichnam schließlich als der des vermissten Peter Gibbs identifiziert werden.

Doch sein Auffinden warf weitere Fragen auf. Wieso hatte man ihn nicht früher gefunden? Immerhin hatten die Suchtrupps jene Stelle mehrfach passiert. Wo war das Flugzeug? Hatte der Pilot in der Dunkelheit die Orientierung verloren und war ohne Fallschirm aus der Cessna gesprungen? Luftfahrtexperten waren sich damals einig, dass dies unmöglich sei. Abgesehen davon, dass es während des Fluges – bei einer Geschwindigkeit von ungefähr 100 Knoten (ca. 180 km/h) – kaum möglich ist, die Tür des Cockpits zu öffnen, bedeutet ein Sturz aus mehr als 10 Metern Höhe den sicheren Tod, da lebenswichtige Organe abreißen. Wahrscheinlicher war dagegen eine Notwasserung. Hatte Gibbs den Flugplatz verfehlt? War ihm der Treibstoff ausgegangen (er hätte für mindestend zwei Stunden ausgereicht), und hatte er versucht auf dem Wasser zu landen? Doch wenn dies zutraf, warum fanden sich in seiner Kleidung keinerlei Spuren von Salzwasser? Dieses Rätsel der Luftfahrt wurde ungelöst zu den Akten gelegt und Peter Gibbs auf dem Friedhof von **Oban** bestattet.

Es vergingen noch einmal zehn Jahre, ehe Freizeittaucher am 4. September 1986 im Sound of Mull zufällig auf das Wrack der Cessna stießen. Die Türen des Cockpits waren geschlossen, die Tagflächen fehlten und eines der beiden Propellerblätter der einmotorigen Maschine war verbogen. Die Theorie von einer Notwasserung schien sich zu bestätigen. War Gibbs tatsächlich aus der havarierten Cessna ausgestiegen, einen knappen Kilometer weit an Land geschwommen und aus lauter Entkräftung im Winterwetter gestorben? Gegen die Möglichkeit einer Notwasserung spricht allerdings der am Flugzeug entstandene Schaden. Sachverständige bescheinigen den Tragflächen eines Flugzeuges dieses Typs eine enorm hohe Belastbarkeit und sind der Überzeugung, sie könnten nur bei einem sehr steilen Aufschlag aufs Wasser abge-

DIE SCHWARZE INSEL

rissen worden sein. Doch die dabei wirkenden Kräfte hätte der Pilot mit größter Wahrscheinlichkeit nicht überleben können. Daher stellt sich die Frage, ob Peter Gibbs die Cessna überhaupt selbst geflogen hatte. Und sie wird letztlich unbeantwortet bleiben.

Zweiter Teil

Die Führungen

Brighton, East Sussex

Von angelsächsischen Siedlern unter dem Namen Brighthelmstone gegründet, entwickelte sich Englands größtes und bekanntestes Seebad, in dem heute mehr als 250.000 Menschen leben, während des 18. Jh. aus einem kleinen Fischerdorf zum mondänsten der viktorianischen Kurorte. War es zunächst der englische Adel, der die Stadt an der Südküste für sich entdeckte, folgten bald zahllose wohlhabende Londoner Geschäftsleute dem Ruf der See.

Mit dem Bau des Royal Pavilion zwischen 1815 und 1823 schuf der exzentrische König George IV. – von seinen Gegnern auch *„der geschmacklose Prinny"* genannt –, einen orientalischen Palast, dessen Reiz nicht einmal die kühle Königin Victoria kalt ließ. Das alte Mädchen, das die salzige Meeresluft als äußerst anregend empfand, kam gern und oft nach Brighton; ein manches Mal von ihrem Rittmeister John Brown begleitet.

Der ursprüngliche Ortskern des ehemaligen Fischerdorfes wird nach wie vor von den verwinkelten Gassen der berühmten *Lanes* bestimmt. Die meisten der Häuser stammen aus dem 17. Jh. und sind mittels unterirdischer Gänge verbunden. In unseren Tagen haben sich hier in der Hauptsache Antiquariate unterschiedlichster Art etabliert.

Die Strandpromenade wird vom 1899 fertiggestellten Palace Pier und dem verfallenen älteren West Pier von Hove bestimmt. Ersteres wurde kürzlich in Brighton Pier umbenannt – eine moderne Ungeheuerlichkeit, die wenig Beifall in der Bevölkerung fand. Wer diese Stadt besucht und keinen Ärger will, sollte das Pier daher unbedingt bei seinem richtigen Namen nennen.

Gegenwärtig steht Brighton, zumindest was die Kriminalitätsrate angeht, der Hauptstadt London in nichts nach. Dies liegt jedoch vornehmlich an der weitverbreiteten Drogensucht und der damit verbundenen Beschaffungskriminalität.

Einige der wirklich interessanten Kriminalfälle, die oftmals Jahrzehnte zurückliegen, werden im Folgenden hinreichend beschrieben, die eindrücklichsten Verbrechensschauplätze besucht.

Aber auch für den gemeinen Autor ist Brighton kein ungefährliches Pflaster. Was bei der Recherche für ein Buch wie dem vorliegenden geschehen kann, erlebte ein Pärchen, dass sich Ende November 1991 der harmlosen Beschäftigung hingab, die Grabsteine berühmter Persönlichkeiten auf dem Extra Mural Friedhof zu fotografieren. Denn ihnen fiel ganz zufällig die Leiche der seit dem 26. Oktober vermissten 21-jährigen Suzanne Bromiley vor die Füße. Ein Schock, von dem sich die Autoren nicht mehr erholten; ihr Buch wurde nie vollendet und blieb unveröffentlicht ...

BRIGHTON, EAST SUSSEX

Beginn: Waitrose Supermarket, Western Road

Ecke Montpelier Road und Western Road: Hier an dieser Stelle endete am 1. Oktober 1857 ein ereignisreiches Leben. *James „Jemmy" Botting*, von 1817 bis 1824 der Londoner Henker, zog nach seinem krankheitsbedingten Eintritt in den Ruhestand nach Brighton. Hier war er geboren worden und hier wollte er in Frieden alt werden. Doch es war keine glückliche Rückkehr. Teilweise gelähmt und von seinen Mitmenschen verachtet und gescheut, verbrachte er seinen Lebensabend in Einsamkeit und an den Rollstuhl gefesselt. An jenem ersten Tag im Oktober war er vermutlich ein wenig zu schnell um die Kurve gebogen, oder die Schlinge, die er ständig bei sich trug, hatte sich in den Speichen verfangen ... Wie dem auch sei, sein Rollstuhl kippte um. Niemand kam dem am Boden liegenden Botting zu Hilfe. Und dort starb er, nur 58 Jahre alt, an einer Kopfverletzung.

Gehen sie nun die Montpelier Road auf dem rechten Fußweg in Richtung Strandpromenade hinunter, bis Sie rechter Hand den Eingang zur Sillwood Street erreichen. Biegen Sie dort ein, und folgen Sie der Straße. Nach wenigen Metern liegt links von Ihnen der Eingang zum Bedford Square.

Nr. 36 Bedford Square: Im Jahre 1866 wurde dieses Haus von *Dr. Alfred Warder* bewohnt. Als seine vermögende Gattin Ellen im Juni ernstlich erkrankte, schöpfte deren Bruder – ein ortsansässiger Chirurg – Verdacht. Er war der Ansicht, seine Schwester werde allmählich von Warder vergiftet. Ellen starb am 30. Juni, und ein hinzugezogener Arzt weigerte sich – aufgrund von Unregelmäßigkeiten im Krankheitsverlauf –, den Totenschein auszustellen. Der Coroner ordnete eine Untersuchung an, die ergab, dass Mrs. Warders Tod kein natürlicher gewesen und sie in Wahrheit an einer Überdosis Akonit gestorben war. Ihr Ehemann galt als Hauptverdächtiger, konnte aber nicht festgenommen werden, da er sich mit unbestimmtem Ziel davongemacht hatte. Am 9. Juli tauchte er wieder auf – als Leiche im nahegelegenen *Bedford Hotel* in der Kings Road. Dort hatte er die letzten Wochen unter falschem Namen gewohnt und sich am Abend des 8. Juli mit Zyankali das Leben genommen. Die Ermittlungen der Polizei ergaben später, dass der Doktor zuvor bereits zweimal verheiratet gewesen war. Beide Frauen waren unter verdächtigen Umständen gestorben.

Verlassen Sie den Bedford Square in Richtung Kings Road, und folgen Sie dieser Straße auf dem linken Fußweg. Nach ca. 50 Metern sehen Sie linker Hand den Eingang zum Cavendish Place.

Nr. 4 Cavendish Place: *John William Holloway* war 18, als er die zurückgebliebene Celia Bashford im **Lovers Walk** (nördlich des Bahnhofes) unter freiem Himmel schwängerte und sich gezwungen sah, sie zu heiraten. Das Baby starb bei der Geburt. Holloway quartierte seine ungeliebte Frau im Erdgeschoß dieses

Die Führungen

Hauses ein und zog selbst nach Kemptown, wo er sich unter dem Namen Goldsmith mit einer anderen Frau niederließ. Dass Holloway als einfacher Hafenarbeiter nicht genug Geld verdiente, um über längere Zeit zwei Familien ernähren zu können, besiegelte Celias Schicksal. Am 14. Juli 1831 schickte er ihr ein Telegramm, in welchem es hieß, sie möge sich am Abend mit gepackten Koffern bereit halten. Er wolle mit ihr in London ein neues Leben beginnen. Sie dürfe ihre Abreise aber niemandem gegenüber erwähnen ... (→ Nr. 7 Margaret Street)

Kehren Sie zur Kings Road zurück, und folgen Sie dem linken Fußweg in Richtung Palace Pier. Nach ca. 300 Metern stehen Sie vor dem Eingang des:

Grand Hotel: Am 12. Oktober 1984 detonierte um 2.54 Uhr morgens eine Bombe in diesem Hotel. Ziel des Anschlages war es,

die damalige Premierministerin Margaret Thatcher zu töten. Während sie und ihr Gatte unverletzt davonkamen, starben sechs andere Personen, unter ihnen die 52-jährige Jeanne Shattock. Sie residierte in Zimmer Nr. 628 und befand sich zum Zeitpunkt der Explosion gerade auf der Toilette. Die Wucht der Detonation schleuderte sie durch die Wand hindurch, über den Flur, bis ins gegenüber liegende Zimmer Nr. 638. Eintreffende Hilfskräfte konnten nur mehr ihren Tod feststellen. Dreißig weitere Personen wurden bei diesem Anschlag der *IRA* zum Teil lebensgefährlich verletzt, die Fassade des Hotels nahezu zerstört.

Folgen Sie weiterhin der Kings Road auf dem linken Fußweg, bis Sie linker Hand den Eingang zur West Street erreichen. Dort biegen Sie ab und folgen dem linken Fußweg, bis links von Ihnen die schmale Cranbourne Street abgeht. Sie stehen nun vor:

Nr. 39-41 West Street: In diesem Gebäude hatte das berühmte Süßwarenkaufhaus *Maynard's* seine Geschäftsräume. Im Jahre 1871 stand es im Mittelpunkt eines bekannten Mordfalles. *Christiana Edmunds* war eine alleinstehende 43 Jahre alte Frau, die an Depressionen litt. Aus diesem Grund suchte sie häufig die Praxis des charmanten und gutaussehenden Arztes Dr. Beard in Nr. 64 Grand Parade auf, ein Gebäude, das leider dem Neubau der Kunsthochschule zum Opfer fiel. Miss Edmunds verliebte sich Hals über Kopf in den verheirateten Doktor, schrieb ihm leidenschaftliche Briefe und bildete sich ein, er würde ihre Liebe erwidern, stünde ihm seine Gattin nicht mehr im Wege.
Und so erwarb Miss Edmunds am 10. August 1870 eine Schachtel Maynard's-Pralinen, versetzte sie mit Strychnin und sandte sie mit einem freundlichen Anschreiben an Mrs. Beard. Sowohl die ihr

BRIGHTON, EAST SUSSEX

verhasste Frau Doktor als auch zwei ihrer Hausangestellten erkrankten nach dem Genuss der Pralinen schwer, überlebten den Anschlag jedoch. Dr. Beard beschuldigte Miss Edmunds daraufhin des versuchten Mordes, verständigte allerdings nicht die Polizei. Um den Verdacht von sich abzulenken, verfiel sie auf die Idee, weitere Pralinen zu vergiften. Auf diese Weise würde man nicht sie, sondern Maynard's zur Verantwortung ziehen, und Dr. Beard wäre gezwungen, sich bei ihr zu entschuldigen. Tags darauf sprach Miss Edmunds an der Ecke West Street und Cranbourne Street einen Jungen an und bat diesen, eine Schachtel Pralinen für sie zu kaufen. Diese versetzte sie nach der bewehrten Methode mit Strychnin, das sie zuvor in einer nahen Apotheke erworben hatte, und ließ sie anschließend von demselben Jungen umtauschen. Diese Prozedur wiederholte sie zweimal. Nun war es nur noch eine Frage der Zeit, bis eine ihr völlig fremde Person die kontaminierten Süßigkeiten verzehren und sterben würde.

Es verstrichen Monate, ehe die ersten Kundenbeschwerden bei Mr. Maynard eingingen. Und es dauerte noch weitere Wochen, bis der vierjährige Sidney Baker am 12. Juni 1871 nach dem Verzehr einer Maynard-Praline starb. Die Beamten der Brighton Police nahmen daraufhin das Kaufhaus unter die Lupe und fanden weitere vergiftete Süßigkeiten. Der Fall wurde zum Stadtgespräch. Mr. Maynard stand kurz vor dem Ruin, als sich Dr. Beard endlich dazu entschloss, der Polizei seinen schrecklichen Verdacht mitzuteilen.

Christiana Edmunds wurde vernommen und verwickelte sich während des Verhörs immer mehr in Widersprüche. Als man ihr schließlich den Kauf von Strychnin nachwies und sogar den Jungen ausfindig machte, der die Pralinen für sie umgetauscht hatte, klagte man sie im Januar des Folgejahres in Lewes wegen Mordes an. Sie wurde schuldig gesprochen und zum Tode verurteilt. Wenige Wochen vor der Vollstreckung bescheinigten ihr Nervenärzte jedoch eine unheilbare Geisteskrankheit und sie verbrachte den Rest ihres Lebens stattdessen in der Heilanstalt von Broadmoor.

Kehren Sie erneut zur Kings Road zurück, und folgen Sie weiterhin dem linken Fußweg, bis Sie das Thistle Hotel und dahinter den Eingang zur Little East Street erreichen. Am Ende der Straße liegt linker Hand der Bartholomew Square und befand sich einst der:

Old Market Place, Bartholomews: Mutterliebe ist nicht allen Frauen gegeben. Am 3. Juni 1759 erstickte beispielsweise *Mrs. Anne Boon* ihr nur drei Tage altes Kind mit einem Kissen und warf es an der Ecke East Street in einen Schweinetrog. Die junge Mutter, die bei der Tat beobachtet worden war, gab im Polizeigewahrsam an, sie habe gehofft, die Schweine würden das Kind fressen, ehe man es fand. Anne Boon erhielt für diese *postnatale* Abtreibung die Höchststrafe und wurde zwei Wochen später gehenkt.

Wenden Sie sich hier nach rechts und folgen Sie der breiteren East Street. Nach wenigen Metern liegt links von Ihnen die:

DIE FÜHRUNGEN

Sussex Tavern: Im Jahre 1794 befand sich nahe des Pubs ein Brunnen, der die umliegenden Häuser mit Frischwasser versorgte. Weniger frisch dürfte das Wasser gewesen sein, das man vor dem 25. Mai aus diesem Brunnen schöpfte. An jenem Tag nämlich förderten Arbeiter beim Säubern des Schachtes einen stark verwesten weiblichen Kopf zu Tage. Wie sich tags darauf herausstellte, gehörte er vermutlich einer namenlosen Frau, deren kopflosen Torso man kurz zuvor in einer nahegelegenen Gasse gefunden hatte. Die Identität des Opfers blieb ebenso im Dunkeln wie die des Mörders.

Nach einer Erfrischungspause im Pub kehren Sie zum Bartholomew Square zurück und wenden sich nach rechts. Auf der linken Straßenseite sehen Sie jetzt das:

Rathaus von Brighton: Mit seinen dorischen Säulen ist es kaum zu übersehen. Am 13. März 1844 nahm der damalige Chief Constable Henry Solomon, 50, den kleinen Gelegenheitsdieb *John Lawrence* fest und brachte ihn in sein Büro im Rathaus. Lawrence hatte in einem nahegelegenen Geschäft einen Teppich gestohlen, wohl aber nicht damit gerechnet, dass man ihn verfolgen und tatsächlich ergreifen würde. Da er sehr aufgelöst wirkte, versuchte der gutmütige Chief Constable ihn zu beruhigen, servierte dem Mann einen Becher Tee und ließ ihn am Feuer des Kamins Platz nehmen. Doch Lawrences Gemütsverfassung verschlechterte sich merklich. Und obschon drei weitere Beamten im Zimmer anwesend waren, gelang es ihm, den Schürhaken zu ergreifen und den schockierten Solomon damit zu erschlagen. Lawrence wurde schließlich überwältigt und in eine Anstalt für unheilbar Geisteskranke eingeliefert.

Dem Rathaus gegenüber befindet sich der Eingang zur Market Street. Dies ist ein Teil der berühmten Lanes. Schauen Sie sich daher eine Weile in den verwinkelten Gassen um.

The Druid's Head: Dieses Public-House war im Jahre 1742 Schauplatz eines Unglücksfalles. Die Häuser in den Lanes sind seit jeher durch ein Netz unterirdischer Gänge miteinander verbunden. Ein Schmuggler, der am 2. August vor den Behörden durch diese Gänge flüchtete, um die schützenden Kellergewölbe des *Druid's Head* zu erreichen, stürzte kurz vor dem Ziel die glitschigen, moosbewachsenen Stiegen hinab und brach sich dabei das Genick. Seither sucht sein Geist das Pub heim, befeuchtet die Stufen und wartet auf Opfer – vermutlich hat er es satt, stets ganz allein herumzugeistern.

Nr. 35 Market Street: Im Jahre 1866 befand sich in diesem Gebäude das Pub *The Jolly Fisherman*. Am Abend des 1. Februar betrat *John William Leigh* – auch als „Mad Leigh" bekannt – den Schankraum, zog eine Pistole und gab ohne Vorwarnung mehrere Schüsse auf Harriet Harton, die Gattin des Wirtes, ab. Obwohl sie

BRIGHTON, EAST SUSSEX

in den Kopf getroffen worden war, gelang es der Frau noch *„Er hat mich umgebracht! Er hat mich umgebracht!"*, zu schreien und bis zur Kellertür zu fliehen, wo sie schließich zusammenbrach und tot die Stufen hinunterstürzte. Und der Grund für die Tat? Harriet hatte ihrer Schwester, die mit Leigh, dem Sohn des amerikanischen Konsuls in Brighton, ein Verhältnis hatte und oft von ihm geschlagen wurde, angeraten, die Beziehung zu beenden.

Folgen Sie der Market Street, bis Sie unweit der North Street erneut auf die East Street treffen. Auf der gegenüberliegenden Straßenseite erkennen Sie die orientalisch anmutenden Türmchen des Royal Pavilion. Überqueren Sie die North Street und folgen Sie ihr auf dem rechten Fußweg den Hügel hinauf. Biegen Sie nach ca. 100 Metern nach rechts in die New Road ein.

New Road: Niemand weiß, ob es sich bei dem, was sich hier am Abend des 27. Dezember 1880 im *New Oxford Theatre of Varieties* (es stand etwas nördlich des heutigen *Theatre Royal*) ereignete, um einen schrecklichen Unfall oder vorsätzlichen Mord handelte. Ein bekannter Künstler jener Tage war der Artist *Ling Look*, der dort allabendlich seine gewagten Vorstellungen vor begeistertem Publikum gab. Die Paradenummer Looks war es, eine kleine Kanone auf dem Griff eines Schwertes zu balancieren, das er sich wie ein Schwertschlucker in den Rachen gestoßen hatte. Während Ling Look die Zuschauer in den ersten Reihen bat, aus Vorsicht, die Köpfe einzuziehen, entzündete sein Assistent die Lunte des Kanönchens. Zischend glomm die Zündschnur auf, ein lauter Knall ertönte. Normalerweise hätte die abgeschossene Kugel nun ein vorherbestimmtes Ziel getroffen und die Menge vor Begeisterung gerast. Doch etwas war anders an jenem schicksalhaften 27. Dezember, denn das eigentliche Ziel (obgleich es ein wenig schaukelte) blieb unversehrt. Nicht so der Kopf eines 18 Jahre alten Mannes namens George Smyth. Dass er sich gleichfalls gehorsam geduckt hatte, war ihm kein Nutzen gewesen. Die Kugel hatte seinen Schädel durchschlagen, und Blut und Gehirn besudelten die Kleider der hinter ihm sitzenden Zuschauer ...

Verlassen Sie die New Road in nördlicher Richtung, und biegen Sie nach links in die Church Street ein. Folgen Sie dieser Straße, bis Sie rechter Hand die Spring Gardens erreichen. Diese Seitenstraße führt Sie zur North Road. Biegen Sie an deren Ende nach links ab und folgen Sie dem linken Fußweg. Nach wenigen Metern sehen Sie – zwischen Frederick Street und Queens Road – auf der gegenüberliegenden Straßenseite das Haus:

Nr. 57 North Road: 1914 war Maud Clifford 24 Jahre alt, sehr schön und trug ihr schwarzes Haar lang. Einstmals war sie mit einem acht Jahre älteren Soldaten namens *Percy Clifford* verheiratet gewesen, aber Maud hatte ihn nach einem Streit verlassen. Anfang April überredete sie ihr Noch-Ehemann, ein paar Tage mit ihm in dieser Absteige in der North Road zu verbringen, um, wie er vorgab, die Einzelheiten der Scheidung zu besprechen.
Am 7. April vernahm die Besitzerin des Logierhauses, Mrs. Mary Upton, gegen 12. 30 Uhr mittags zwei Schüsse. Als sie hinaufeilte,

DIE FÜHRUNGEN

um nachzusehen, fand sie Maud tot auf dem Bett und Clifford – mit einer Schussverletzung im Kopf – röchelnd auf dem Fußboden liegend vor. Den Revolver hielt er noch in der Hand. Wie sich herausstellte, hatte er den Mord und seinen anschließenden Selbstmord sorgfältig geplant, ehe er Maud um die drei gemeinsamen Tage gebeten hatte. Seiner Mutter war am Vortag ein Brief von ihm zugestellt worden, in welchem er seine Absichten erklärte und darum bat, ihn und seine Frau in einem Gemeinschaftsgrab zur bestatten. Einen zweiten Brief hatte er an den zuständigen Coroner geschickt, vermutlich, um ihm die Arbeit zu erleichtern. Doch sein Plan war fehlgeschlagen. Den herbeigerufenen Ärzten gelang es nämlich, Clifford gesund zu pflegen, und so stellte man ihn noch vor Jahresende vor Gericht. Für den Mord an seiner Frau und den (damals noch strafbaren) Selbstmordversuch zum Tode verurteilt, wurde Percy Clifford im Lewes Castle gehenkt.

Biegen Sie am westlichen Ende der North Road nach rechts in die Queens Road ein, und folgen Sie der Straße. Sie führt Sie direkt zur:

Brighton Station: Am 6. Juni 1934 deponierte ein unscheinbarer Gentleman einen schweren Schrankkoffer in der Gepäckaufbewahrung dieses Bahnhofs. Als dem Gepäckstück vierzehn Tage später ein unangenehmer Geruch zu entströmen begann, verständigte man die Polizei. Der Koffer enthielt den in mehrere Lagen braunen Packpapiers eingewickelten Torso einer etwa 25- bis 30-jährigen Frau; Kopf, Arme und Beine fehlten. Wenige Tage später wurde im Londoner Bahnhof King's Cross ein weiterer Koffer sichergestellt. Darin befanden sich die fehlenden Beine und die abgetrennten Füße der unbekannten Toten. Die restlichen Körperteile tauchten niemals auf. Ein gefundenes Fressen für die Presse, die den Mordfall als das *Brighton-Torso-Verbrechen* landesweit bekannt machte und so das Sommerloch überbrückte. Da die Polizei davon ausging, der Mord sei in Brighton verübt worden, wurden sämtliche Häuser der Stadt systematisch abgesucht. Allerdings gab man den Mietern Tage vorher Bescheid, wann man ihre Wohnung durchsuchen würde, damit die Beamten nicht vor verschlossenen Türen stünden. Ein Umstand, den sich ein anderer Mörder zunutze machte. (→ Nr. 52 Kemp Street)

Wenn Sie den Bahnhof verlassen, führt rechts von Ihnen die Guildford Road einen Hügel hinauf. Von ihr geht rechter Hand die Clifton Street ab. Hier befindet sich ein Geisterhaus:

Nr. 6 Clifton Street: Dieses Haus wird von der ewig 20-jährigen Nellie Peacock heimgesucht, deren Gespenst seit dem 26. November 1901 durch dessen Räume geistert. Nellie, die als Hausangestellte in Hove arbeitete, wurde hier von ihrem eifersüchtigen Freund, der wenig später Selbstmord verübte, mit einem Küchenmesser ermordet. Nellies scheuer Geist wurde häufig im Eingangsbereich gesehen.

BRIGHTON, EAST SUSSEX

Brighton-Torso-Verbrechen

Kehren Sie nun zum Hauptbahnhof zurück. Folgen Sie der Queens Road auf dem linken Fußweg, bis Sie den Eingang zur Gloucester Road erreichen. Folgen Sie dieser abschüssigen Straße auf dem linken Fußweg, und biegen Sie nach wenigen Metern links in die berüchtigte Kemp Street ein.

Nr. 52 Kemp Street: (ehemals Nr. 47) Einen Monat nach Entdeckung der verstümmelten Frauenleiche im Bahnhof von Brighton wurde am 14. Juli in der Kellerwohnung dieses Hauses ein weiterer, übelriechender Schrankkoffer entdeckt. Doch enthielt er nicht, wie zunächst angenommen, die fehlenden Gliedmaßen des ersten Opfers, sondern den stark verwesten Körper einer weiteren

Die Führungen

Violette Kaye   *Toni Mancini*

Frau. Sie wurde rasch als die 42-jährige Tänzerin und Prostituierte Violette Kaye identifiziert. Der Mieter der Wohnung, der 26 Jahre alte und wegen Diebstahls vorbestrafte *Toni Mancini*, war verschwunden. Sogleich wurde eine Täterbeschreibung an alle Polizeistationen des Landes verschickt und Mancini nur zwei Tage darauf in London verhaftet. Er leistete keinen Widerstand und sagte bei seiner Festnahme: *„Ja, ich bin der Mann. Obwohl ich sie nicht ermordet habe.(...) Sie hat mich monatelang ausgehalten."*
Doch darüber hatten die Geschworenen im Crown Court von Lewes zu entscheiden. Vor Gericht sagte Mancini aus, er habe Miss Kaye eines Tages leblos auf dem Bett liegend aufgefunden und sie aus Angst, für ihren Tod verantwortlich gemacht zu werden, in jenem Koffer versteckt. Nach Entdeckung der Leichenteile im Hauptbahnhof (mit denen er tatsächlich nichts zu tun hatte) habe er von den bevorstehenden Hausdurchsuchungen gehört und umgehend eine neue Wohnung angemietet. Den Koffer mit Miss Kayes Leiche darin habe er mit Hilfe einiger kräftiger Jungs in die Kemp Street getragen. Auf die Frage, weshalb er den Tod der Frau nicht gemeldet habe, gab Mancini an, er sei vorbestraft gewesen und habe daher geglaubt, man würde ihn vorverurteilen. *„Ich wusste, man würde mir die Schuld geben, und ich konnte nicht beweisen, dass ich's nicht getan hatte. Ich besaß nicht den Mut zur Polizei zu gehen und zu sagen, was ich gefunden hatte; also entschloss ich mich dazu, ihn* (den Leichnam) *mitzunehmen. (...) Ich weiß nicht, wer sie getötet hat. So wahr Gott mein Zeuge ist, ich weiß es nicht. (...) Ich bin vollkommen unschuldig, abgesehen von der Tatsache, dass ich ihre Leiche versteckte."* Die Jury hatte Mitleid mit ihm. Ihr Urteil lautete *„nicht schuldig"*. Nach der Urteilsverkündung wandte sich Mancini ungläubig an seinen Anwalt Norman Birkett: *„Nicht schuldig?"* Er konnte es kaum fassen, glaubte, sich verhört zu haben. Mehrfach wiederholte er: *„Nicht schuldig,*

BRIGHTON, EAST SUSSEX

Mr. Birkett? Nicht schuldig, Mr. Birkett?" Weshalb er mit solcher Überraschung reagiert hatte, kam erst 42 Jahre später ans Licht, als er sich nämlich in einem Interview mit dem Journalisten Alan Hart des Mordes an Violette Kaye schuldig bekannte. Einmal frei gesprochen, konnte ihm nichts mehr geschehen: Das Geschworenen-System gilt in England als unfehlbar, private Nebenklagen werden nicht zugelassen und es ist somit unmöglich, für ein und dasselbe Verbrechen nochmals vor Gericht gestellt zu werden. Mancini gab zu, Miss Kaye im Streit ermordet und sich die Geschichte ihres Auffindens ausgedacht zu haben. Wie er Hart gegenüber zugab, war er sich seiner Schuld stets bewusst gewesen und hatte mit einem Todesurteil gerechnet. Nichtsdestotrotz gilt der Mordfall Violette Kaye nach wie vor als ungelöst.

Folgen Sie der Straße, bis Sie die Trafalgar Street erreichen. Wenden Sie sich hier nach rechts, und biegen Sie am Ende der Straße nach links in den York Place ein. Nach ca. 100 Metern erreichen Sie St. Peters Place auf der rechten Seite. Wenden Sie sich hier nach rechts und biegen Sie bei der nächsten Gelegenheit nach links in die Ditchling Road ein. Das erste Gebäude auf der rechten Seite ist:

Nr. 37 Ditchling Road: Im Jahre 1932 war das hier ansässige Brunswick Restaurant noch ein Kolonialwarenladen und wurde von Maud Page und ihrem Ehemann geführt. Nach Mr. Pages Tod heiratete Maud erneut. Doch ihr zweiter Gatte war ein gewalttätiger Choleriker, der sowohl die Frau als auch deren vier Kinder schlug. Am 12. Juni starb Maud angeblich bei der Geburt ihres fünften Kindes, das ebenfalls nicht überlebte. Ihr ältester Sohn war jedoch zeitlebens davon überzeugt, sein Stiefvater habe beide getötet, um das Geschäft übernehmen zu können. Seitdem geht ihr Geist im Haus um, bewegt Gläser und Töpfe umher und hinterlässt kryptische Botschaften auf beschlagenen Spiegeln und Fensterscheiben.

Auf der gegenüberliegenden Straßenseite sehen Sie den Park The Level. Durchqueren Sie ihn diagonal, und Sie erreichen die Ecke Union Road/Richmond Terrace. Gegenüber befindet sich das östliche Ende des Park Crescent. Eines der ersten Häuser auf der linken Seite ist:

Nr. 44 Park Crescent: Im Erdgeschoss dieses Hauses ermordete *Toni Mancini*, der eigentlich Cecil Lois England hieß, am 10. Mai 1933 die 42-jährige Nachtclubtänzerin Violette Kaye im Streit. Sie hatte ihn grundlos bezichtigt, eine sexuelle Beziehung mit einem Barmädchen des *Skylark Cafés* zu unterhalten, in welchem Mancini arbeitete, und solange auf ihn eingeschlagen, bis der Mann letztlich die Geduld verloren und Violette in einem Anflug von Jähzorn getötet hatte.

Verlassen Sie Park Crescent in Richtung Süden. Folgen Sie Richmond Terrace, Richmond Place und Grand Parade auf dem linken Fußweg, bis Sie linker Hand den Eingang zur Edward Street erreichen. Biegen Sie hier ab, und gehen Sie den rechten Fußweg hinauf. An der Ecke George Street befindet sich:

Die Führungen

The Jury's Out: Dieses sehenswerte Pub liegt dem Polizeihauptquartier gegenüber, wird hauptsächlich von Beamten der Brighton Police aufgesucht und ist für seine Ausstellungsstücke zur Kriminalgeschichte bekannt, die in zahlreichen Wandvitrinen besichtigt werden können.

Pub „The Jury's Out"

Nachdem Sie das Pub verlassen haben, wenden Sie sich nach rechts. Folgen Sie der Edward Street nach Osten. Biegen Sie nach ca. 200 Metern nach rechts in die High Street ab. Nachdem Sie die St. James's Street erreicht haben, folgen Sie ihr weiter in östlicher Richtung, bis Sie rechter Hand den Eingang zur Margaret Street ausmachen. Auf der rechten Straßenseite sehen Sie:

Nr. 7 Margaret Street: Nachdem *John William Holloway* seine erste Frau Celia am späten Abend des 14. Juli 1831 in dieses Haus gelockt hatte, wo er mit einer Dame namens *Ann Kendell* in wilder Ehe zusammen lebte, tötete er sie.
Vor Gericht sagte er später aus: „*Ich bat sie auf den Stufen Platz zu nehmen, und dann, unter dem Vorwand sie küssen zu wollen, legte ich ihr ein Stück Schnur um den Hals und erdrosselte sie.*" Anschließend schnitten Ann Kendell und er der Leiche den Kopf und die Gliedmaßen ab. Den Kopf warfen sie im Hof des Hauses in die Toilette. Die übrigen Leichenteile wickelte das Mörderpärchen in die Kleider der Toten und schleppte sie noch in derselben Nacht zum nördlich gelegenen Preston Park, wo sie sie – unweit des Lovers Walk – unter einem Gebüsch begruben. Der Kreis hatte sich geschlossen.
Die Leichenteile wurden jedoch bereits am 13. August gefunden und als die Celia Holloways identifiziert. Den Ärzten zufolge war sie bei ihrer Ermordung im 8. Monat schwanger gewesen. Der Verdacht der Polizei fiel sogleich auf Holloway. Sein Haus wurde durchsucht, dabei wurde auch der fehlende Kopf des Opfers gefunden. Während des Verfahrens gegen ihn nahm er die alleinige Schuld an dem Verbrechen auf sich, wurde am 14. Dezember zum Tode verurteilt und eine Woche darauf im Schatten des Lewes Castle öffentlich gehenkt. Augenzeugen zufolge soll sein Todeskampf mehrere Minuten gedauert haben.

Kehren Sie zur Edward Street zurück, und folgen Sie dem Straßenverlauf weiter in Richtung Osten. Nach einiger Zeit erreichen Sie:

Nr. 84 Edward Street: In diesem Haus im Stadtteil Kemptown starb am 25. Mai 1879 die Bäckerin Charlotte Hill. Ihr Geselle *George Perrin*, mit dem sie ein Verhältnis hatte, erstach sie während eines Streits um eine Schüssel Mehl mit einem der ausreichend vorhandenen Brotmesser. Aus lauter Schrecken über seine Tat rannte Perrin – noch immer mit dem bluttriefenden Brotmes-

BRIGHTON, EAST SUSSEX

ser bewaffnet – bei Banjo Groyne ans Meer hinunter, wo er auf die Knie niedersank und sich selbst die Kehle durchschnitt. Eintreffende Ärzte konnten nur noch seinen Tod bestätigen. Für die Beamten der Sussex Constabulary blieb nichts weiter zu tun, als Messer und Mehlschüssel sicherzustellen.

Folgen Sie weiterhin der Edward Street, bis diese in die Eastern Road übergeht und Sie nach ca. 800 Metern auf der rechten Straßenseite den Eingang zur Mark's Street erreichen. Biegen Sie hier nach rechts ab. Vor Ihnen liegt:

Nr. 14 Rock Street: Ein ungeklärtes Verbrechen ereignete sich am 14. Januar 1863 in diesem Haus, als die 45 Jahre alte Mary Ann Day nach dem Genuss eines Minztäfelchens unter entsetzlichen Qualen verschied. Untersuchungen ergaben, dass die Praline tödliche Mengen des Giftes Arsen enthalten hatte. Niemand wurde für den Mord an Mrs. Day zur Verantwortung gezogen. Aber es hielt sich das Gerücht, ihr wohlhabender Liebhaber *William Sturt*, der der mittellosen Frau als Gegenleistung für von ihr erbrachten körperlichen Annehmlichkeiten die Heirat versprochen hatte, habe sich ihrer entledigt, um dem bevorstehenden Ehejoch zu entgehen.

Hier endet unsere Führung. Da Brighton nicht über ein U-Bahnnetz verfügt, haben Sie nun zwei Möglichkeiten: entweder Sie bestellen ein Taxi, oder Sie kehren zu Fuß in die Innenstadt zurück.

Rugeley, Staffordshire

Der große Sherlock Holmes erklärte einmal: *„Wenn ein Arzt den falschen Pfad beschreitet, dann zählt er zu den außerordentlichsten Verbrechern. Er hat Nerven und das nötige Wissen. Palmer und Pritchard waren Meister ihres Fachs."* Dr. Pritchard sind Sie bereits in Glasgow begegnet; um jenen anderen Gentleman kennenzulernen, begeben wir uns hinaus in die Provinz.

Der Ortsflecken Rugeley in Staffordshire war ehemals für seinen Pferdemarkt international berühmt, doch ist er heutzutage hauptsächlich wegen der erschreckenden Serie von Giftmorden bekannt, die sich dort Mitte des 19. Jh. ereignete. Erwähnen Sie den Namen Rugeley in einer beliebigen englischen Stadt, und Ihr Gegenüber wird sofort fingerschnippend bemerken: *„Ah, der Ort, in dem Palmer, der Gifmörder, lebte."*

Dr. Willam Palmer, dem *„Prinz der Giftmischer"*, wie man ihn in Rugeley beinahe liebevoll nennt, sollen zwischen 1846 und 1855 wenigsten 12 Menschen zum Opfer gefallen sein – darunter zahlreiche Gläubiger und Verwandte, seine Frau Anne und sogar vier seiner eigenen Kinder.

Ob Palmer tatsächlich für all die Sterbefälle in seiner unmittelbaren Umgebung verantwortlich zeichnete, ist ungewiss. Während einige Autoren der Meinung sind, er sei selbst nur ein Opfer unglücklicher Zufälle geworden, ist doch die Mehrzahl von seiner Schuld überzeugt. Ob man ihn allerdings wegen seines letzten Verbrechens hätte verurteilen dürfen, ist fraglich.

Palmer war im Dezember 1855 – unter dem Verdacht, den vermögenden Anwalt John Parsons Cook mit Strychnin vergiftet zu haben – verhaftet und später vor dem Londoner Schwurgericht Old Bailey des vorsätzlichen Mordes angeklagt worden. Im Laufe des Prozesses machte der Richter, Lord Campbell, den Geschworenen ausdrücklich klar, sie hätten darüber zu befinden, ob Palmer den jungen Mann (dessen Leichnam keinerlei nachweisbare Gifte enthielt) mittels Strychnin vergiftet habe oder ob dieser eines natürlichen Todes gestorben sei. Tod durch Strychnin oder Freispruch, so lautete die Devise. Die Jury fällte ihr Urteil indessen innerhalb weniger Stunden allein aufgrund von Indizienbeweisen und befand William Palmer für schuldig.

Zum Tode verurteilt, wurde der Doktor, der bis zuletzt seine Unschuld beteuerte, öffentlich in Stafford gehängt.

Nach der Hinrichtung sandten die ehrenwerten Bürger Rugeleys eine Petition an Premierminister Palmerston nach London, mit der Bitte, die durch die Morde berüchtigt gewordene Stadt umbenennen zu dürfen. *„Selbstverständlich"*, war die prompte Antwort des Premiers. *„Solange Sie sie nach mir benennen."*

Die Idee wurde schnellstens fallen gelassen.

RUGELEY, STAFFORDSHIRE

Beginn: Parkplatz Horse Fair

Lassen Sie Ihren Wagen in der Nähe des Supermarktes stehen und folgen sie dem Horse Fair in nordwestlicher Richtung. Nach ca. 200 Metern erreichen Sie rechter Hand den Eingang zur Brook Street. Hier biegen Sie ein. Nach weiteren 100 Metern steht rechts von Ihnen – an der Ecke Albion Street – die

National Westminster Bank: Dieses eindrucksvolle Gebäude datiert aus dem Jahre 1649 und ist nach Ansicht vieler der Dreh- und Angelpunkt des Falles *Dr. William Palmer*. Denn von 1846 bis zu seiner Verhaftung neun Jahre später war der freundliche Doktor Kunde dieser Bank, aber seine unstete Kontoführung gab von Anfang an Anlass zur Sorge. Nachdem er seine gutgehende Arztpraxis zugunsten des Pferdesports aufgegeben hatte, stand er dort sehr bald mit mehreren tausend Pfund in der Kreide, um dann, vom plötzlichen Tod eines Verwandten oder Freundes profitierend, ganz unerwartet zu neuem Reichtum zu gelangen. Doch selbst das größte Guthaben schmolz in seinen Händen jedesmal innerhalb weniger Monate und glitt ins Minus ab, da der spielsüchtige Palmer immer wieder Unsummen bei Pferderennen verlor.

Gehen Sie nun die in den Market Square mündende Brook Street weiter geradeaus hinunter. Nachdem Sie linker Hand die Einmündung zur Anson Street passiert haben, bleiben Sie vor dem zweiten Haus auf der linken Straßenseite stehen. Dies ist:

Dr. Palmers Haus: Nach Beendigung seines Medizinstudiums eröffnete der damals 23-jährige Dr. William Palmer im Herbst 1847 eine Praxis in diesem Haus und heiratete noch im selben Jahr seine aus wohlhabender Familie stammende Jugendliebe Anne Thornton. Ihr erstes Kind wurde am 11. Oktober 1848 geboren und auf den Namen William Brookes Palmer getauft. Es sollte das einzige von insgesamt fünf Kindern des Paares bleiben, das das Säuglingsalter überleben würde. Alle späteren – drei Jungs und ein Mädchen – starben zwischen 1851 und 54 jeweils nur wenige Tage nach der Geburt. Obgleich es keine stichhaltigen Beweise dafür gibt, geht man heute davon aus, dass Palmer sie vergiftete, weil sein aufwändiger Lebensstil es ihm unmöglich machte, für ihre Erziehung aufzukommen. In den

Dr. William Palmer

197

DIE FÜHRUNGEN

folgenden Jahren kümmerte sich Palmer immer weniger um seine Praxis. Stattdessen verlegte er sich auf das professionelle Wettgeschäft und versuchte, seinen Lebensunterhalt zusätzlich mit der Aufzucht von Rennpferden zu bestreiten. Beides scheiterte kläglich. Stets setzte er auf das falsche Pferd, und auch seine eigenen Gäule waren nicht schnell genug, um Preise zu erzielen. Im Januar 1849 befand sich Palmer in einer finanziellen Zwangslage. Seine Gläubiger drängten, und die Westminster Bank hatte ihm die Konten gesperrt.

In seiner Not bat der Doktor seine alkoholabhängige Schwiegermutter um Geld. Doch die alte Dame zeigte sich geizig. Also lud Palmer sie für einige Tage in sein Haus ein, das sie lebend nicht mehr verließ. Als Todesursache gab Palmer Alkoholvergiftung an. Allerdings reichte das Erbe nicht zur Deckung aller Schulden aus. Einer seiner Gläubiger war Leonard Bladen. Er suchte Palmer persönlich auf, um die ausstehenden Beträge einzutreiben. Dummerweise ließ er sich von der Gastfreundlichkeit des Doktors täuschen, nahm die Einladung zum Abendessen an und verstarb kurz darauf unter schrecklichen Qualen. Nach der übereilten Beerdigung wandte sich Palmer mit der Behauptung, Bladen schulde ihm 59 Pfund (nach heutigem Wert ca. 3000 Euro), an dessen Witwe und kassierte das Geld. Des Doktors nächstes Opfer war sein in Uttoxeter lebender Onkel Joseph Bentley. Nach einem gemeinsamen Trinkgelage im Oktober 1852 erkrankte Onkel Joseph ernstlich und starb drei Tage später. Ob Palmer finanziell von dessen Tod profitierte, ist unklar. Der Versuch, eine seiner Tanten zu ermorden, schlug indessen fehl. Palmer hatte der über Magenschmerzen klagenden Frau ein paar Tabletten gegeben, die diese aber nicht eingenommen, sondern aus dem Fenster geworfen hatte. Dort pickten die Hühner sie auf und verendeten kläglich.

Im Jahre 1854 war William Palmers Schuldenberg erneut bedrohlich angewachsen. Da es jetzt niemanden mehr zu beerben gab, tat er eine neue Geldquelle auf. Er versicherte das Leben seiner erst 27-jährigen Frau Anne mit 13.000 Pfund (ca. 645.000 Euro) und ließ einige Monate ins Land gehen. Dann zog sich Anne im September eine Lungenentzündung zu und er nutzte die Gelegenheit, um auch sie zu vergiften. Als Anne nach mehrtägiger Krankheit schließlich am 19. September verschied, trug Palmer als Ursache *„Englische Cholera"* in den Totenschein ein und setzte seine Gattin unter Tränen im Familiengrab bei. Genau neun späte Monate gebar ihm sein Hausmädchen Eliza Tharme einen unehelichen Sohn! Noch vor Ablauf des Jahres war auch dieses Kind tot ...

Die 13.000 Pfund waren bald aufgebraucht. Und so überredete Dr. Palmer seinen Bruder Walter zum Abschluss einer Lebensversicherung in Höhe von 82.000 Pfund Sterling. Als Gegenleistung sollte er vorab einen größeren Bargeldbetrag erhalten. Walter – ebenso abgebrannt wie William – willigte in den Handel ein und fand rasch den Weg in die Familiengruft. Doch Palmer hatte Pech. Diesmal verweigerte die Versicherungsgesellschaft die Auszahlung und drohte sogar damit, den Fall vor Gericht zu bringen, sollte er seine Ansprüche weiterhin geltend machen. Daraufhin zog sich der Doktor kleinlaut zurück. Allerdings hatte er bereits sein nächstes und, wie sich herausstellte, letztes Opfer anvisiert.

Gleich gegenüber steht noch immer das Pub

The Shrew: (ehemals *The Talbot Arms*) John Parsons Cook, ein junger Anwalt aus Lutterworth, war wie Palmer von Pferderennen besessen, hatte jedoch wesentlich mehr Glück im Wettgeschäft gehabt, ein Vermögen gemacht und seine Kanzlei zugunsten des Hobbies ganz aufgegeben. Er besaß selbst mehrere Rennpferde, von denen eines, *Polestar*, im Jahre 1855 eine bemerkenswerte Erfolgsserie lief und gemeinhin als unschlagbar galt.

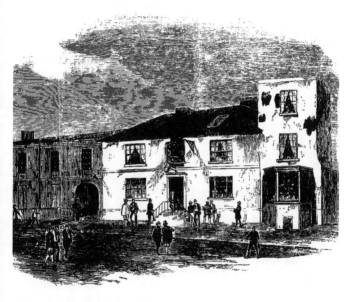

Palmer bemühte sich darum, Cooks Bekanntschaft zu machen, und die beiden wurden bald enge Freunde, die gemeinsam zu Pferderennen im ganzen Land reisten. Am 14. November besuchten sie das Shrewsbury-Rennen, zu dem auch *Polestar* gemeldet war. Das Pferd gewann, was Cook 1.700 Pfund einbrachte. William Palmer hingegen hatte, wie so oft, auf einen Außenseiter gesetzt und eine ähnlich hohe Summe verloren.
Während des gemeinsamen Abendessens im *Raven Hotel* in Shrewsbury klagte Cook nach dem Genuss von Brandy über ein Brennen im Hals. In der Nacht befiel ihn ein heftiger Brechreiz, und ein Arzt musste gerufen werden. Der diagnostizierte Grippe. Am folgenden Morgen hatte sich Cooks Gesundheitszustand soweit gebessert, dass er in der Lage war, Palmer nach Rugeley zu begleiten, wo er in den *Talbot Arms* abstieg und Zimmer Nr. 10 (Fenster über dem Eingang) bezog. Da er sich noch immer sehr schwach fühlte und fürchtete, jemand könne seinen Zustand aus-

DIE FÜHRUNGEN

nutzen und ihn bestehlen, gab er den Wettgewinn in Palmers Obhut.

Am Abend kehrten die Symptome vom Vortag unvermindert zurück. Palmer schickte ihm daraufhin etwas Brühe, die Cook sogleich erbrach. Der Zustand des Patienten verschlechterte sich merklich, nachdem Palmer ihm zwei Tabletten verabreicht und noch mehr Brühe gegeben hatte. Das Zimmermädchen des Hotels sagte später aus, sie habe einen Schluck davon gekostet und sich ebenfalls sofort übergeben müssen. Palmer wachte jetzt rund um die Uhr an Cooks Bett und dosierte die Pillen. Der Patient schrie und litt unter schrecklichen Krämpfen, bis er am 21. November um 1.00 Uhr morgens endlich verstarb. John Parsons Cooks Angehörige wurden vom Ableben des Anwalts in Kenntnis gesetzt. Bei ihrem Eintreffen in Rugeley teilte ihnen Palmer mit, er habe eine Forderung in Höhe von 4.000 Pfund auf Cooks Besitz. Dies und verschiedene Strychninkäufe, die der Doktor kürzlich getätigt hatte, erregten Verdacht. Die Behörden bestanden auf eine Obduktion. Diese wurde am 26. November im Sterbezimmer des Anwalts vorgenommen. Auch Dr. Palmer war anwesend. Der Magen des Toten wurde entnommen und zur weiteren Untersuchung in einen Glasbehälter gelegt. Anschließend versuchte Palmer mehrmals, das Behältnis „versehentlich" umzustoßen. Schließlich entfernte man den Doktor gewaltsam aus dem Raum. Den Magen schickte man zum Londoner *Guy's Hospital*, wo ihn der Giftexperte Prof. Dr. Alfred Swaine Taylor auf Strychnin untersuchte. Das Ergebnis – so nahm man an – würde über Schuld oder Unschuld William Palmers entscheiden. Von da an verbrachte der Doktor eine Menge Zeit bei seinem alten Freund Mr. Cheshire, der die örtliche Postfiliale in der Albion Street leitete. Cheshire war so sehr von Palmers Unschuld überzeugt, dass er ihm sofort Bescheid gab, als Taylors Bericht dort eintraf und ihm sogar dabei half, das Schreiben unter Wasserdampf zu öffnen, ehe er es dem Coroner zustellte. Der Inhalt beruhigte Palmer. Taylor bekannte darin, weder Strychnin noch irgendein anderes Gift gefunden zu haben, fügte aber hinzu, seiner Ansicht nach müsse Cook trotzdem vergiftet worden sein, da er eine natürliche Todesursache ausschließen könne. Glücklich und erleichtert klopfte Dr. Palmer Cheshire auf die Schulter und rief: *„Ich wusste es! Ich bin so unschuldig wie ein Baby!"*

Als er indessen anfing, dem Coroner Geschenke zu machen und herauskam, dass er sich unbefugten Einblick in Taylors Bericht verschafft hatte, war sein Schicksal besiegelt. Er wurde festgenommen und in das Countygefängnis von Stafford gebracht. Dort verweigerte er bis zum Prozessbeginn jede Nahrungsaufnahme. Das Verfahren gegen ihn fand in London statt, (da man fürchtete, der Angeklagte würde durch eine Jury aus Stafford keine unvoreingenommene Behandlung erfahren), und dauerte 14 Tage. Es endete mit einem Todesurteil. Seinen letzten Gang trat Dr. William Palmer am 14. Juni 1856 an, als man ihn vor den Toren des Stafford Gefängnisses um 8.00 Uhr in der Frühe öffentlich hinrichtete. Seine letzten Worte lauteten: *„Die Begründung des Richters war Tod durch Strychnin. Daher leugne ich die Rechtmäßigkeit meines*

RUGELEY, STAFFORDSHIRE

Urteils. Ich bin ein ermordeter Mann." Kurz zuvor war er vom Gefängnisdirektor gefragt worden, ob er Cook denn nun vergiftet habe. Palmers Antwort darauf: *„Ich habe ihn nicht mit Strychnin vergiftet."* Seine Totenmaske und diverse Gegenstände aus seinem Besitz können im **Shugborough County Museum** besichtigt werden.

Rechts neben Dr. Palmers Haus wartet ein gemütliches Pub auf Ihren Besuch:

The Pig & Bell: Dies war Palmers Stammpub. Auf dem Höhepunkt der im Ort kursierenden Gerüchte, er habe nicht nur Cook auf dem Gewissen, sondern ein weiteres Dutzend anderer Personen vergiftet, pflegte der Doktor, sich beim Betreten des Pubs mit den Worten: *„Hier kommt der Giftmischer!"* anzukündigen. An der Bar begrüßte er seine wenigen treuen Freunde gutgelaunt mit einem herzlichen Schulterklopfen und fragte in scherzhaftem Ton: *„Welches Gift nehmen wir den heute, Jungs? Zyankali oder Arsen?"* Doch den meisten Gästen war nicht zum Lachen zumute. Sie tranken hastig aus und gingen. Denn sie erinnerten sich nur allzugut an einen Vorfall, der sich am 27. Januar 1854 ereignet hatte. An jenem Tag war Palmers Hausangestellte Mrs. Ann Bradshaw völlig aufgelöst in den Schankraum gestürzt und hatte erklärt, sie werde das Haus des Arztes nie wieder betreten. Er habe soeben sein viertes Kind, den kleinen John, vergiftet! Auf die Frage der Anwesenden, wie er es denn getan habe, erwiderte sie: *„Er bestreicht seinen kleinen Finger mit Gift und taucht ihn in Honig. Und dann läßt er die kleinen Unschuldigen daran saugen."* Dass Mrs. Bradshaw den Vorgang in Wahrheit nicht selbst beobachtet hatte, sondern ihre Anschuldigungen allein auf Mutmaßungen beruhten, störte kaum jemanden. Für die Mehrzahl der Bürger Rugeleys war Palmer schuldig.

Nachdem Sie das Pub gestärkt verlassen haben, wenden Sie sich nach links und folgen der Market Street, bis Sie auf der rechten Straßenseite das Tor zum Friedhof der St. Augustine's Church erkennen. Nur wenige der älteren Grabsteine haben bis in unsere Tage überdauert. Wenn Sie den Friedhof betreten, sehen Sie in einiger Entfernung rechter Hand unter einem ausladenden Baum einen dieser Grabsteine. Er markiert:

Christina Collins Grab: Nicht nur die Giftvariationen Dr. Palmers sorgten in Rugeley für Aufsehen. Auch der wesentlich länger zurückliegende Mord an Christina Collins, deren sterbliche Überreste hier ruhen, ist bis heute nicht in Vergessenheit geraten. Und noch immer werden Blumen an ihrem Grabstein niedergelegt. Ein Teil der Inschrift lautet: *„Im Gedenken an Christina Collins, Eheweib von Robert Collins, London, die, auf barbarische Weise misshandelt, am 17. Juni 1839 in dieser Gemeinde tot im Kanal aufge-*

DIE FÜHRUNGEN

funden wurde. Alter 37 Jahre." Mehr über die genauen Tatum-
stände werden wir am Ende des Rundgangs erfahren.

*Überqueren Sie die Rasenfläche, bis Sie zum Turm der Kirche gelangen. Links
davon befindet sich eine weitere Ruhestätte:*

J.P. Cooks Grab: Neun Tage nach seinem vorzeitigen Ableben
fand John Parsons Cook endlich letzte Ruhe, als man ihn am 30.
November 1855 hier unweit der Friedhofsmauer im Schatten
zweier junger Eiben (die nach wie vor stehen) bestattete. Die
kunstvoll gestaltete Grabplatte wurde erst vier Jahre später angefertigt und nennt, durch einen Fehler des Steinmetzes, als Todes-
tag den *22.* November.

*Wenn Sie sich nun nach rechts wenden und zur Rückseite der Kirche gehen, fin-
den Sie dort das mittlerweile arg beschädigte*

Familiengrab der Palmers: Während der Doktor, unter Mordverdacht im Gefängnis von Stafford einsitzend, auf den bevorstehenden Prozess wartete und versuchte, sich zu Tode zu hungern,
wurde in Rugeley auf Anweisung der Behörden die Familiengruft
der Palmers geöffnet. Zwar waren Palmers Gattin Anne und sein
Bruder Walter offiziell eines natürlichen Todes gestorben, doch in
Anbetracht der verdächtigen Umstände von J.P. Cooks Hinschei-
den waren dem Coroner Zweifel an der Richtigkeit der ursprünglich gestellten Diagnosen gekommen, und er hatte die Exhumierung beider Leichen angeordnet. Anne Palmer war in einem luft-
durchlässigen Eichensarg bestattet worden, und ihr Körper war
noch jetzt – 15 Monate nach ihrer Beerdigung – erstaunlich gut
erhalten, wenn auch teilweise mumifiziert. Walter hingegen hatte
man in einem versiegelten Bleisarg beigesetzt; als man diesen im
Talbot Inn (nicht zu verwechseln mit den *Talbot Arms* in Market
Street) unter Aufsicht des Pathologen Dr. Monckton öffnete, brei-
teten sich scheußliche Faulgase im Schankraum aus. Die 15 zusätzlich anwesenden Zeugen wurden augenblicklich von Übelkeit
befallen, viele von ihnen waren mehrere Tage lang krank. Der Gestank war derartig penetrant, dass sich der Inhaber des Pubs später genötigt sah, den Bodenbelag auszutauschen und die Schankstube neu zu tapezieren. Dr. Moncktons Bericht zufolge war Walter Palmers Gesicht so geschwollen *„dass beide Wangen jeweils
die Innenseite des Sarges berührten; ein Auge war geöffnet. Der
Mund stand teilweise offen, was ihm* (dem Gesicht) *das Aussehen
einer schrecklich grinsenden Grimasse verlieh."*
Monckton entnahm beiden Körpern Organe und schickte sie zur
weiteren Untersuchung an Prof. Dr. Taylor nach London. Nach
dessen Meinung war Walter vermutlich an Zyanidvergiftung gestorben, obwohl es dem Experten nicht gelang Spuren des Giftes
nachzuweisen. In Annes Fall war dies anders: Taylor fand in Magen, Leber und Nieren der Verstorbenen tatsächlich tödliche Mengen des Giftes Antimon. Die Anklagevertretung entschloss sich
allerdings dazu, diese Beweise nicht vor Gericht zu verwenden, da

RUGELEY, STAFFORDSHIRE

sich Palmer allein wegen des Mordes an Cook würde verantworten müssen.

Nebenher sei erwähnt, dass Dr. Taylors Reputation nur ein paar Jahre später arg zu leiden hatte, als er während des Smethurst-Falles von 1859 bekennen musste, eine äußerst unzuverlässige Testmethode zur Giftbestimmung angewandt zu haben. Dr. Thomas Smethurst heiratete 1858 eine reichte Witwe, die nach wenigen Monaten angeblich an akuter Ruhr starb. Angehörige der Verstorbenen bezichtigten Smethurst daraufhin des Mordes. Dr. Taylor fand tatsächlich Spuren von Arsen im Körper der Toten. Aufgrund seines Gutachtens verurteilte man Smethurst zum Tode, doch als sich herausstellte, dass Taylor die unzuverlässige *Reinsche Analyse* angewandt hatte, wurde Smethurst freigesprochen.

Kehren Sie zu Cooks Grab zurück, und verlassen Sie den Friedhof durch das Tor rechts davon. Sie befinden sich jetzt in der Station Road. Vor Ihnen liegen die Überreste der ersten Kirche Rugeleys. Rechts davon grenzt ein großes, georgianisches Haus an den alten Kirchgarten. Dabei handelt es sich um:

Church Croft: (ehemals The Yard) William Palmer wurde am 6. August des Jahres 1824 in diesem Haus geboren. Bereits während der Schulzeit machte er dadurch von sich reden, dass er sich Geld lieh, ohne jemals an die Rückzahlung seiner Schulden zu denken. Nach dem erfolgreichen Schulabschluss begann er in Liverpool eine Ausbildung zum Drogisten. Gelangweilt von seiner Arbeit, verführte der gutaussehende junge Mann nebenher eine minderjährige Angestellte und unterschlug mit steigendem Enthusiasmus Firmengelder. Das entwendete Geld brachte er in kürzester Zeit mit Frauen von zweifelhaftem Ruf und bei Pferderennen durch. Als man ihm schließlich auf die Schliche kam, wurde er entlassen, und seine Mutter zahlte den entstandenen Schaden. Um das Gesicht der Familie zu wahren, beendete Palmers Bruder die Ausbildung an seiner Stelle.

William entschloss sich daraufhin, eine medizinische Laufbahn anzustreben und trat 1844 eine Stelle im Krankenhaus von Stafford an, wo er sich besonders für die Wirkung von Giften interessierte. Nach dem spurlosen Verschwinden einiger gefährlicher Ampullen aus der anstaltseigenen Apotheke geriet Palmer in Verdacht, er habe sie gestohlen. Als wenig später ein Schuhmacher namens Abley während eines Wetttrinkens im *Lamb & Flag Pub* zusammenbrach und starb, erinnerte man sich der entwendeten Ampullen und beschuldigte Palmer, den Mann vergiftet zu haben. Aber weder Diebstahl noch Mord konnten ihm nachgewiesen werden, die Anklage wurde fallengelassen. William Palmer verließ Stafford und ging zur Fortsetzung seiner Ausbildung nach London. Von dort kehrte er 1847 als qualifizierter Chirurg in seine Heimatstadt Rugeley zurück, mietete das Haus in Market Street und begann, als Arzt zu praktizieren. Die alte Mrs. Palmer, die nie den Glauben an die Unschuld ihres geliebten William verlor, überlebte ihren Sohn um fünf Jahre. Sie starb in ihrem Haus friedlich im Schlaf und wurde in der Familiengruft beigesetzt.

DIE SCHWARZE INSEL

Der Rundgang zum Palmer-Fall endet hier. Wenn Sie der Station Road jedoch bis zum Trent & Mersey Canal folgen und dort nach links in den Fußweg einbiegen, erzähle ich Ihnen noch eine letzte Geschichte. Auch sie hat mit Mord zu tun. Und vielleicht könnten Sie am Ende des Weges gar Zeuge einer richtigen Geistererscheinung werden. Folgen Sie also dem Trampelpfad entlang des Kanals, bis dieser eine scharfe Rechtskurve beschreibt, und Sie eine Holzbank erreichen. Nehmen Sie dort Platz.

Bloody Steps: Am 17. Juni 1839 entdeckte der Bootseigner Thomas Grant um 5.00 Uhr morgens hier an dieser Stelle die im Wasser treibende Leiche der attraktiven, 37 Jahre alten Christina Collins. Gemeinsam mit einem morgendlichen Spaziergänger namens John Johnson zog er sie vom gegenüberliegenden Ufer aus an Land. Wie die beiden Männer bemerkten, war die Tote zu diesem Zeitpunkt noch warm, ihre Kleider zerrissen. Grant und Johnson trugen sie jene Stufen hinauf, deren Anfang Sie auf der anderen Seite unter dem Blätterwerk der Bäume erkennen, und brachten sie zu einem nahe gelegenen Pub. Dort protokollierte ein Arzt die Verletzungen der Frau wie folgt: Ihr Gesicht wies schwere Blutergüsse auf. Desweiteren waren zwei Abschürfungen unterhalb der Ellenbogen sichtbar. Nach Ansicht des Arztes war die Verstorbene brutal vergewaltigt und anschließend erstickt oder ertränkt worden.

Bloody Steps

Wie die Ermittlungen ergaben, hatte sich Christina am 15. Juni in Liverpool an Bord eines Kanalbootes begeben, um ihren in London lebenden Ehemann, einen fahrenden Zauberkünstler, zu besuchen. Die Crew hatte aus *Kapitän James Owen, George Thomas, William Ellis* und einem Teenager namens *Billy Musson* bestanden. Der Beginn der Reise war ruhig verlaufen, aber gegen Abend hatten sich die Männer betrunken. Um deren unschicklichen Avancen aus dem Weg zu gehen, hatte Mrs. Collins das Boot wiederholt verlassen und war dem Kanal einige Kilometer zu Fuß gefolgt. Jedesmal, wenn sie, in der Hoffnung, die Männer hätten sich beruhigt, auf das Boot zurückgekehrt war, hatten Owen, Thomas und Ellis sie noch mehr als zuvor belästigt. Am 16. Juni war das Boot gegen Mittag in Stoke eingetroffen, wo sich Christina über das Benehmen der Männer an Bord beschwerte. Lebend war Mrs. Collins zuletzt an der Hoo Mill Schleuse, wenige Meilen vor Rugeley, gesehen worden. James und Anne Mills, die Schleusenwärter, gaben später vor Gericht an, sie hätten einen Schrei gehört, der aus der

RUGELEY, STAFFORDSHIRE

Kabine des Bootes zu kommen schien. Anschließend seien sie Zeuge einer seltsamen Szene geworden, bei der zwei Männer versucht hätten, eine wild um sich schlagende Frau zu überwältigen. Auf Mrs. Mills Frage, was denn geschehen sei, habe einer der Männer geantwortet: *„Nichts! Sie ist bloß ein seekranker Passagier."* Nach Abschluss der polizeilichen Untersuchungen wurde die Crew des Bootes ausfindig gemacht und in Stafford des gemeinschaftlichen Mordes angeklagt. Der junge Musson wurde noch am ersten Verhandlungstag freigesprochen. Die übrigen Männer erhielten Todesurteile. Da Owens und Thomas' Aussagen jedoch zu entnehmen gewesen war, dass James Ellis sich nicht an der Vergewaltigung beteiligt hatte, wurde er begnadigt und allein wegen unterlassener Hilfeleistung zu einer mehrjährigen Freiheitsstrafe in den Kolonien verurteilt. Die Hauptschuldigen Owen und Thomas starben vor den Toren des Stafford Gefängnisses am 11. April 1840 durch die Hand des Henkers William Calcraft.

Die Stufen, über welche man Christina Collins Leichnam hinauf in den Ort brachte, sind noch heute als die „Blutigen Stiegen" bekannt, da sie über Jahrzehnte hinweg feuchte, rote Flecken aufwiesen. Die Bürger Rugeleys beschwören, dass der ruhelose Geist der Frau dort noch immer umgeht. So soll man beispielsweise am Jahrestag des Verbrechens entsetzliche Schreie vom Kanalufer her vernehmen können, und auch die schemenhaften Gestalten ihrer hingerichteten Mörder, deren Hälse seltsam verrenkt sind, wurden verschiedentlich im Morgengrauen auf der Treppe gesehen. Solcherlei Erscheinungen sorgen in Rugeley regelmäßig für Schlagzeilen. Ein Phänomen jedoch – das der Blut ausdünstenden Stiegen selbst – erledigte sich, nachdem man die ursprünglichen Sandsteinstufen in den 1990ern entfernte und sie durch eine Betontreppe ersetzte. Dies scheint den Blutfluss eingedämmt zu haben – zumindest für den Augenblick ...

Hier trennen sich unsere Wege. Falls Sie tatsächlich beabsichtigen, die „Blutigen Stiegen" auf der anderen Seite des Kanals zu besuchen, parken Sie Ihren Wagen am Albany Drive und folgen Sie dem etwas verborgen zwischen den Hecken liegenden Fußweg zum Ufer. Aber gehen Sie nicht unbedingt allein, und seien Sie auf der Hut; nicht jeder Geist ist ein guter Geist ...

Anhang

ANHANG

Die Tatorte

Südostengland

1. Aldershot, Hampshire
2. Alton, Hampshire
3. Arundel, West Sussex
4. **Brighton, East Sussex
   (1. Führung)**
5. Broadstairs, Kent
6. Burley, Hampshire
7. Canterbury, Kent
8. Chatham, Kent
9. Cobham, Kent
10. Crowborough, East Sussex
11. Dover, Kent
12. Egham, Surrey
13. Faversham, Kent
14. Folkestone, Kent
15. Goudhurst, Kent
16. Herne Bay, Kent
17. Hindhead, Surrey
18. Ightham, Kent
19. Kenley, Surrey
20. Minstead, Hampshire
21. Ramsgate, Kent
22. Rye, East Sussex
23. Thursley, Surrey
24. Winchfield, Hampshire

Südwestengland

1. Babbacombe, Devon
2. Bodmin, Cornwall
3. Boscastle, Cornwall
4. Bournemouth, Dorset
5. Branscombe, Devon
6. Buckfastleigh, Devon
7. Buckland Brewer, Devon
8. Camelford, Cornwall
9. Cannard's Grave, Somerset
10. Chagford, Devon
11. Chantry, Somerset
12. Clayhidon, Devon
13. Clovelly, Devon
14. Cricket Malherbie, Somerset
15. Crowcombe, Somerset
16. Cutcombe, Somerset
17. Davidstow, Cornwall
18. Exeter, Devon
19. Ilfracombe, Devon
20. Lapford, Devon
21. Little Haldon, Devon
22. Midsomer Norton, Somerset
23. Peter Tavy, Devon
24. Princetown, Devon
25. Salcombe Regis, Devon
26. Shapton Mallet, Somerset
27. Simonsbath, Somerset
28. Wimborne Minster, Dorset
29. Yealmpton, Devon

London & Umgebung

Die Schauplätze sind zu Beginn des jeweiligen Abschnittes mit der nächstliegenden U-Bahn-Station bezeichnet.

Die Midlands & Wales

1. Birmingham, West Midlands
2. Caswell Bay, Wales
3. Chipping Campden, Gloucestershire
4. Church Stretton, Shropshire
5. Derby, Derbyshire
6. East Haddon, Northants
7. Gaulby, Leicester
8. Gloucester, Gloucestershire
9. Hardingstone, Northants
10. Harlow Wood, Nottinghamshire
11. Hay-on-Wye, Hereford and Worcester
12. Lower Quinton, Warwickshire
13. Newent, Gloucestershire
14. Rhyl, Clwyd, Wales
15. **Rugeley, Staffordshire
    (2. Führung)**
16. Sutton Coldfield, West Midlands
17. Twycross, Leicestershire
18. Wellington, Shropshire
19. Westbury, Shropshire

Ostengland

1. Bury St. Edmunds, Suffolk
2. Caxton Gibbet, Cambridgeshire
3. Cheddington, Buckinghamshire
4. Chelmsford, Essex
5. Colnbrook, Buckinghamshire
6. Combe, Berkshire
7. Denham, Buckinghamshire
8. Ely, Cambridgeshire
9. Leighton Buzzard, Bedfordshire
10. Norwich, Norfolk
11. Peasenhall, Suffolk
12. Polstead, Suffolk
13. Quendon, Essex
14. Reading, Berkshire
15. Stocking Pelham, Hertfordshire

Nordengland

1. Bolton, Greater Manchester
2. Bradford, West Yorkshire
3. Clayton, West Yorkshire
4. Elsdon, Northumberland
5. Grange, Cumbria
6. Hattersley, Hyde Greater Manchester
7. Horncastle, Lincolnshire
8. Kirklees, West Yorkshire
9. Lancaster, Lancashire
10. Lincoln, Lincolnshire
11. Liverpool, Merseyside
12. Much Hoole, Lancashire
13. Ripon, North Yorkshire
14. Rochdale, Lancashire
15. Todmorden, West Yorkshire
16. West Auckland, Durham
17. York, North Yorkshire

Schottland

1. Aberdeen, Grampian
2. Ardlamont, Argyllshire
3. Biggar, Strathclyde
4. Dundee, Tayside
5. Edinburgh, Lothian
6. Eilean Mor, Flannan Isles
7. Glasgow, Strathclyde
8. Inveraray, Strathclyde
9. Isle of Iona, Strathclyde
10. Kenmore, Tayside
11. Portmahomack, Highlands
12. Salen, Island of Mull, Strathclyde

KARTE

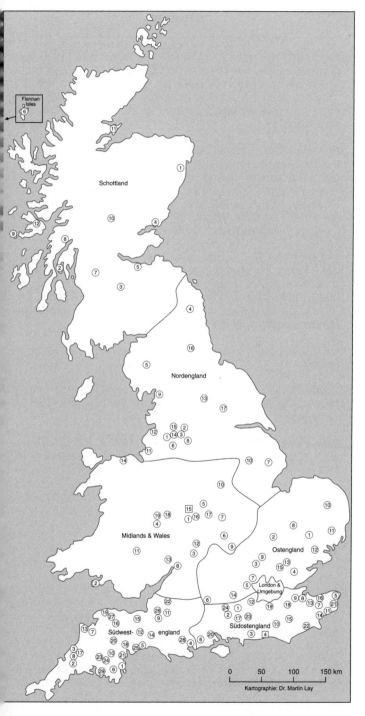

209

Glossar

Barrister: Im Gegensatz zum einfachen Rechtsanwalt ist es dem Barrister erlaubt, vor höheren Gerichten (z.B. in schweren Strafsachen als Verteidiger) zu plädieren. Da es in England unüblich ist, einen Barrister direkt anzugehen, stellen die jeweiligen Anwälte des Beklagten im Namen ihres Mandanten den Kontakt zum Verteidiger her.

Constabulary: England ist in 47 Polizeibezirke unterteilt, die – London ausgenommen – als Constabularies bezeichnet werden (z.B. Sussex Constabulary). Jeder Bezirk wird von einem *Chief Constable* geleitet, dem folgende Dienstgrade unterstehen: *Chief Superintendent, Superintendent, Chief Inspector, Inspector, Sergeant, Police Constable*. Beamte, die für die Kriminalabteilung arbeiten, tragen zusätzlich den Titel *Detective*.

Coroner: Der Titel Coroner leitet sich vom lateinischen Wort *corona*, Krone, ab. Ursprünglich wurde so ein königlicher Beamter bezeichnet, dessen Aufgabe darin bestand, bei nicht eindeutig geklärten Todesfällen in seinem Bezirk jede Wunde der Leiche persönlich in Augenschein zu nehmen und ihre Maße festzuhalten. Heutige Coroner sind in der Regel selbst Pathologen.

CID: Criminal Investigation Department. Die britische Kriminalpolizei.

Dame (sprich „Dähm"): Freifrau. Englischer Adelstitel, der einem Ritterschlag gleichkommt und ebenso wie der männliche Titel *Sir* nicht vererbt werden kann.

Guy Fawkes Night: Am 5. November 1605 scheiterte der Versuch einiger Katholiken, das Londoner Parlamentsgebäude in die Luft zu sprengen. Guy Fawkes, ihr Anführer, wurde verraten, gemeinsam mit acht weiteren Verschwörern zu Folter und Tod verurteilt und öffentlich hingerichtet. Großbritannien gedenkt der Vereitelung des Anschlags alljährlich am 5. November (Guy Fawkes Night) mit Freudenfeuern und Feuerwerk.

Henker: William Calcraft (1800-1879) war der letzte seiner Zunft, der ein festes Gehalt bekam. Außerdem standen ihm Haare und Kleider der Hingerichteten zu, die er gewöhnlich an Schaulustige verkaufte. Für seine Nachfolger, die umgerechnet nur 200 Euro plus Spesen für eine Hinrichtung erhielten, war das Amt des Henkers nicht mehr als ein Nebenerwerb. Sie waren gezwungen, einem Zweitberuf nachzugehen, bei dem sie jederzeit abrufbereit waren. Viele Henker eröffneten daher Pubs, die sie während ihrer Abwesenheit in die Obhut eines Familienmitglieds geben konnten. Doch trotz des geringen Verdienstes mangelte es dem Innenministerium nicht an Bewerbern für den Posten. Wer als geeignet eingestuft wurde, erhielt einen Termin für ein Vorstellungsgespräch.

GLOSSAR

Verlief dieses gut, lud man den Anwärter zu einem einwöchigen Lehrgang ins Newgate Gefängnis ein, bei dem die Kunst des Hängens an Dummies geprobt wurde. Der Kurs endete mit einer praktischen und einer theoretischen Prüfung. Wer sie bestand und beim Berechnen der Seillänge keinen Fehler machte, wurde als *Assistant-Executioner* in den Dienst aufgenommen. Bewährte sich der Assistent, stieg er Jahre später zum *Chief-Executioner* auf.

Magna Carta: Erste Verfassung Englands. Handschriftlich niedergelegt im Jahre 1215.

Sassenach: Diese in Schottland und Irland gebräuchliche abfällige Bezeichnung für den Engländer im Allgemeinen bedeutet nichts weiter als „Sachse".

Scotland Yard: Im Jahre 1829 von Innenminister Robert „Bobby" Peel gegründet, operierte die erste Londoner Polizeiorganisation, *Metropolitan Police,* zunächst von einem kleinen Gebäude im Scotland Yard aus. Erst 1890 übernahm die Polizei offiziell die Bezeichnung *New Scotland Yard.* Die Polizei der Metropolis wird von einem Commissioner geleitet, der direkt dem Innenminister untersteht. Hier eine vereinfachte Übersicht der Dienstgrade: *Commissioner, Assistant Commissioner, Commander, (Detective) Chief Superintendent, (Detective) Superintendent, (Detective) Chief Inspector, (Detective) Inspector, (Police) Sergeant, Police Constable.*

Register

Orte und Schauplätze[1]

Abberdeen, Grampian 161
Abbney Park Friedhof (London)
  80
Albion Place (Folkestone) 29
Aldershot, Hampshire 11
Alton, Hampshire 10, 12 f.
Apsley Castle (Wellington) 115
Archway Road (London) 77
Arden's House, Abbey Street
  (Faversham) 27 f.
Ardlamont House 161 ff.
Ardlamont, Argyllshire 160,
  161 ff.
Arnos Vale Friedhof (Bristol)
  95
Arundel, West Sussex 13 ff.
  Arundel Castle 13 ff.

Babbacombe, Devon 44
Balderstone Friedhof (Roch-
  dale) 157
Barbican (London) 70
Barnes Common (London) 70 f.
  Alter Friedhof 70 f.
Batty Street (London) 85
Beacon Community College
  (Crowborough) 25
Bedford Square (Brighton) 185
Belgravia (London) 71 f.
Berkeley Terrace (Glasgow)
  172
Bessie's Stone (Harlow Wood)
  106 f.
Biggar, Strathclyde 164
  Friedhof 164
Bilton Place (Bradford) 137 ff.
Birdhurst Rise (London) 73
Birmingham, West Midlands
  91 ff.

Black Bull Pub (Clayton) 139
Blackdown Camp (Aldershot)
  11
Bloody Steps (Rugeley) 204 f.
Blythswood Square (Glasgow)
  170 f.
Board Cross (Shapton Mallet)
  64 f.
Bodmin, Cornwall 45 f.
  Bodmin Jail 45 f.
Bolton, Greater Manchester
  136 f.
Boscastle, Cornwall 46
Bournemouth, Dorset 47
Bradford, West Yorkshire 135,
  137 ff.
Brandy Cove (Caswell Bay) 90,
  93 ff.
Branscombe, Devon 48
  Friedhof 48
Brighton, East Sussex 10,
  184 ff.
Brighton Station 190
  Old Market Place 187
  Rathaus 188
Broad Street (Hay-on-Wye)
  107 f.
Broad Street (Rochdale) 155
Broadstairs, Kent 15 f.
Broadway Hill (Chipping
  Campden) 97
Brook Manor (Buckfastleigh)
  48
Bruisyard Friedhof (Peasen-
  hall) 129
Buckfastleigh, Devon 48 f.
Buckland Brewer, Devon 49
Burley, Hampshire 16 f.
Bury St. Edmunds, Suffolk 118 f.

---

[1] Aufgeführt werden zum einen die Orte, mit Nennung der jeweiligen
Grafschaft, mit denen sich ein Fall verbindet. Zum anderen werden als
Schauplätze Straßen sowie öffentliche und private Einrichtungen genannt, denen sich die Fälle zuordnen lassen, wie z.B. Kirchen, Gerichts-
höfe, Gefängnisse, Museen, Hotels, Pubs, Friedhöfe, Gedenksteine u.a.

REGISTER

Camelford, Cornwall 49 f.
Cannard's Grave, Somerset
50 f.
Cannard's Grave Inn 50 f.
Cannon Street Road (London)
83
Canterbury, Kent 17
Canterbury Cathedral 10, 17
Carmichael Place (Glasgow)
174 f.
Caswell Bay, Wales 93 ff.
Cavendish Place (Brighton)
185 f.
Caxton Gibbet, Cambridgeshire
119 f.
Caxton Gibbet Pub 119 f.
Galgen 119
Chagford, Devon 51 f.
Chagford Church 51 f.
Chambercombe Manor 57
Chantry, Somerset 52 f.
Charterhouse Square (London)
70
Chatham, Kent 10, 17 ff.
Great Lines 17 ff.
Cheddington, Buckinghamshire
117, 120 f.
Chelmsford, Essex 121
Chingford Friedhof (London)
86
Chipping Campden, Glouces-
tershire 95 ff.
Christina Collins Grab (Ruge-
ley) 201 f.
Church Croft (Rugeley) 203
Church Road (Ramsgate) 35 f.
Church Stretton, Shropshire
97 f.
Churchlane (Horncastle) 146 f.
City (London) 72 f.
Clapham Kirchhof (London) 71
Clay Hill (London) 76
Clayhidon, Devon 53
Clayton, West Yorkshire 135,
139 f.
Clifton Street (Brighton) 190
Clovelly, Devon 43, 53 f.
Cobb Hall (Lincoln) 150
Cobham, Kent 20 f.
Cock Inn (Polstead) 129 f.
Colnbrook, Buckinghamshire
122

Combe, Berkshire, 122 f.
Gibbet (Galgen) 122 f.
Corders Haus (Polstead) 130
Court House (Chipping Camp-
den) 95 ff.
Coven of Witches (Burley) 16 f.
Cranley Gardens (London) 81 f.
Cricket Malherbie, Somerset 55
Crime & Punishment Museum
(Ely) 124
Crime-Through-Time-Museum
(Newent) 110 f.
Cromwell Street (Gloucester)
102 f.
Cross Hotel (Crowborough) 25
Crowborough, East Sussex
21 ff.
Crowcombe, Somerset 55f.
Crown Court (Lancaster) 149
Crown Pub (Hardingstone) 104
Croydon (London) 73 f.
Curtis Museum (Alton) 13
Cutcombe, Somerset 56 f.
Parish Church 56 f.

Dadd's Hole (Cobham) 21
Dalton Square (Lancaster)
149 f.
Dark Sun Public-House (Cha-
tham) 19
Dartmoor Information Center
(Princetown) 62 ff.
Dartmoor-Prison (Princetown)
61 f.
Davidstow Friedhof, 46
Denham, Buckinghamshire
123 f.
Church 123 f.
Deptford (London) 74 f.
Derby, Derbyshire 98 f.
Ditchling Road (Brighton) 193
Doctor's Chapel, Church Street
(Peasenhall) 128
Dover, Kent 10, 26
Priory Station 26
Dr. Palmers Haus (Rugeley)
197 ff.
Dukes Head (Alton) 13
Dundee, Tayside 164 f.
Durham Castle 158
Durward Street (London) 87

213

ANHANG

Earl Street (Glasgow) 174
East Haddon, Northants 99 f.
  Friedhof 100
Edinburgh, Lothian 160, 165 ff.
  Universität 165 f.
Edward Street (Brighton) 194 f.
Egham, Surrey 26 f.
  Friedhof 27
Eilean Mor, Flannan Isles
  168 ff.
  Leuchtturm 168 ff.
Elsdon, Northumberland 140 f.
Ely, Cambridgeshire 124
  Old Gaol 124
Enfield (London) 76
Englefield Green (Egham) 26
Evering Road (London) 86

Faversham, Kent 27 f.
Fleur de Lis Heritage Center
  (Faversham) 28
Folkestone, Kent 29 f.
Foundry Street (Horncastle)
  146
Frankfield House (Ightham) 33
Franklin Place (Glasgow) 170
Front Street (Gaulby) 100
Front Street (West Auckland)
  157 f.

Gardenholme Linn (Moffat) 149
Garnet Street (London) 83
Gartree Road (Gaulby) 100 ff.
Gaulby, Leicester 100 ff.
Gibbet Hill (Hindhead) 32
Glasgow, Strathclyde 160,
  170 ff.
Glenforsa Hotel & Flugplatz
  (Island of Mull) 180 ff.
Gloucester, Gloucestershire 90,
  102
  Prison Museum 102
Golden Lion (London) 82
Goudhurst, Kent 30
Grand Hotel (Brighton) 186
Grange, Cumbria 141 ff.
Grayfriars Friedhof
  (Edinburgh) 166
Green End (Clayton) 139 f.
Guildhall Street (Bury St.
  Emunds) 118

Hadley Road (London) 76 f.
Hanbury Street (London) 87
Hangman's Cottage (Horn-
  castle) 147
Hankley Common (Thursley)
  38 ff.
Hardingstone Lane 103
Hardingstone, Northants 103 ff.
  Village Church 103 ff.
Harlow Wood, Nottinghamshire,
  106 f.
Hathersage, Derbyshire 148
Hattersley, Hyde, Greater
  Manchester 144 f.
Hay-on-Wye, Hereford and
  Worcester 107 f.
Heddon Oak (Crowcombe) 55 f.
Help the Poor Struggler (Man-
  chester) 154
Henriques Street (London) 87
Herne Bay, Kent 30 f.
High Court Of Justice (Glas-
  gow) 173
High Street, Deptford (London)
  74 f.
High Street (Herne Bay) 30 f.
High Street, Islington (London)
  77
Highfield Street (Leicester) 101
Highgate (London) 77 ff.
Hindhead, Surrey 10, 31 ff.
Holdenhurst Road (Bourne-
  mouth) 47
Holy Trinity Church (Buckfast-
  leigh) 48 f.
Holy Trinity Church (Fails-
  worth) 140
Holy Trinity Church (Horn-
  castle) 147
Holy Trinity Church (Sutton
  Coldfield) 113
Holyroodhouse (Edinburgh) 167
Horncastle, Lincolnshire 146 ff.
Hoxton (London) 79 f.
Hugin Avenue (Broadstairs)
  15 f.

Ightham, Kent 33f
  Ightham Knoll 33
Ilfracombe, Devon 57
Inveraray, Strathclyde 175 f.
  Gefängnis 175 f.

REGISTER

Isle of Iona, Strathclyde 176 f.

J. P. Cooks Grab (Rugeley) 202
Jay's Grave (Chagford) 52

Kemp Street (Brighton) 10,
  191 ff.
Kenley, Surrey 34 f.
Kenmore, Tayside 177 f.
Kensal Rise (London) 80 f.
Kensington Road (Reading)
  132 f.
Kent Police Museum (Chatham)
  19 f.
Key & Castle (Norwich) 125 f.
Kidham Dub (Grange) 142
Kinmel Street (Rhyl) 111 f.
Kirklees, West Yorkshire 148

Lancaster, Lancashire 135,
  148 ff.
  Lancaster Castle 148 f.
Lapford, Devon 57 f.
  Church 57 f.
Leighton Buzzard, Bedfords-
  hire 124 f.
Letherslade Farm (Oakley) 120
Lidget Green Friedhof (Brad-
  ford) 139
Lidwell Chapel (Little Haldon)
  43, 58 f.
Lincoln, Lincolnshire 150 f.
  Lincoln Castle 150 f.
Lindsey Court (Horncastle) 147
Little Chapel (Little Stretton)
  100
Little Frankfield (Ightham) 33 f.
Little Haldon, Devon 58 f.
Liverpool, Merseyside 135,
  151 ff.
Longton (Preston) 150
Lovers Walk (Brighton) 185
Lower Belgrave Street (Lon-
  don) 71
Lower Quinton, Warwickshire
  108 ff.
Lucy Tower (Lincoln) 150 f.
Luxford Road (Crowborough)
  21 ff.
Lydford Castle 49

Mackeith Street (Glasgow) 174

Madame Tussaud's (London)
  30, 79, 117, 127, 139, 146,
  163
Main Street (Lower Quinton)
  108
Margaret Street (Brighton) 194
Market Street (Brighton) 188 f.
Martens Cottage (Polstead)
  130
Marwood's House (Horncastle)
  146
Mary's Grave (Chantry) 52 f.
Mayo Road (London) 88
Melrose Avenue (London) 82
Meon Hill (Lower Quinton)
  108 ff.
Midsomer Norton, Somerset
  59 f.
  Churchyard 59 f.
  Midsomer Norton & District
  Museum 60
Minstead, Hampshire 35
  Friedhof 35
Mitre Square (London) 87
Moat House Farm (nahe Quen-
  don) 132
Molly Hunt's Grave (Cricket
  Malherbie) 55
Montpelier Road (Brighton)
  185
Moyse's Hall (Bury St. Ed-
  munds) 118
Much Hoole, Lancashire 154 f.
Museum of Witchcraft (Bos-
  castle) 46
Muswell Hill (London) 81 f.

National Westminster Bank
  (Rugeley) 197
New Brighton Leuchtturm
  (Liverpool) 153 f.
New Road (Brighton) 189
Newent, Gloucestershire 110 f.
Norman Road (Newhaven) 72
North Road (Brighton) 189 f.
Norwich, Norfolk 117, 125 ff.
  Norwich Castle 126, 138

Old Blue Bell Public-House
  (Sutton-in-Ashfield) 106
Old Odiham Road Friedhof
  (Alton) 10, 13

ANHANG

Oldham Road (Rochdale)
155 ff.

Palmer Familiengrab (Rugeley)
202 f.
Park Crescent (Brighton) 193
Peasenhall, Suffolk 127 ff.
Kirche 129
Pen's Mill Lane (Erdington) 113
Penhale Farm (Bodmin) 46
Peter Tavy, Devon 60
Church 60
Police Memorabilia Museum
(Derby) 98 f.
Polstead, Suffolk 117, 129 ff.
Churchyard 131
Poole Street (London) 79 f.
Portmahomack, Highlands
178 ff.

Quendon, Essex 131 f.

Ramsgate, Kent 35 f.
Reading, Berkshire 132 f.
Red Barn (Polstead) 130 f.
Regent Road (London) 78
Reilig Odhrain Friedhof
(Isle of Iona) 176 f.
Rhyl, Clwyd, Wales 111 f.
Ripon, North Yorkshire 155
Riversdale Road, Battlecrease
House (Liverpool) 151 f.
Robin Hood's Grave (Kirklees)
148
Rochdale, Lancashire 155 ff.
Rock Street (Brighton) 195
Rocks Lane (London) 70
Rollright Stones, Warwickshire
110
Rooks Farm (Stocking Pelham)
133 f.
Rose & Crown Pub (London) 76
Rose & Crown Pub (Much
Hoole) 154 f.
Roughter Ford (Camelford)
49 f.
Royal Crescent (Glasgow) 172
Rugeley, Staffordshire 196 ff.
Rye, East Sussex 36 ff.

Saddleworth Moor 144 ff.
Sailor's Stone (Hindhead) 32

Salcombe Regis, Devon 64
Church 64
Salen, Island of Mull, Strath-
clyde 180 ff.
Sandford Avenue (Church
Stretton) 97
Sandyford Place (Glasgow)
171 f.
Sauchiehall Street (Glasgow)
172 f.
Sear's Crossing (Cheddington)
120 f.
Shadwell (London) 82 ff.
Shapton Mallet, Somerset 64 f.
Gefängnis 65
Marktplatz 65
Shugborough County Museum
201
Simonsbath, Somerset 65 ff.
Friedhof 65 ff.
South Park Hill Road (London)
73 f.
South Street (Horncastle) 148
Springfield Police Headquar-
ters (Chelmsford) 121
St. George's Friedhof (York)
159
St. George's in the East
(London) 83
St. James Garlick Hythe
(London) 72 f.
St. Mary and All Saints
(Stoughton) 101
St. Nicholas' Churchyard,
Deptford Green (London)
75 f.
St. Peter Church (Ightham) 34
Stag Pub (Leighton Buzzard)
125
Stanfield Hall, Wymondham
(Norwich) 126 f.
Steddy Hole (Folkestone) 29 f.
Steng Cross (Elsdon) 140 f.
Stocking Pelham, Hertfords-
hire, 133 f.
Stratford Road (Birmingham)
91
Surgeon's Square (Edinburgh)
166
Sussex Tavern (Brighton) 188
Sutton Coldfield, West Mid-
lands, 113 f.

REGISTER

Tanhouse Lane (Alton) 12 f.
The Barley Mow (Egham) 26 f.
The Blind Beggar (London) 86
The Borrowdale Gates Hotel (Grange) 141 ff.
The City Darts (London) 87 f.
The Coach & Horses Inn (Buckfastleigh) 43, 49
The College Arms (Lower Quinton) 109
The Crown (Alton) 13
The Deacon Brodie's Pub (Edinburgh) 166 f.
The Derby Arms Hotel (Bolton) 136 f.
The Devil's Punch Bowl (Hindhead) 10, 31 f., 38
The Druid's Head (Brighton) 188
The Eight Bells (Alton) 13
The Firs (Leighton Buzzard) 124 f.
The Firs (Lower Quinton) 108
The Flushing Inn (Rye) 36 f.
The Glen (Babbacombe) 44
The Grapes (Quendon) 131 f.
The Highway (London) 82
The Jury's Out (Brighton) 194
The Lion (Westbury) 115 f.
The Mermaid Inn (Rye) 36
The Nutshell (Bury St. Edmunds) 118 f.
The Ostrich Inn (Colnbrook) 122
The Pig & Bell (Rugeley) 201
The Plumbers Arms (London) 71
The Portland Arms (Lincoln) 151
The Queens Head (Burley) 16
The Red Lion Pub (East Haddon) 99 f.
The Ship Inn (Cobham) 20 f.
The Ship Inn (Horncastle) 147 f.
The Shire Hall (Bodmin) 46
The Shrew (Rugeley) 199 ff.
The Towers (Kenmore) 177 f.
The Welcomes Farm (Kenley) 34 f.
Three Crowns Hotel (Chagford) 51

Three Crowns Inn (Redhill) 106
Thursley, Surrey 38 ff.
  Church 38
Todmorden, West Yorkshire 157
  Altes Vikariat 157
Tollbooth Prison (Edinburgh) 167 f.
Town Cottage (Babbacombe) 44
Town End (Clayton) 140
Town of Ramsgate Pub (London) 84
Turner Street (London) 86 f.
Twycross, Leicestershire 114 f.
  Gibbet's Place (Galgen) 114 f.
Tyburn House Inn (Erdington) 113
Ty-Llanwydd (Caswell Bay) 94

Undershaw Hotel (Hindhead) 32 f.
Urquart Road (Aberdeen) 161

Volunteer Inn (Chipping Campden) 96

Wapping (London) 84
Wapping High Street (London) 84
Wast Water Lake (Grange) 143 f.
Waterloo Bridge (London) 84 f.
Waterlow Road (London) 77
Wellington, Shropshire 115
West Auckland, Durham 157 f.
West Midlands Police Museum 91
West Street (Brighton) 186 f.
Westbury, Shropshire 115 f.
Westfield House (Wimborne Minster) 68
Wheal Eliza, Bergwerk (Simonsbath) 66
Wheeley Road (Birmingham) 91 ff.
Whiddon Park (Chagford) 52
Whitechapel (London) 85 ff.
White Hart Hotel (Exeter) 49
Willesden (London) 88 f.
Wimborne Minster, Dorset 67 f.
  Friedhof 67 f.
Wimborne Road Friedhof (Bournemouth) 47

217

ANHANG

Winchfield, Hampshire 41 f.
  Alte Eisenbahnbrücke 41 f.
Windlesham Manor (Crowbo-
  rough) 25, 35
Winter's Gibbet 140 f.
Wolverton Street (Liverpool)
  152 f.

Wrentham Avenue (London)
  80 f.

Yealmpton, Devon 68
York Castle Museum 158 f.
York, North Yorkshire 158 f.
Ypres Tower (Rye) 37 f.

REGISTER

Die Fälle[2]

Abberline, Frederick George
47, 131 f.
Adams, Fanny 10, 12 ff.
Allan, Harry 155
Arden of Faversham, Thomas
27 f.
Armstrong, Herbert Rowse 90,
102, 107 f.
Ashford, Mary 113 f.

Baird, Stephanie 91 ff.
Baker, Frederick 12 ff.
Barthelemy, Emanuel 26 f.
Barrett, Michael 26
Beale, William 51
Bean, Sawney 167 f.
Becket, Thomas 10, 17
Berry, James 44, 45, 111, 136,
137 ff., 165
Bible John 175
Biggs, Ronald („Ronnie") 117,
120 f.
Billington, James 86, 99, 136 f.
Billington, John 136
Billington, Thomas 136
Billington, William „Billy" 121,
136 f.
Bingham, Edith Agnes 149
Bingham, Richard John (7. Earl
of Lucan) 69, 71 f.
Bingham, William 148 f.
Binns, Bartholomew 137
Boon, Anne 187
Borden, Lizzie 97
Botting, James „Jemmy" 185
Brady, Ian 135, 144 ff.
Bräute im Bad (siehe Smith,
George Joseph)
Breads, John 36 f.
Brighton-Torso-Verbrechen
190 ff.
Brodie, William 166 f.
Broomham, George 123
Burgess, William 65 ff.

Burke, William 6, 64, 160, 165 f.
Burton, Robert Alexander 10,
18 f.
Bury, William Henry 164 f.
Byrne, Patrick 90, 92 f.
Cabell, Richard 48 f.
Calcraft, William 19, 26, 27,
29, 45, 79 f., 124, 127, 146,
149, 158, 173, 174, 205, 210
Cameron, Elsie 22 ff., 25
Cannard, Giles 50 f.
Casey, Michael 32
Chamberlain, Seagrave
(„Jimmy Garlick") 72
Chapmann, George 47, 131 f.,
137
Chevis, Hubert George 11
Christie, Agatha 43, 117
Chubb, Edith Daisy 15 f.
Clifford, Percy 189 f.
Collins, Christina 201 f., 204 f.
Conan Doyle, Sir Arthur 6, 25,
32 f., 35, 62 ff.
Conway, John 138
Cook, John Parsons 196 199
ff., 202
Corbitt, James Henry 154
Corder, William 118, 130 f.
Cotton, Mary Ann 135, 157 f.
Crippen, Hawley Harvey 156
Crossman, George 80 f.
Crowley, Aleister 176 f.

Dadd, Richard 20 f.
Darnley, Lord 167
Dernley, Syd 137
Donald, Jeannie 161
Dougal, Herbert Samuel 121,
132, 134
Doughty, John 98
Druitt, Montague John 47, 67 f.
Duff, Grace 73 f.
Dyer, Amelia Elizabeth 89,
132 f., 136

---

[2] Aufgeführt werden Personen, die im Zusammenhang mit den Fällen stehen, wie Täter, Opfer, ermittelnde Polizeibeamte, Henker, u.a. Sofern ein
Fall unter seinem Eigennamen einen höheren Bekanntheitsgrad hat, ist
dieser hier ebenfalls aufgeführt.

ANHANG

Dyer, Ernest 34 f.
Dymond, Charlotte 46, 50

Edmunds, Christiana 186 f.
Edmunds, Edmund 111
Ellis, John 79, 102, 108, 116,
  121, 139 f., 155 ff.
Ellis, William 204

Fabian, Bob 109 ff.
Fleming, James 171 f.
Frizer, Ingram 75
Forrest, Barbara 114
Foxen, James, 80

Gardiner William 128 ff.
Geheimnis des grünen
  Fahrrads, 100 ff.
Gibbs, Peter 180 ff.
Greeno, Edward „Ted" 39 ff.
Gregg, Familie 43, 54, 168

Hampton, William 45 f.
Hare, William 6, 64, 160, 165 f.
Harrison, William 95 ff.
Harsent, Rose 117, 127 ff.
Harvey, Sarah Jane 111 f.
Hay, Gordon 164
Hindley, Myra 135, 144 ff.
Hogg, Peter 143 f.
Holloway, John William 185 f.,
  194
Holmes, Sherlock 6, 25, 35,
  62 f., 196
Hood, Robin 148
Horry, William Frederick 151
Hosein, Arthur und
  Nizamodeen 134
Hulme, Juliet 178 ff.
Hunt, Molly 55

IRA 186

Jack the Ripper 43, 47, 67 f.,
  69, 87 f., 92, 111, 131 f.,
  135, 151 f., 164 f.
Jarman, Mr. und Mrs. 122
Jay, Kitty 52
Jeffreys, George 49, 56, 65
Jones, John 123 f.

Kaye, Violette 192 f.

Keen, Ruby 124 f.
Klosowski, Severin 131 f.
Kray, Ronald und Reginald 62,
  69, 86

Lawrence, John 188
Lee, John „Babbacombe" 44,
  111, 138
Leek, Sybil 16 f.
Leigh, John William („Mad
  Leigh") 188 f.
Light, Ronald Vivian 101 f.
Lipski, Israel 85
Little John 148
Lonegon, Edward 32
Look, Ling 189
Luard, Caroline 10, 33 f.
Lucan, 7. Earl of (siehe
  Bingham, Richard John)
Lun, Ping 137

MacRae, Andrew George 99
Mancini, Toni 192 f.
Markov, Georgi 84 f.
Marlowe, Christopher 75 f.
Marr, Familie 83
Marre, Veronique 143 f.
Marshall, James 32
Marten, Maria 130 f.
Marwood, William 115, 136,
  137, 146 ff., 151
Massey, John 114
Maudley, Jack 153 f.
Maybrick, Florence 151
Maybrick, James 151
McKay, Muriel Freda 133 f.
McKenna, Patrick 136
McLachlan, Jessie 171 f.
Miao, Chung Yi 141 ff.
Middlecote, Robert de 58 f.
Monson, Alfred John 161 ff.
Mortimer, Arthur Charles 41 f.
Mosby, Thomas 27 f.
Myszka, Stanislaw 178

Newman, Dorothy 123
Nilsen, Dennis 69, 81 f.

Owen, James 204

Palmer, Dr. William 6, 196 ff.
Page, Maude 193

220

Parfitt, Owen 64 f.
Parker, Pauline 178 ff.
Peacock, Nellie 190
Peel, Sir Robert 90, 211
Perrin, George 194 f.
Perry, Anne 178 ff.
Perry, John 95 ff.
Phillips, Gwendoline Mollie 43, 56 f.
Pierrepoint, Albert 6, 40, 65, 139 f., 154 f.
Pierrepoint, Henry („Harry") Albert 45 f., 116, 136, 137, 139 f., 154
Pierrepoint, Thomas 25, 45, 79, 105, 139, 140, 154, 156
Potter, Alfred 108 ff.
Pritchard, Dr. Edward William, 160, 172 f., 196

Queenie (Hausgeist) 148

Radford, John Arundel 57 f.
Ranson, Roy 72
Redanies, Dedea 29 f.
Riccio, David 167
Robinson, Bertram Fletcher 6, 63
Rotherham, Charles 106
Rouse, Alfred Arthur 103 ff.
Rush, James Blomfield 117, 126 f.
Ruthven, Patrick Lord 167
Ruxton, Dr. Buck 135, 149 f.

Sanget, August, 39 ff.
Sayers, Dorothy L. 117, 160
Seaman, William 86 f.
Sheward, William 117, 125 f.
Shotton, George 94 f.
Simpson, Prof. Dr. Keith 13, 39 f.

Smith, George Joseph 30 f., 69, 77 ff.
Smith, Madelaine 170 f.
Spilsbury, Sir Bernard Henry 24, 36, 78 f., 108, 125
Spring Heeled Jack 70 f.
Stewart, Robert 155
Stone, Leslie George 124 f.
Stratton, Alfred und Albert 75
Stuart, Mamie 94 f.
Sturt, William 195

Thatcher, Margaret 186
Thomas, George 204
Thorne, Norman Holmes 7, 22 ff., 25
Thornton, Abraham 113 f.
Turpin, Richard „Dick" 76, 159

Wallace, William Herbert 152 f.
Walton, Charles 108 ff.
Warder, Dr. Alfred 185
Weatherill, Miles 157
Weeks, Matthew 46 f.
Wells, Thomas 26
Wells Way Coal Works-Mord 59 f.
Wesley-Hühnerfarm-Mord 22 ff.
West, Frederick und Rosemary 90, 102 f., 111
Whiddons, Mary 51 f.
Wigley, Richard („Dicky") 115 f.
Williams, John 69, 83
Williams, William 60
Winter, William „Billy" 140 f.
Wolfe, Joan Pearl 38 ff.
Woodhouse, Joan 13 ff.
Wren, Margery 35 f.
Wright, Annie Bella 100 ff.

Yorkshire Ripper 135

ANHANG

Auswahlbibliographie

Bailey, Brian, *Hangmen of England*, W.H. Allen & Co., 1989

Berry, James, *My Experiences as an Executioner*, Percy Lund & Co., 1892

Browne, Douglas G./Tullett, *Bernard Spilsbury. His Life and Cases*, Harrap, 1951

Chapman, Pauline, *Madame Tussaud's Chamber of Horrors*, Constable, 1984

Cherrill, Fred, *Cherrill of the Yard*, George G. Harrap & Co. Ltd, 1954

Clark, Sir George, Editor, *The Campden Wonder*, Oxford University Press, 1959

Clark, Kenneth, *Murder By Mistake*, Rye Museum Association, 1975

Dernley, Syd, *The Hangman's Tale*, Robert Hale Ltd, 1989

Doughty, Jack, *The Rochdale Hangman*, Jade Publishing Ltd, 1998

Douglas, Hugh, *Burke and Hare*, Robert Hale & Company, 1973

Ellis, John, *Diary of a Hangman*, True Crime Library,1996

Fabian, Robert, *Fabian of the Yard*, Jarrold & Sons Ltd, 1955

Fabian, Robert, *The Anatomy of Crime*, Pelham Books Ltd, 1970

Fido, Martin, *The Peasenhall Murder*, Alan Sutton Publishing, 1990

Fraser, Donald M., *Scottish Mysteries*, Mercat Press, 1997

Goodman, Jonathan, *The Killing of Julia Wallace*, George G. Harrap, 1969

Gosling, John, *The Great Train Robbery*, W.H.Allen, 1964

Graves, Robert, *They Hanged my Saintly Billy*, Cassel & Co. Ltd, 1957

Hagemann, Gerald, *London von Scotland Yard bis Jack the Ripper*, Eulen, 2000

Holgate, Mike, *The Secret of the Babbacombe Murder*, Peninsula Press Ltd, 1995

Honeycombe, Gordon, *The Murders of the Black Museum*, Hutchinson, 1982

Lefebure, Molly, *Evidence for the Crown*, J.B. Lippincott Company, 1955

McCormick, Donald, *Murder by Witchcraft*, John Long Ltd, 1968

Marjoribanks, Edward, *The Life of Sir Edward Marshall Hall*, Gollancz, 1929

Maybrick, Florence E., *My Fifteen Lost Years*, Funk & Wagnalls Company, 1905

Munn, Pat, *The Charlotte Dymond Murder*, Bodmin Books Ltd, 1978

Notable British Trials, 83 Ausgaben, William Hodge & Co. Ltd

Pierrepoint, Albert, *Executioner: Pierrepoint*, Harrap, 1974

Ranson, Roy, *Looking for Lucan*, Smith Gryphon Ltd, 1994

Savage, Percy, *Savage of Scotland Yard*, Hutchinson & Co. Ltd

Simpson, Keith, *Forty Years of Murder*, George G. Harrap & Co. Ltd, 1978

Slipper, Jack, *Slipper of the Yard*, Sidgwick & Jackson Ltd, 1981

Tussaud, John Theodore, *The Romance of Madame Tussaud's*, G.H. Doran, 1920
Wakefield, H.R., *The Green Bicycle Case*, Philip Allan & Co. Ltd, 1930
Whittington-Egan, Richard, *The Riddle of Birdhurst Rise*, George G. Harrap, 1975

Fotos: Andrea Hagemann
Die zeitgenössischen Illustrationen entstammen der Sammlung des Autors.

Interessante Links im Internet:

Berühmte Grabstätten: http://www.findagrave.com
Classic Crimes I: http://www.crimelibrary.com
Classic Crimes II: http://www.murderuk.com
Crime-Through-Time-Museum: http://www.crimethroughtime.com
Ronald Biggs: http://www.ronniebiggs.com
Madame Tussaud's: http://www.tussaud.com
William Palmer: http://www.archive.sln.org.uk/exhibit/palmer/default.htm

Der Autor

Gerald Hagemann, Jahrgang 1971, ist als selbständiger Goldschmiedemeister in einer westfälischen Kleinstadt tätig. Seit Jahren beschäftigt er sich mit dem Schwerverbrechen in Großbritannien und führt in regelmäßigen Abständen deutsche Touristen an die Schauplätze der Londoner Kriminalgeschichte. Daneben schreibt er Kurzgeschichten und historische Kriminalromane, die im viktorianischen England angesiedelt sind.

Danksagung

Es ist unmöglich, ein Buch wie dieses zu schreiben, ohne die Hilfe unzähliger freundlicher Menschen erfahren zu haben. Und ihnen möchte ich danken.
In Großbritannien geht mein Dankeschön an Lisa Rendle und Lis Cole für ihre Gastfreundschaft und Unterstützung; Daphne & James Davidson, für einen Rundgang durch ihr Anwesen in Ightham; Pearl Wheatley von der *Horncastle Local History Society*, die mir Zugang zu den persönlichen Papieren William Marwoods verschaffte; Andrew Shepherdson, Besitzer des *Ship Inn*, Horncastle, der mich sowohl mit Queenie, dem Hausgeist, vertraut machte, als auch nützliche Kontakte knüpfte; W.C. Johnson für Guinness und Einblicke in seine Sammlung; und nicht zuletzt Andy Jones für eine private Führung durch sein einzigartiges *Crime Through Time Museum*; – allesamt Seelenverwandte, die mein Vorhaben mit Enthusiasmus unterstützten.
Ebenfalls danken möchte Sue Van't Wout in Australien für Informationen über ihren Ur-Großonkel, den britischen Henker John Ellis, HRH Joseph Gorman Sickert – Sohn des englischen Malers Walter Sickert –, der sich bereit erklärte, mit mir die Verwicklung seiner Familie in die Whitechapel-Morde von 1888 zu diskutieren, und meinem Vater Uwe für sein fachliches Urteil als Pilot bei der Erörterung von Nachtlandungen auf unbeleuchteten Flugplätzen bzw. dem Verhalten von Cessna-Flugzeugen im Falle einer Notwasserung.
Darüber hinaus möchte ich auch all jenen Bibliotheken, Organisationen und Privatpersonen meinen Dank aussprechen, die mir in

ANHANG

England durch ihre Unterstützung den Weg ebneten, hier aber keine namentliche Erwähnung finden.

Besonders dankbar bin ich jedoch für meinen Bruder René, der stets geduldig zuhört, und für meine Frau Andrea, die seit Jahren klaglos die Geister der Toten an unserem Küchentisch duldet.

Gerald Hagemann

Von Gerald Hagemann im EULEN VERLAG:

LONDON – Von Scotland Yard bis Jack the Ripper
Ein Führer zu 350 Kriminalschauplätzen
22,0 x 11,0 cm, 240 Seiten mit 74 Abbildungen, kart.
ISBN 3-89102-449-5

Der Londoner Nebel ist sprichwörtlich. Sofort denken wir an
flackernde Gaslaternen, herumschleichende Schmuggler,
von langer Hand geplante Verbrechen... und natürlich an
Jack the Ripper. Doch gibt es andere, die in ihrer Grausamkeit
dem „Londoner Meistermörder" kaum nachstehen:
Die Doktoren Neill Cream und Harvey Crippen zum Beispiel,
Louis Voisin, oder Mary Eleonor Pearcey...

In diesem Buch begibt sich Gerald Hagemann auf die
Spuren Londoner Kapitalverbrechen. In zwölf Rundgängen
wird der Leser zu Tatorten und Treffpunkten, aber auch zu
Polizeiwachen, Gerichtshöfen, Gefängnissen, Hinrichtungsstätten
u. a. in den verschiedenen Londoner Stadtteilen
(z. B. City, Bloomsbury, Notting Hill, Covent Garden, Soho,
Westminster, Chelsea, East End) geführt.
Der zweite Teil des Buches widmet sich speziell Jack the Ripper
sowie Scotland Yard.

*Ob als Reiseführer durch London oder gegen
die Langeweile trüber Herbsttage:
seine Lektüre ist von sehr makabrer Annehmlichkeit –
ein Genuß.*

FAZ

*Gerald Hagemann hat eine seltene Tugend:
Er erzählt informativ, mit Witz und mitreißend. [...]
Ein herrlicher Schmöker für die Freunde des Makabren
und Londons.*

Lübecker Nachrichten

Gänsehaut garantiert!

Berliner Kurier

In gleicher Ausstattung ist erschienen:

Die Geister Großbritanniens

Ein Führer zu über tausend Spukorten
Sonderausgabe, 22,0 x 11,0 cm, 312 Seiten, kart.
ISBN 3-89102-319-7

Gruselatmosphäre in Wort und Bild

Schaurig-schöne Bildbände von Berthold Steinhilber und
Gerald Axelrod:

Berthold Steinhilber/Ralph Kendlbacher:
Die Klage der Steine

Geheimnisse britischer Klosterruinen
28,6 x 22,8 cm, 120 Seiten mit 96 Farbfotos,
geb. mit Schutzumschlag.
ISBN 3-89102-454-1

Gerald Axelrod:
Wo die Zeit keine Macht hat

Feen, Hexen und Druiden in der Sagenwelt Irlands
Sonderausgabe, 28,6 x 22,8 cm,
128 Seiten mit 83 Schwarz-Weiß-Fotos und
bedrucktem Vorsatz, Pappband lam.
ISBN 3-89102-462-2